Friedrich Brettner

Die letzten Kämpfe des II. Weltkrieges im Semmeringgebiet

9. Gebirgsdivision

Titelbild: Deutsche Soldatengräber im Eselsteingebiet

Neue Auflage

Gesamtherstellung:
LeykamDruck, Werk Gutenberg,
2700 Wiener Neustadt, Johannes-Gutenberg-Straße 5

ISBN 3-9500669-5-0

Im Namen des Führers und Obersten Befehlshabers der Wehrmacht

verleihe ich

dem

Fahnenjunker-Feldwebel

v. P o l i v k a Adolf

2./Geb.Pz.Jg.Abt. 95

das

Eiserne Kreuz 1. Klasse

......Im..Felde........, den .24..Dezember..1942

(Dienstsiegel)

Scherer

Generalleutnant und Divisionskommandeur.

(Dienstgrad und Dienststellung)

Im Frühjahr 1945 war der letzte Versuch der Reichsführung, dem Krieg durch die deutsche Offensive in Ungarn eine Wende zu geben, zumindest aber eine Atempause für weitere neue Anstrengungen zu erzielen, fehlgeschlagen. Zusammen mit hunderttausenden von Flüchtlingen aus Ungarn und Jugoslawien strebten die ausgebluteten Reste der deutschen Armeen der nicht vorhandenen „Reichsschutzstellung" zu, für deren Ausbau zwar Pläne und guter Wille vorlagen, aber keine Zeit mehr übrig war.

Als sich Ende März 1945 die Front der 6. Panzerarmee (Oberbefehlshaber SS Obergruppenführer und Panzer Generaloberst der Waffen SS Sepp DIETRICH) und der 6. Armee (Oberbefehlshaber General der Panzer Truppen BALCK) unter starkem Feinddruck der früheren Reichsgrenze näherte, wurden im rückwärtigen Armeegebiet alle Ausbildungs- und Ersatzeinheiten des Heeres, der Luftwaffe und der Waffen SS, dazu Landesschützen- und Volkssturmverbände in der Nacht vom 31. März zum 1. April 1945 (Ostersonntag) alarmiert und in Auffangstellungen eingesetzt, darunter auch das damals von mir geführte „Gebirgs Jäger Ausbildungs- und Ersatzbataillon 13" der ehemaligen Waffen SS. Beiderseits des Semmeringpasses fanden sich in der Nacht zum und am Ostersonntag die verschiedensten Verbände und Einheiten ein, die dann zunächst als „Kampfgruppe Semmering" zusammengefaßt wurden. Aus diesem nur lose organisierten Verband entwickelte sich unter der tatkräftigen Führung des Oberst Heribert Raithel um den 10. April 1945 herum die „9. Gebirgsdivision".

Wie vielen anderen Divisionen, die aus der Not der Lage heraus in den letzten Kriegswochen auch an anderen Frontabschnitten gebildet wurden, ist auch dieser Division das Schicksal des Vergessenwerdens nicht erspart geblieben. Sicherlich ist sie in den deutschen und österreichischen Archiven verzeichnet, aber in die kriegsgeschichtliche Literatur ist die 9. Gebirgsdivision bis auf ganz wenige Ausnahmen nicht eingegangen.

Es ist das unstrittige Verdienst des Autors dieses nun vorliegenden Buches, Friedrich Brettner, das nur kurze „Leben“ dieser Division im Gesamtrahmen seiner Chronik der Vergessenheit entrissen zu haben.

Er ist in Aue, Gemeinde Gloggnitz, 1935 geboren und in Schottwien aufgewachsen. Sein Vater starb 1945 in Königsberg, Ostpreußen den Soldatentod. Als Zehnjähriger erlebte Friedrich Brettner die Endkämpfe des II. Weltkrieges in seiner unmittelbarer Heimat mit allen ihren furchtbaren Folgen und Auswirkungen.

Durch seine umfangreichen, selbstlosen und nur in der kurzen Freizeit eines verantwortlichen Gendarmeriebeamten möglichen Nachforschungen, über fünf Jahre hindurch, in Chroniken staatlicher und kirchlicher Behörden, Berichten und Befragungen von Augenzeugen in Österreich und in der Bundesrepublik Deutschland, konnte Friedrich Brettner einen wesentlichen Beitrag zur Auffindung und Identifizierung von Gefallenen beider Seiten im Semmering Gebiet leisten. Seine humanitäre Arbeit fand Anerkennung durch die Bundesrepublik Deutschland und Österreich, sowie durch das Österreichische Schwarze Kreuz als auch durch den Volksbund Deutsche Kriegsgräberfürsorge, durch zahlreiche Auszeichnungen.

Auf Grund seines persönlichen Erlebens der letzten Kriegswochen und als Ergebnis seiner jahrelangen Nachforschungen hinsichtlich der Folgen des Krieges in seiner näheren Heimat war es für ihn ein Bedürfnis, dieses Geschehen für die Nachwelt, hauptsächlich jedoch für die jüngere Generation, ohne politischen Hintergrund, nur vom kriegsgeschichtlichen Standpunkt aus gesehen, in Form einer Chronik festzuhalten.

Uns allen, ob wir Ältere als Soldaten das Inferno eines fünfeinhalbjährigen Krieges überstanden haben oder den nachfolgenden Generationen, denen seit 1945 Gott sei Dank, solches erspart geblieben ist und so lange in Frieden leben konnten, bleibt die Verpflichtung, unsere ganze Kraft für die Erhaltung des Friedens einzusetzen.

Herzlichst,
Ihr Horst Grunwald

Horst GRUNWALD
Oberst i. Bundesgrenzschutz a. D.
(1945 Kommandeur der Geb. Aufkl. Abt. 56 – 9. Geb.Div.)

Inhaltsverzeichnis

Einleitung

In den letzten Tages des II. Weltkrieges, als der Russe bereits auf österreichischen Boden kämpfte, entstand aus der **Kampfgruppe SEMMERING** die **9. GEBIRGSDIVISION,** nachdem es bereits 8 Gebirgsdivisionen gab.

Ende April 1945, anlässlich eines Besuches des Oberbefehlshabers der 6. Armee, General der Panzertruppen BALCK auf dem Gefechtsstand der Kampfgruppe SEMMERING, in der HAKOA-Hütte, gab er die Ernennung von Oberst Heribert RAITHEL zum Divisionskommandeur bekannt.

Über das Divisionszeichen herrschte zuerst Unklarheit, nachdem 240 Vorschläge eingereicht wurden, entschied man sich auf Grund der Truppenzusammensetzung für ein Wappen mit **„PICKEL** und **PROPELLER“** gekreuzt.

So werden in den folgenden Kapiteln die ersten und letzten Tage der 9. Gebirgsdivision, deren Entstehung in meiner Heimat erfolgte und das Schicksal der Zivilbevölkerung im Kampfgebiet in dieser neu, überarbeiteten und ausführlich ergänzten Auflage beschrieben.

Zum Schluss erlaube ich mir darauf hinzuweisen, dass trotz besten und redlichen Bemühens diese Darstellung nicht frei von Irrtümern oder gar Fehlern sein kann.

Geländebeschreibung:

Die Kampfgruppe Semmering bzw. spätere 9. Gebirgsdivision hatte einen 36 km langen Frontabschnitt zu verteidigen, welcher in Nord-Süd Richtung verlief. Nachdem der Russe in der Steiermark bei Fischbach durchgebrochen war, wurde dieser Abschnitt vorübergehend im Süden um 24 km erweitert.

Das Gelände, im heutigen niederösterreichischen - steirischen Grenzgebiet gelegen, weist voralpinen Charakter auf.

Überragt wird dieser Abschnitt vom 1523 m hohen Sonnwendstein, der in unmittelbarer Nähe des Semmeringpasses emporragt und eine beherrschende Stellung einnimmt.

Der ehemalige Frontabschnitt weist drei Täler mit Übergängen in die Steiermark auf.

Im linken Abschnitt das **SCHWARZATAL** mit dem Pass **PREINER GSCHAID, 1.070 m** hoch

Im Mittelabschnitt die Hauptverbindung nach dem Süden und Westen über den **SEMMERINGPASS 985 m** hoch.

Im rechten Abschnitt die Straße durch das Feistritzbachtal und Trattenbach über den **FEISTRITZSATTEL, 1.290 m** hoch, in den Raum Rettenegg – Birkfeld.

Geprägt ist dieses Gelände durch den tief eingeschnittenen **ADLITZGRABEN,** welcher vom nördlichen Ortsanfang von Schottwien, einem zwischen Felswänden eingebetteten Straßendorf 596 m, fast genau in Ost-West-Richtung verläuft. Beiderseits Schottwien und des Adlitzgraben steigt das Gelände über steile Felswände bis fast 1000 Meter hoch an.

Durch diese schroffen Felsen führt die Semmeringbahn, die erste Gebirgsbahn Europas, mit ihren zahlreichen Tunnels und Brücken.

Die beiden erstgenannten Täler beherrschend, liegt weit vorgelagert der **KOBERMANNSBERG, 925 m** hoch, oberhalb der Ortschaft Klamm.

Die Divisionsgrenze verlief im Norden auf dem GAHNS mit dem 1340 m hohen **SAURÜSSEL Gipfel.** Hier begann der Abschnitt der Kampfgruppe KEITEL.

Vom Sonnwendstein bis zum Feistritzsattel bzw. Rettenegg erstreckt sich ein unübersichtliches Waldgelände, das bis zu einer Höhe von 1523 m ansteigt.

Im Süden war die Divisionsgrenze in **FEISTRITZWALD.** Hier begann der Frontabschnitt der 1. Gebirgsdivision. Im Ortsgebiet bei der Kapelle und rechts den Hang zum Hochwechsel befanden sich die Truppen des 1. Bataillons, Gebirgsjägerregiment 98, unter Hauptmann Matthias STARL. Unterstützt wurde das Geb.Jg. Bataillon durch das Geb.Art.Reg.79, welches seine Stellungen östlich von Ratten hatte.

In dem riesigen, unübersichtlichen Waldgebiet zwischen Fröschnitzsattel und Feistritzsattel wechselten die Fronten öfters und man konnte von einer zusammenhängenden HKL nicht ausgehen.

Die Ausgangslage der sowjetischen Truppen

Im sowjetischen Generalstab: **Armeegeneral Serge Matwejewitsch SCHTEMENKO.**

Nicht die 2., sondern die 3. Ukrainische Front sollte in der kommenden Operation den Hauptstoß nach Österreich – Wien führen.

Die 3. Ukrainische Front sollte mit ihrem rechten Flügel angreifen, weil der den tiefen Vorsprung der gegnerischen Verteidigung südlich und südwestlich Szkesfehervar, in dem sich die Hauptmasse der übriggebliebenen Panzer der 6. SS Panzerarmee befand, bedrohte. Mit ihrer Zerschlagung wäre der gepanzerte Schild der Verteidigung, zerschlagen und für uns der Weg in die ungarischen Westgebiete und ins Innere Österreichs, nach Wien, frei gewesen.

Tolbuchins Entschluss sah vor, die Verteidigung des Gegners zu durchbrechen, seine Hauptpanzergruppierung einzukreisen und zu vernichten. Die 9. und 4. Gardearmee am rechten Flügel der Front sollte aus dem Abschnitt GANT – VELENCEI See in Richtung VESZPREM den Hauptstoß führen.

Wie Tolbuchin dem Generalstab und dem Hauptquartier versicherte, stellte das hügelige und bewaldete Gelände kein unüberwindliches Hindernis bei der Einkreisung des Gegners dar, zumal dieser gezwungen war, in dem verhältnismäßig schmalen Streifen zwischen Velencei See und Balaton zu handeln.

Doch Tolbuchin hatte Sorgen wegen der Artillerie, die nicht ausreichte, eine Artilleriedichte von über 180 Geschützen je Kilometer Front zu schaffen. Darüber hinaus fehlten auch Panzerkräfte, besonders bei der 9. und 4. Gardearmee, die insgesamt nur über 197 Panzer und Selbstfahrlafetten verfügten. Das Kräfteverhältnis an Panzern in der Hauptstoßrichtung der Front war also gleich.

Die 17. Luftarmee unter General SUDEZ aber war in der Lage über 500 Flugzeuge in der Hauptstoßrichtung einzusetzen.

Den einzigen Ausweg sah TOLBUCHIN in der Übergabe der über 400 Panzer starken Armee unter Generaloberst KRAWTSCHENKO, aus dem Bestand der 2. Ukrainischen Front an die 3. Ukrainische Front.

Laut Direktive des Hauptquartiers, die den Beginn des Angriffes bis spätestens 16. März vorsah, hatten die Truppen TOLBUCHINS ohne Panzerunterstützung, aber mit Artillerievorbereitung und Artillerieunterstützung vorzugehen.

Der Gegner leistete erbitterten Widerstand, so dass die Truppen bis Ende des Tages höchstens 3 bis 7 Kilometer vordringen konnten.

Um die 6. Panzerarmee einzukreisen, war eine bedeutende Steigerung des Angriffstempos, vor allem die Zuführung der 6. Gardepanzerarmee erforderlich.

Nach den ersten Angriffstagen, am Abend des 16. März als ANTONOW dem Obersten Befehlshaber ausführlich die Lage der 3. Ukrainischen Front meldete, stimmte STALIN unverzüglich der Einführung der 6. Gardepanzerarmee zu. TOLBUCHIN konnte die Panzerarmee erst am 19. März in die Schlacht führen.

So zerschlug sich der Plan, in dieser Schlacht den Ring um die SS Panzerarmee zu schließen und sie zu vernichten und der Gegener nutzte die Wälder aus und konnte entkommen.

Am 22. März trug der Kriegsrat der 3. Ukrainischen Front seinen Entschluss vor, den Gegner nördlich des Balaton zu zerschlagen, die österreichisch-ungarische Grenze zu erreichen und den Angriff auf Wien vorzubereiten.

Den Hauptstoß führte die 3. Ukrainische Front in Richtung SOPRON – PAPA. Dieses Gelände ermöglichte den vollen Einsatz der 6. Gardepanzerarmee.

Am 29. März nahmen unsere Truppen die Städte SZOMBATHELY und KÖSTZEG und erreichten die österreichische Grenze.

Über 26.000 Soldaten und Offiziere haben für die Befreiung Österreichs ihr Leben gegeben.

Die Lage im Grenzgebiet

Die deutschen Truppen ziehen sich zur Reichsschutzstellung zurück. Die Hauptkräfte der Ukrainischen Front unter Marschall TOLBUCHIN brechen am 28. März 1945 zwischen der 6. SS Panzer Armee und der 6. Armee durch und erreichen am **29. März 1945** bei Lutzmannsburg – Güns – Rattersdorf die Reichsschutzstellung. (Dr. Rauchensteiner, „Krieg in Österreich".)

Während die Großverbände der sowjetischen 6. Panzerarmee und der 9. Gardearmee steil nach Norden vorstoßen, hat die 103. Sowjetische Gardeschützendivision einen Sonderroad vor. Eine Art Sicheloperation, die hohe Strategie zeigt.

Kein Mensch wird in der für einen raschen Vorstoß zu bergigen und zum Teil unwegsamen Gegend zwischen GÜNS und GLOGGNITZ einen seitlich genau berechneten Vorstoß der Russen vermuten. So sind in diesem Abschnitt auch keinerlei deutsche Verbände vorhanden. Die Russen haben zudem noch ihre wunderbaren Pfadfinder, der sowjetische Frontaufklärungstrupp **„SUWOROW – HOCHSTRASS"**, der seit Dezember 1944 von Hochstraß aus diese Operation vorbereitet und ausgekundschaftet hat.

Schon von RATTERSDORF – LIEBING, dem ersten österreichischen Dorf an, geht es auf Umwegen genau nach Westen. Nicht auf der Hauptstraße nach Lockenhaus, die durch drei Panzersperren unterbrochen ist und auf der allfällige deutsche Nachhuten warten könnten, sondern schon nach dem westlichsten Haus in Liebing, geht es durch den abgelegenen Supergraben die alte Römerstraße entlang durch die tiefen Wälder. Sie stoßen dort nach Westen vor, wo sie keiner vermutet.

Nur die ahnungslosen deutschen Stellen vermeinen im katastrophalen Durchbruch der Russen zwischen Güns und Lutzmannsburg einen reinen Stoß nach Norden in Richtung WR. NEUSTADT mit dem großen Ziel „WIEN".

Zwar hat die deutsche Abteilung „Fremde Heere Ost" in ihren täglichen Lagebeurteilungen auch auf einen möglichen russischen Stoß von Güns nach Westen in die Voralpen hingewiesen. Aber dieser Hinweis findet keinerlei sonderliche Beachtung. Zum einen, weil man an den Übereifer der „Fremde Heere Ost“ denkt und zum anderen, weil der gewaltige Stoß der 6. Garde Panzerarmee und der 9. Gardearmee alle im Augenblick vorhandenen deutschen Kräfte und die stehen in keinerlei Verhältnis zu den Russen, bindet. Was sollen die Russen auch schon in den bergigen Wäldern wollen?

Unbemerkt von allen deutschen Vermutungen visieren die Russen aber vorerst ihren großen Schlag in die deutsche Flanke an. So hat die 103. Gardeschützendivision rund 60 km auf unwegsamen Straßen quer durch die bucklige Welt vor sich, um ans heißersehnte Ziel zu kommen – die für die Deutschen und unter Umständen auch die scheinbar unberechenbaren Westalliierten strategisch ungemein wichtige **SÜDBAHN.**

Nur ein hoher Frontoffizier, nämlich Generaloberst Sepp DIETRICH, der Oberbefehlshaber der auf Güns, Ödenburg und in den Seewinkel zurückweichenden 6. SS Panzerarmee, scheint die Gefahren des russischen Durchstoßes durch die Voralpen nach Westen klar erkannt zu haben.

Den am kürzesten erreichbaren Abschnitt nördlich des Semmering peilen die Russen an – „GLOGGNITZ“. (Banny, Krieg im Burgenland, Band 1, Seite 373 u. 376)

Lage im Semmeringgebiet

Laut mündlichen Befehl des Reichsmarschall GÖRING vom 19. August 1943, war die Aufstellung eines Flakregiments zur Sicherung bzw. zum Schutz der Bahnstrecke Richtung Italien angeordnet worden. Die Personalstellung hatte aus der Flakbrigade 16 in Wien und der Flakgruppe Linz zu erfolgen. Ihr oblag der Schutz folgender Eisenbahnobjekte:

19.C.43 Gauleiter und Reichsverteidigungskommissar
Reichsleiter Baldur von Schirach

SSD Wien

Im Rahmen der von mir vorgeschlagenen Verstärkung der Luftverteidigung wird der Flakschutz Wien in den nächsten Tagen durch schw. Eisenbahnflakabteilungen verstärkt.

a) Wiener-Neustadt durch schwere Flak,
b) Berndorf bei Vöslau durch schwere und leichte Flak,
c) Ternitz durch schwere und leichte Flak;
d) Bahnviadukte Semmering durch leichte Flak.

Der Kommandierende General und
Befehlshaber im Luftgau XVII

Nr. 226 (11) /43 g. Kdos.

Nach Abgang:
I c
I a op 8 (Entwurf)

Befehl

Wagnergraben – Viadukt, Gamperlgraben – Viadukt, Krauselklause – Viadukt, Kalte Rinne – Viadukt und Unterer Adlitzgraben Viadukt.

Die Batterie aus Wien wurde am Bahnhof Payerbach ausgeladen. In der Schule Payerbach war eine Flakabteilung einquartiert, deren Vierlingsgeschütze waren auf den westlich des Viadukts befindlichen Höhe, in Stellung.

Zur Führung der Einheiten stellt Flakbrigade 16, Untergruppenstab in Graz, Oberst WÜRZ mit Gefechtsstand Schloßberg, sofort auf.

In Reichenau an der Rax befand sich auch noch das Luftwaffen Bau Ersatz Bataillon XVII, Kommandeur Major SÜSS.

Weiters befand sich noch eine Genesendenkompanie des Regiments 132 der 44. Infanterie Division Hoch und Deutschmeister, unter Hauptmann Edgar ZAPEY, in Payerbach.

Landesschützen des Batl. 851

Payerbach – Barackenlager, Standort des Landesschützen Bataillon 851 unter seinem Kommandeur Oberstleutnant HENRIQUEZ, mit 1. und 5. Kompanie.

2. Kompanie, Standort in Schottwien mit dem Kompaniegefechtsstand im Gasthaus Hoberstorfer, Unterkünfte in den Gasthäusern Weinzettel und Endler.

3. Kompanie, Standort Semmering, Hotel Stefanie.

4. Kompanie, Standort Breitenstein, Sanatorium.

Das Landesschützen Bataillon 851 hatte die Sicherung der Südbahnstrecke, bzw. den Schutz und die Bewachung der Brücken, Tunnels und Viadukte über den Semmering sicher zu stellen. Dazu waren in gewissen Abständen entlang der Bahn Unterkunftsbaracken errichtet worden. Die Ablösung erfolgte in einem wöchentlichen Turnus.

Die Posten hatten zwei Tote durch die Eisenbahn zu beklagen. Sie überhörten oft die talwärts fahrenden Züge, wurden schwer verwundet oder getötet. Vorfälle mit Saboteuren gab es keine.

Landesschützen d. 2. Komp. in Schottwien

SCHOTTWIEN

Der Markt, in einer Felsenklause, letzte Ortschaft vor dem Semmering, wenn man aus dem Osten kommt. Fast jeden Tag Fliegeralarm. Die Triesterstraße entlang Richtung Semmering Pass bewegt sich eine endlose Kolonne von Fahrzeugen aller Art, wie deutsche, ungarische und ukrainische Truppen sowie zahlreiche Zivilflüchtlinge.

Am nördlichen Ortsausgang von Schottwien wird eine Panzersperre vorbereitet. Der Flüchtlingsstrom steigt an und geht auch die Nacht weiter. Von Karfreitag an wälzt sich ein endloser Treck gegen den Semmering, der nicht mehr abreißt.

Gebirgsjäger in Schottwien

Am Karsamstag, 31. März 1945 zu Mittag quartiert sich im Kloster Maria Schutz ein ungarischer Regiments Stab ein. Das Postamt in Schottwien musste bereits Tag und Nacht besetzt sein. Die Evakuierung der Mütter und Kinder wird angeordnet.

Wie fast jeden Tag Fliegeralarm, so dass die Landesschützen und die Bevölkerung in die Luftschutzkeller flüchteten. Die Landesschützen hatten im Luftschutzbunker beim Polleres einen eigenen Stollen mit einer Funkstelle. Als nach kurzer Zeit der Funker von seinem Gerät aufstand und bleich im Gesicht sagte: „Jetzt ist es soweit, die Russen kommen."

Deutscher Rückzug durch Schottwien

Daraufhin gingen die meisten Leute bedrückt nach Hause. Auch meine Mutter mit meiner Schwester Gretl und mir. Wir waren zu Hause angekommen, als es an der Tür klopfte und mein Onkel Hans WECKL hereinkam. Er hatte den Stahlhelm auf und die Mpi umgehängt. Seit seiner Verwundung an der Ostfront war er in Schottwien bei der 2. Landesschützen Kompanie Unteroffizier. Er sagte zu meiner Mutter, dass wir nur das Notwendigste mitnehmen sollen und nach Möglichkeit den Berg hinauf flüchten sollen, da vor der unteren Panzersperre wo wir wohnten, bestimmt gekämpft wird. So zogen wir zunächst zum BAUMGARTNER Hof.

Die meisten Schottwiener packten ihre wenigen Habseligkeiten und verließen den Ort. Die einen mit dem Bacher Autobus samt Anhänger Richtung Westen, die anderen auf die umliegenden Höhen zu den Bergbauern.

Am westlichen Ortsausgang von Schottwien, im Adlitzgraben, befand sich ein Gefangenenlager mit 22 Russen und 6 Serben.

Lagerleiter war Alois WITTINE, ein Pionierunteroffizier, der auf Grund seiner schweren Verwundungen nicht mehr frontdiensttauglich war. Er löste beim Herannahen der Russen das Lager auf, verblieb jedoch

Übersichtsaufnahmen von Schottwien

auf Bitten der Gefangenen bei ihnen im Adlitzgraben. Wie auch die meisten Russen im Lager blieben und auf das Eintreffen ihrer Landsleute warteten, vor denen sie eine panische Angst hatten.

Der Schottwiener Volkssturm unter dem Kommando von Johann SCHRUFF setzte sich am Abend, nachdem sie mit den Landesschützen die Panzersperre geschlossen hatten, in Richtung Semmering ab.

Die vor der Panzersperre im Bereich der B 17 bis zum Baumgartner Felsen in Stellung befindlichen Landesschützen sicherten die Bundesstraße Richtung AUE. Als die sowjetischen Truppen nicht kamen setzten sie sich am Abend des Karsamstag zum Bauernhof Baumgartner (Stary) ab, wo sie ein wüstes Mostsaufgelage veranstalteten. Als dann noch ein Unteroffizier mit der Mpi wild im Haus herumschoss, zogen wir weiter den Berg hinauf zum STRANZ Hof.

Vor der Panzersperre bei der Brettner Säge und in der Stellung am Schafferfelsen wurden zwei Landesschützen, die sich nicht rechtzeitig absetzen konnten, von den Sowjets erschossen.

Ostersonntag, 1. April 1945. Die Panzersperre im unteren Ort war geschlossen. Der Bacher Autobus verlässt Schottwien mit Müttern und Kindern Richtung Steiermark. Bei den Landesschützen ging es drunter und drüber, viele waren betrunken, der Spieß WATSCHINER brüllte Befehle die keiner verstand. Am Kompaniegefechtsstand im Gasthaus HOBERSTORFER stellte sich ein Leutnant krank. Erst als ihm der Wirt mit einem Kübel Wasser anschüttete kam er zu sich und begab sich zu seinen Soldaten, die bereits angetreten vor dem Gasthaus standen, um Richtung GÖSTRITZ abzurücken und sich später zum SEMMERING zurückzuziehen.

Als keine deutschen Truppen mehr im Ort waren, begann Pfarrer KOPF, die Schwestern Elisabeth und Maria WIESNER, sowie der alte Herr SPITZER die Panzersperre am unteren Ortsanfang abzubauen. Sie schoben die Baumstämme auf der einen Seite in den Bach und auf der gegenüberliegenden Seite auf den Gehsteig. Sie waren so in diese Arbeit vertieft, dass sie die herankommende deutsche SS Patrouille nicht bemerkten, erst als sie der Anführer anschrie: „Sind sie denn wahnsinnig, was tun sie denn hier?“ Worauf Pfarrer KOPF seine Jacke umdrehte, damit man nicht sehen konnte, dass er ein Priester ist und schnell von der Sperre verschwand.

Am frühen Nachmittag saßen die STRANZ Bäurin mit ihren Kindern und wir vor dem Hof in der Sonne. Es war bereits wunderbar warm und der Himmel wolkenlos. Als auf dem Waldweg von AUE herauf ein Trupp deutscher Soldaten kam. Die Landser hatten ihre gesamte Ausrüstung und Bewaffnung mit. Sie waren so erschöpft, dass einige auf der Stelle einschliefen. Ihr Anführer ein Gebirgsjägeroberfeldwebel befahl eine Rast und wir bewirteten sie mit Most und Brot.

Der Oberfeldwebel erzählte, dass sie seit Ungarn marschierten, immer mit dem Russen im Genick. Er erklärte der STRANZ Bäuerin, dass sie den restlichen Most aus den Fässern auslassen soll, damit ihn nicht die

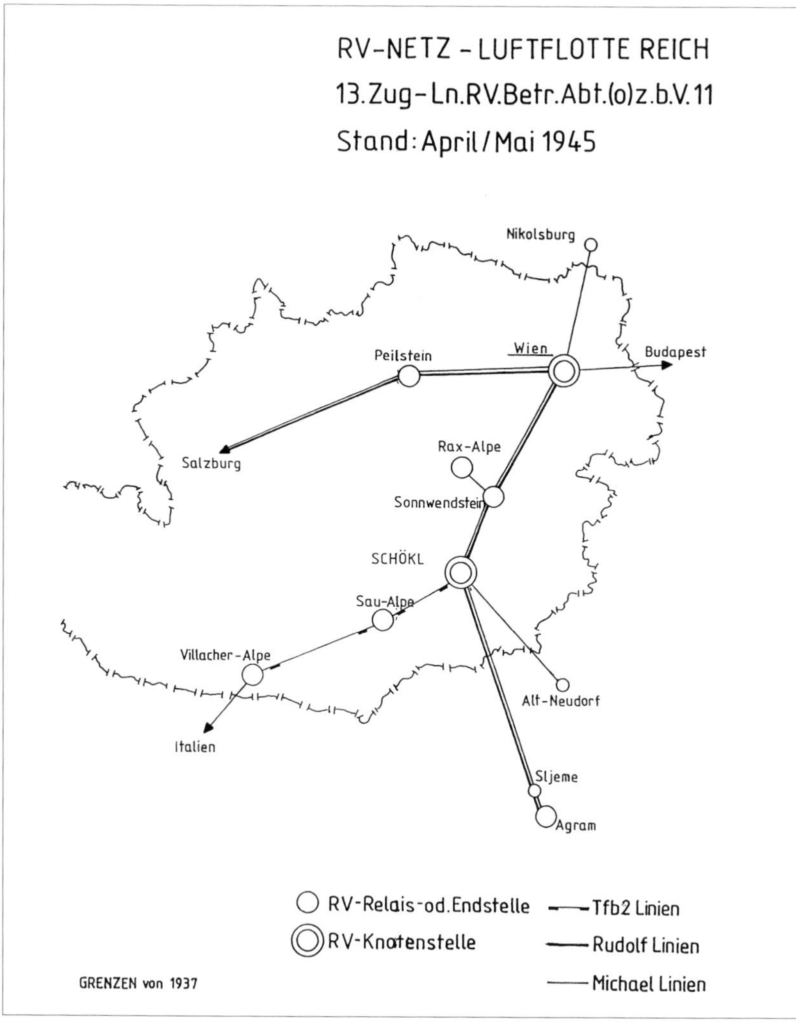

Russen bekämen. Dadurch würde uns viel Leid erspart bleiben. Nach einer Stunde marschierten sie weiter Richtung Kreuzberg. Vorher hatten sie noch das Ofenrohr (Panzerabwehrrohr) mit den Granaten in den Graben geworfen.

Jetzt sah man vom STRANZ Hof aus hinter dem Schloss Wartenstein Rauch aufsteigen und konnte auch vereinzelte Gewehrschüsse hören. Gegen abend wurde es ruhiger und wir verbrachten eine ruhige Nacht.

Am Sonnwendstein 1523 m befand sich seit 1944 eine Relaisstelle des Luftflottenkommandos 4, welche die Richtfunkverbindungsstrecke Wien – Agram, mit Dienststellenleiter Unteroffizier Heinz MARX, 3 Soldaten und 2 Luftwaffenhelferinnen, in Betrieb hielt.

Diese kleine Einheit gehörte zum Spezialpersonal der Luftwaffe und unterstand dem Luftgau Wien, sowie einer für das gesamte Reichsgebiet zuständige Richtfunkabteilung in Berlin.

Über diese Funkstrecke wurden führungswichtige Gespräche, sowie die Standortmeldungen der einfliegenden, in Bari und Brindisi gestarteten amerikanischen Bomberverbände, vom Jägerleitoffizier in Agram zu dem Gefechtsstand des Jägerführers Ostmark Oberst HENDRIK, der seinen Gefechtstand der Luftverteidigung „OSTMARK“ im Schloß Kobenzl hatte, weitergeleitet.

Durch Abhören der Gespräche waren sie über die Gesamtlage der Front bestens informiert.

SEMMERING

Die ungarische Exilregierung und der Stab der ungarischen Gendarmerie bezogen im Hotel Panhans und anderen größeren Häusern Quartier.

Außer dem örtlichen Volkssturm und der am frühen Nachmittag des Karfreitag aus CILLI eingetroffenen Panzerjägerkompanie, die am Gründonnerstag, dem 29. März 1945 alarmiert worden war, befand sich keine deutsche Kampfeinheit am Semmering.

Die Panzerjäger- Ersatz- und Ausbildungseinheit 48 in Cilli war am Karfreitag morgens mit einem Großteil des Personals und Materials als eine Art Alarmeinheit unter der Führung des Kommandeurs Oberstleutnant Ludwig LANG, Adjutant Oberleutnant Heinz KARPF in den

Raum Semmering – Feldbach in Marsch gesetzt worden.

Der für den Semmering vorgesehene Teil der Alarmeinheit bestand aus dem Stab, Nachrichtenzug und einer Panzerjägerkompanie, gebildet aus der Personaleinheit von Leutnant Adolf POLIVKA. Diese Kompanie, die personell vollkommen aufgestellt und neu eingekleidet war, ist mit 7 Geschützen 7,5 cm Pak 40 und verschiedene Zugmitteln ausgerüstet.

Leutnant Adolf Polivka-Treuensee

Die Panzerjägerabteilung hat den Auftrag, die Linie **PREINER GSCHEID – SEMMERING – SONNWENDSTEIN – PFAFFEN SATTEL** zu halten. Es hieß vor allem ein Vordringen feindlicher Panzer in die Steiermark zu verhindern.

Ein Pak-Zug ging bei den letzten Serpentinen der Semmeringstraße und an der Kreuzung Bahnhofstraße – Bundesstraße 17 mit 3 Geschützen in Stellung. Der 2. Zug in EDLACH und auf dem PREINER GSCHEID.

Deutsche P 40 Kal. 7,5

Der Gefechtsstand mit dem Kompanietrupp zog am Wolfsbergkogel in der Kuranstalt SONNWENDHOF unter.

Wiener Neustadt

Auf einem Abstellgleis vor dem Bahnhof im Föhrenwald, stand ein Zug mit einer Marschkompanie Gebirgsjäger, Ersatz für die 1. Gebirgsdivision, die in Ungarn am Balaton empfindliche Verluste erlitten hatte.

Die Einheit bestand aus 3 Zügen, die nur notdürftig mit Waffen ausgerüstet waren. Auf dem Nebengeleise wurden Panzer ausgeladen.

Am 29. März gegen 19.00 Uhr gab der Posten Alarm, über der Stadt wurden von Fliegern Leuchtzeichen abgeworfen. Es handelte sich um einen russischen Luftangriff, wie Heinz SCHLOTT, ein Zugsführer der schon den Russlandfeldzug mitgemacht hatte, sofort erkannte. Durch den Angriff gab es keinerlei Ausfälle.

Heinz SCHLOTT berichtete:

„Tags darauf kam der Befehl zurück zufahren, wir waren ja aus Richtung Semmering gekommen. Vorerst nach Neunkirchen, wo wir Verpflegung erhielten. Am Marktplatz herrschte eine trügerische Stille. Selbst die Luft hielt den Atem an. Überall nur Gerüchte, Nachrichten fehlten gänzlich. Weit entfernt aus dem Wiener Becken war wiederholtes Grollen von Artilleriefeuer vernehmlich. Die Frontnähe wurde zur Gewissheit. Wir waren alle bedrückt.

Angesichts der flüchtenden Ungarn mit Ross und Wagen verbesserte sich dieser Eindruck nicht. Auch machten wir uns über die Dauer des Transportes Gedanken. Seit der Abfahrt waren wir schon einen Monat unterwegs, dazu immer die feindlichen Tieffliegerangriffe. Manchmal standen wir auf Abstellgeleise, tagsüber in Tunnels.

Dann ging es über Gloggnitz wieder zurück auf den Semmering. Dort musste aber schon eine andere Einheit vor uns eingetroffen sein.

Sonst war alles ruhig, von Freund und Feind nichts zu hören oder zu sehen. Gleich gegenüber dem Bahnhof, im Hotel STEFANIE, es war als Lazarett gerade vor unserer Ankunft geräumt worden, bezogen wir Quartier.

In dieser ersten Nacht war ich zum UvD (Unteroffizier vom Dienst) eingeteilt worden. Die Küche des Hotels diente als Dienststube. Die Kompanie schlief bereits als der Sanitätsfeldwebel zu mir kam und mir mitteilte, daß im Hotel PANHANS das ungarische Verpflegungslager geräumt wird.

Er wollte das ich zwei, drei Leute zum Organisieren wecke. Natürlich musste ich ablehnen, schließlich gab ich nach. Es vergingen bereits 2 Stunden und mir kamen Bedenken.

Sollte ich nachsehen, meinen Dienstbereich verlassen, dies widersprach der Wachvorschrift. Die Ungewissheit überwand ich dann und ging schnell Richtung Panhans, als ich in der Stille der Nacht einen Handwagen rattern hörte. Es waren die Gesuchten, mit Zigaretten, Wein und Schnaps wurde ich empfangen. Auf dem Wagerl hatten sie vier große Kisten. Als wir diese dann in der Unterkunft öffneten lief uns das Wasser bereits vom Ansehen her im Mund zusammen, lauter große dicke harte ungarische Salamiwürste.

Für uns Landser ein Himmelsgeschenk. Es wurde Wein getrunken und Bratkartoffeln mit Salamiwürfeln gebrutzelt. So reingehauen hatte ich schon lange nicht mehr. Da es noch eine gute Stunde bis zum Wecken war, sollte mich der Gefreite vom Dienst wecken. Es war nur ein kurzer Schlaf, als mich die Stimme eines Melders aufschreckte: „UvD sofort zum Kompanieführer." Wir hatten beide verschlafen.

Mit ungutem Gefühl machte ich meine Meldung, da brasselte ein Donnerwetter auf mich nieder.

Dann fragte mich der Leutnant was ich zu meiner Entschuldigung zu sagen hätte? Nun in der Nacht hatte es besondere Vorkommnisse gegeben, die sie verschlafen haben, meinte der Leutnant. Stolz berichtete ich ihm, dass wir in der Nacht einige Kisten mit Salamiwürsten für die Kompanie sichergestellt hatten. Er wollte es nicht glauben.

So lief ich so schnell ich konnte und brachte ihm eine große Salami, ich hörte blos, Mensch und sah aus seinen Augen den Appetit leuchten. nun musste ich den ganzen Hergang erzählen und das anfängliche Gewitter wurde zum Sonnenschein.

Auf alle Fälle war es für einige Zeit eine lukulische Bereicherung unserer Verpflegung.

Frühmorgens, am 31. März, Karsamstag kam der Einsatzbefehl für unseren Zug, die infanteristische Sicherung der Pak Geschütze des Panzer Jäger Zuges oberhalb der Bahnhofstraße und unterhalb der Serpentinenstraße zu übernehmen.

Die Stellungen gestatteten von hier aus Einsicht über das abfallende Gelände bis zum Eselstein. Eine weitere 7,5 cm Pak stand gut getarnt rechts, die wir aber selbst nicht zu Gesicht bekamen.

WIEN – Wehrkreiskommando XVII

In Wien gab es eine militärische Widerstandsbewegung unter Major SZOKOLL, dem auch der damalige Oberfeldwebel Ferdinand KÄS angehörte. Er meldete sich freiwillig, um mit der roten Armee Verbindung aufzunehmen. In seinen Aufzeichnungen schrieb er:

„Als in der zweiten Märzhälfte feststand, dass mindestens Ostösterreich Kriegsschauplatz werden wird, wussten wir, dass nur die rote Armee unser Partner sein kann und angesichts der rasch zunehmenden Verteidigungsvorkehrungen im Stadtgebiet von Wien, sowie des schnellen Zurückgehens von kampfstarken Verbänden der „Heeresgruppe Süd" in den Raum Wien, nur im Zusammenwirken mit den russischen Truppen das bevorstehende Kampfgeschehen um die Stadt und Österreich erfolgsversprechend abgekürzt werden kann. Für die Verwirklichung der Absicht, die Verbindung zur Roten Armee aufzunehmen, war das Vorgehen der 2. und 3. Ukrainischen Front für uns maßgebend. Als aus den von mir bearbeiteten Frontlagemeldungen die Stoßrichtung und Gruppierung dieser beiden Heereskörper einwandfrei feststand – das war der 28./29. März 1945 – war für uns der Zeitpunkt des Handelns gekommen.

Die Fahrt wurde am Karsamstag, den 31. März 1945, um ca 22.00 Uhr, vom Gebäude des Wehrkreiskommandos XVII am Stubenring aus, angetreten. Für die Abfahrt wurde dieser Zeitpunkt gewählt, weil nach unseren Schätzungen die Vortruppen der 3. Ukrainischen Front am 2. April 1945 den Raum Gloggnitz – Semmering erreicht haben und dort im Kampf stehen müssen. Von mir war das zerschnittene Gelände dieses Gebietes zum Überschreiten der Linie in Aussicht genommen worden, denn in diesem Raum konnten Gelände bedingt keine Kampfhandlungen größeren Stils stattfinden.

Als Kraftfahrer begleitete mich der Obergefreite Johann REIF, er war der Fahrer des Major SZOKOLL und hatte sich für die Fahrt freiwillig gemeldet. Wir benutzten den Dienstwagen des Major Szokoll, einen Opel „Olympia" mit Wehrmachtskennzeichen und richtigen Wagenpapieren. REIF und ich trugen Wehrmachtsuniform mit dem richtigen Dienstgradabzeichen, aber keine Auszeichnungen und waren mit Pistolen bewaffnet. Zur Deckung der Fahrt waren wir mit einem Kurierausweis zum „Ungarischen Armeeoberkommando“ ausgestattet, dessen Standort nicht genau bekannt war, was für uns die Wahl der Fahrtroute weitgehende Bewegungsfreiheit gab. Wir fuhren ab Wien unter Vermeidung der Reichsstraße (Bundesstraße 17) in den Raum Gloggnitz – Semmering. Unterwegs einige Anhaltungen durch SS und Feldgendarmerie zur Ausweisleistung. Nach Gloggnitz eine gesicherte deutsche Straßensperre an der Semmeringauffahrt. Ich befrage den Kommandanten der Sicherungsmannschaft, einen Luftwaffenunteroffizier, über die Feindlage. Der Unteroffizier sagte mir, dass die Russen bereits im Anmarsch sind.

1. April 1945 – herrliches warmes Frühlingswetter:

Auf Grund dieser Auskunft entschloss ich mich, über Payerbach nach Prein zu fahren, dort das Lichtwerden abzuwarten und dann auf Nebenwegen die Semmeringhöhe zu erreichen, um von dort aus den Frontverlauf feststellen zu können.

Im Morgengrauen fuhren wir zum Semmering – als der Tag anbrach hatten wir die Höhe erreicht. Sie war noch Niemandsland und ich konnte vom Dach des verlassenen „Hotel Panhans“ mit Hilfe des Feldstechers, der Feuerkampf hatte gerade begonnen, den Frontverlauf genau beurteilen. Meine Beobachtungen führten mich zu dem Entschluss, über den Kreuzberg oder Eichberg den Versuch zu unternehmen, die Linien zu überschreiten.

Wir fuhren daher zurück nach Prein, dann weiter auf der Straße Richtung Payerbach. In Dörfl ersuchte ich zwei zufällig an der Straße stehende Zivilisten uns zu helfen, den PKW rechts über den tiefen Straßengraben zu heben. Wir hoben den Wagen über den Graben und fuhren dann auf einem Karrenweg Richtung EICHBERG. Ich kannte das Gelände aus meiner Bundesheerdienstzeit und hatte bereits eine feste Vorstellung, wo das Überschreiten der deutschen Hauptkampflinie am Eichberg oder Kreuzberg gelingen könnte. Die Hauptkampflinie der deutschen Truppen verlief an den Südhängen, entlang des Waldbestandes etwa in West – Ost. Die Russen lagen gegenüber, durch das Tal des Auebaches getrennt. Als wir noch immer auf dem Karrenweg fahrend zum Südhang des Eichberges rechts (Weinweg) einbogen um den Kreuzberg zu erreichen, wurden wir von den deutschen Truppen unter Feuer genommen. Fast gleichzeitig setzte der russische Beschuss ein. Jetzt gab es nur mehr die Möglichkeit des Handelns, heraus aus dem Wagen und sich über den gegenüber den russischen Stellungen abfallenden Hang des Eichberges, in die Tiefe abzurollen. Unter dem Beschuss von beiden Seiten sprangen REIF und ich aus dem Wagen und rollten den Hang hinunter.

An einem hölzernen Gartenzaun endete unsere Talfahrt. Vor uns standen zwei Rotarmisten mit angeschlagenen Maschinenpistolen. REIF und ich waren in russischer Kriegsgefangenschaft – es war der **1. April 1945, ca. 9.10 Uhr.***)

Erst jetzt vermisste ich meine Kartentasche, sie war offenbar beim überstürzten Verlassen des PKWs hängengeblieben. Dieser Verlust war praktisch das Scheitern meiner Mission, denn in dieser Tasche hatte ich drei Kartenblätter und einen Meldeblock mit Aufzeichnungen verwahrt, die ich bei den Verhandlungen mit den Russen unbedingt brauchte. REIF und ich wurden „Hände – hoch" von den beiden Rotarmisten durch den steil ansteigenden Hochwald Richtung Schloss Wartenstein getrieben. Am Hang an einem beherrschenden Geländepunkt (Grubhof) kamen wir zu einem Hauptposten der russischen Vorpostenkette.

Der Kommandant, ein Unterleutnant, saß mit seinen Leuten an einem kleinen Feuer, es wurde Tee gekocht. Unsere beiden Wächter erstatten Meldung. Der Unterleutnant ließ uns die Hände herunter geben und fragte uns gut verständlich in deutscher Sprache, ob wir auch Tee wollten. Wir bekamen Tee, dazu bot der Unterleutnant Zigaretten an und begann Fragen zu stellen.

Ich fiel ihm gleich zu Beginn ins Wort und versuchte meine Aufgabe zu erklären, wobei ich darauf hinwies, dass ich unbedingt meine verlorengegangene Kartentasche brauche, um die Einzelheiten meines Auftrages einem höheren russischen Kommando klarzulegen.

Der Unterleutnant beauftragte unsere zwei Wächter, meine Kartentasche bei unserem zerschossenen PKW am Eichberg zu holen.

---

*) Hier dürfte in der Zeitangabe ein Irrtum vorliegen, da die sowjetischen Truppen am 1. April 1945 erst um 11.00 Uhr nach Gloggnitz gekommen sind und die Stadt um 11.30 Uhr in Besitz genommen hatten.
Der letzte Zug mit Flüchtlingen hat den Bahnhof Gloggnitz um 10.00 Uhr Richtung Westen verlassen.
Gloggnitz wurde auch nicht verteidigt, da weder in der Stadt noch in der Umgebung deutsche Kampftruppen waren.

Nach längerer Zeit, es war schon gegen Mittag, kamen die beiden zurück und brachten meine Kartentasche mit, ihr Inhalt war unversehrt.

Der Unterleutnant hatte in der Zwischenzeit mit seinem Vorgesetzten lange am Telefon gesprochen und wir wurden auf Befehl des Unterleutnants von unseren soeben zurückgekehrten Wächtern weitergeführt. Nach längerem Fußmarsch wurden wir in einem abseits des Weges liegenden Gehöft (in der Nähe von Raach) zwei russischen Obersten vorgeführt, die sich nicht weiter um uns kümmerten, unsere Wächter fortschickten und uns einem Major übergaben. Bald fuhr ein geschlossener PKW vor, die Fenster waren mit Decken verhängt. Wir mussten einsteigen und es begann für uns eine lange Fahrt ins Ungewisse. Oberfeldwebel Ferdinand KÄS und Obergefreiter Johann REIF wurden zum Operationsstab des Marschall TOLBUCHIN nach Hochwolkersdorf gebracht**).

SEMMERINGGEBIET

Am Semmering räumt man die Kriegslazarette, die Verwundeten samt Pflegepersonal werden mit einem Sonderzug Richtung Steiermark gebracht.

Die sowjetische 103. Gardeschützendivision ist in der Zwischenzeit vom Pittental kommend mit zwei Stoßkeilen über Kirchberg am Wechsel und Penk – Rams – Schlagl und Kranichberg – Enzenreith kampflos am Vormittag in Gloggnitz einmarschiert. Um 12.00 Uhr ist die Stadt Gloggnitz zur Gänze von den Russen besetzt. Kurz darauf fliegen amerikanische Fernkampfbomber Gloggnitz an und beginnen die Stadt zu bombardieren. Die Russen feuern aus allen Rohren um die Flieger aufmerksam zu machen, dass die Stadt bereits in ihrer Hand ist. Nach einigen Bombenwürfen, die in der Nähe des Bahnhofes fallen und keinen allzu großen Schaden anrichten, drehen die Bomber ab.

Am Nachmittag fühlen die Russen mit Spähtrupps die Reichsstraße entlang in Richtung Schottwien vor, als sie in Aue vereinzeltes Karabinerfeuer empfängt, ziehen sie sich bis Weißenbach zurück, wo sie auf das Aufschließen ihres Trosses warten und die Nacht verbringen.

**) Über dieses Unternehmen möge sich jeder sein eigenes Urteil bilden, fest steht jedoch, dass sich ein Teil dieses Unternehmens im Semmeringgebiet zugetragen hat und somit auch zur jüngeren Zeitgeschichte unserer Gegend gehört.

Nach der Einnahme von Gloggnitz geht eine andere Kolonne das obere Schwarzatal in Richtung Payerbach vor, dabei kommt es an der eisernen Straßenbrücke über die Schwarza, vor Schlöglmühl zu einem kurzen Gefecht.

Die in Payerbach stationierte 1. und 5. Kompanie des Landesschützenbataillon 851 unter ihrem Kommandeur Oberstleutnant HENRIQUEZ sind bereits in Alarmbereitschaft versetzt worden.

Ein Zug der 1. Kompanie unter Leutnant Friedrich THEOBALD geht in Richtung Schlöglmühl vor. Ein Halbzug gräbt sich beim Bahnhof Schlöglmühl ein, während er zweite Halbzug unter Feldwebel HISCHKA in Richtung Gloggnitz weiter vorgeht und bei der Straßenbrücke sowie beim Bahnwärterhaus mit den Russen zusammenstößt. Dabei haben die Landesschützen die ersten Gefallenen, unter ihnen auch Leutnant Theobald. Der Rest des Zuges zieht sich auf den Gahns zurück. In lockere Schützenkette gehen die Russen ungehindert bis Payerbach vor. Die restlichen Landesschützen haben sich nach Reichenau zurückgezogen und an der Panzersperre beim Viadukt zur Verteidigung eingerichtet.

Auf deutscher Seite sind nun Maßnahmen zur Verteidigung des Semmering angelaufen.

Generalmajor Ulrich BORMANN, der mit seiner Feldkommandantur 198 die Semmeringbahn von Neunkirchen bis Mürzzuschlag sichern sollten, musste, als er am 1. April 1945 am Semmering eintraf, feststellen, dass die Russen die Südbahnstrecke in seinem Abschnitt von Neunkirchen bis Gloggnitz erreicht und unterbrochen haben.

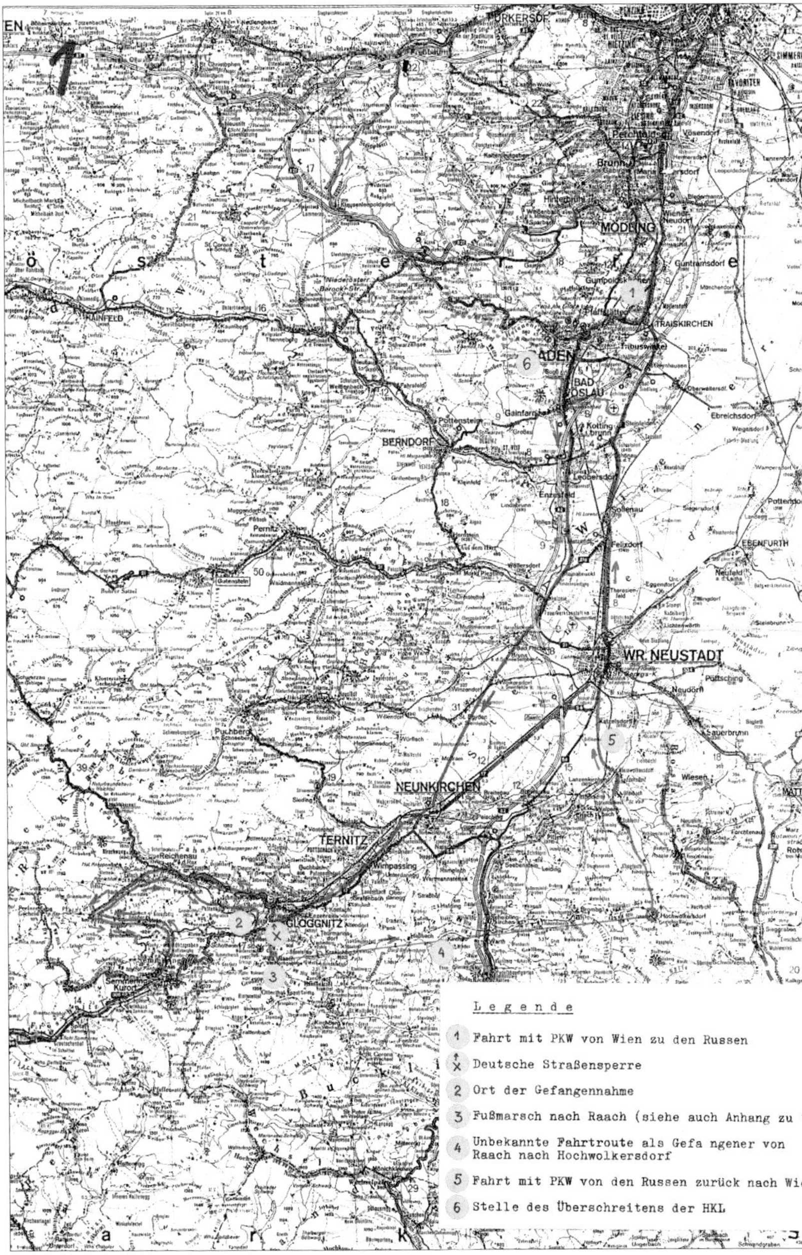
Legende
1 Fahrt mit PKW von Wien zu den Russen
X Deutsche Straßensperre
2 Ort der Gefangennahme
3 Fußmarsch nach Raach (siehe auch Anhang zu 1
4 Unbekannte Fahrtroute als Gefa ngener von Raach nach Hochwolkersdorf
5 Fahrt mit PKW von den Russen zurück nach Wie
6 Stelle des Überschreitens der HKL
MÖDLING
TRAISKIRCHEN
BADEN
BAD VÖSLAU
BERNDORF
HAINFELD
EBENFURTH
WR. NEUSTADT
NEUNKIRCHEN
TERNITZ
GLOGGNITZ
Wimpassing
Reichenau
Puchberg
Pernitz
Felixdorf
Sollenau
Enzesfeld
Perchtoldsdorf
Brunn
Guntramsdorf
Gainfarn
Pottenstein
Neudörfl
Lanzenkirchen
Hochwolkersdorf
Wiesen
Sauerbrunn

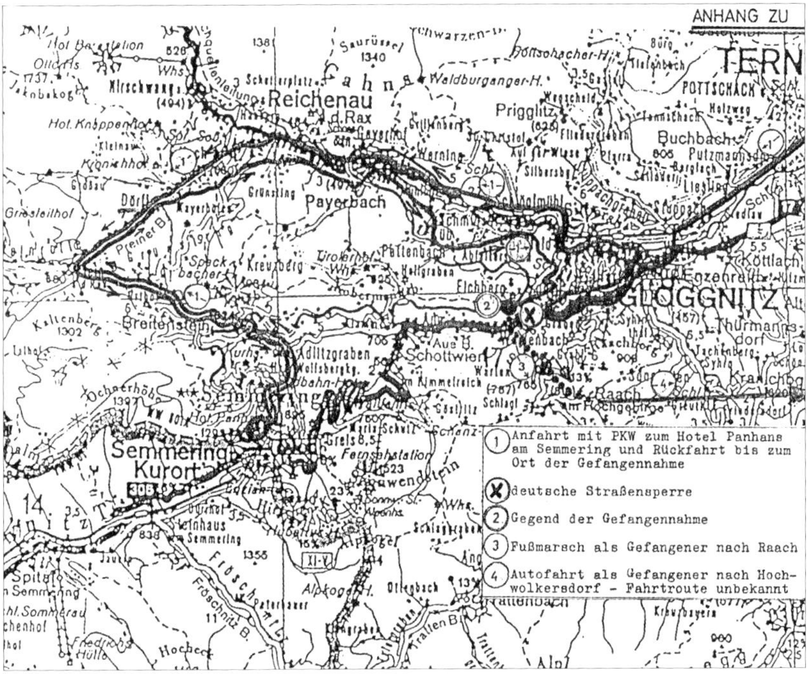
ANHANG ZU
Reichenau a.d.Rax
Payerbach
Semmering Kurort
Gloggnitz
Schottwien
Breitenstein
Raach
1 Anfahrt mit PKW zum Hotel Panhans am Semmering und Rückfahrt bis zum Ort der Gefangennahme
X deutsche Straßensperre
2 Gegend der Gefangennahme
3 Fußmarsch als Gefangener nach Raach
4 Autofahrt als Gefangener nach Hochwolkersdorf - Fahrtroute unbekannt

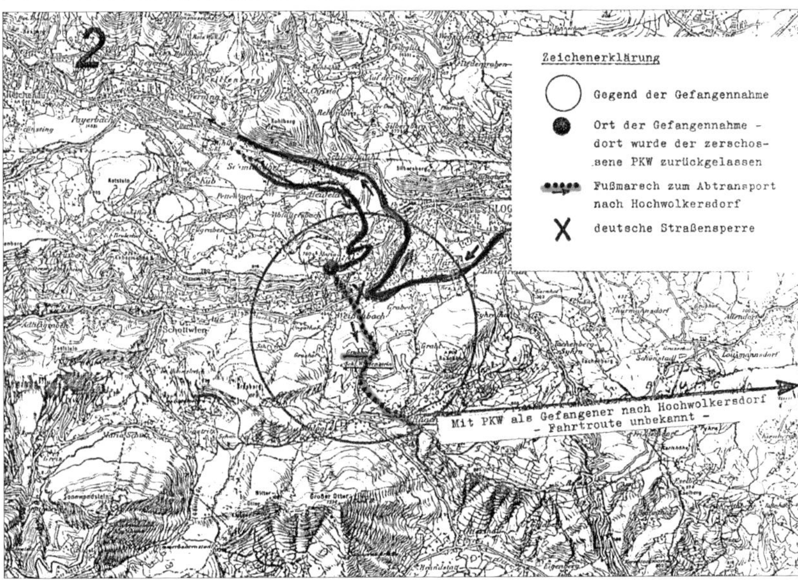
2
Zeichenerklärung
Gegend der Gefangennahme
Ort der Gefangennahme - dort wurde der zerschossene PKW zurückgelassen
Fußmarsch zum Abtransport nach Hochwolkersdorf
X deutsche Straßensperre
Mit PKW als Gefangener nach Hochwolkersdorf - Fahrtroute unbekannt -

ADMONT

In Admont wurde die Wehrkreisunterführerschule XVIII der Gebirgsjäger alarmiert und eine Kampfgruppe gebildet. Der Adjutant der Kampfgruppe, Leutnant Josef EGENRIEDER, holte vom General der Gebirgstruppen Julius RINGEL in Graz beim Generalkommando den Einsatzbefehl ab, worin General RINGEL befahl: „Ihr verteidigt den Semmering und bleibt dort oben, lebend oder tot!“ Auf die Frage welche Einheiten links und rechts seien, sagte der General: „Zunächst niemand aber es werden laufend Einheiten nachkommen.“

Der Kommandant der Kampfgruppe 8/XVIII war Oberst Dr. TREECK. Das Alarmbataillon unter dem Kommandeur Hauptmann SCHLIERF wird noch am Abend in Admont auf Eisenbahn verladen und fährt mit der Bahn bis Krieglach. Von Krieglach Gefechtsmarsch zum Semmering.

ZELTWEG

Vom Fliegerhorst Zeltweg wird eine Luftwaffeneinheit, ABK „Z“ unter Leutnant Friedrich FLEISCHER mit 116 Mann, bestehend aus deutschen Fluglehrern, deutschen und ungarischen Wartungspersonal, sowie ungarischen Flugschülern, meistens Offiziere, nach Steinhaus am Semmering und von dort zum Pfaffensattel in Marsch gesetzt. Bei ihrem Eintreffen am Sattel ist die Lage in diesem Abschnitt ruhig. Die Einheit bezieht Stellungen am **Kleinen Pfaffen – Jägerwiese – Harderkogel** gegen Trattenbach. Zunächst ohne Anschluss nach links und rechts.

KLAGENFURT

Bei der Flugzeugführerschule A/B 14 wecken um 06.00 Uhr.

Die Russen sollen bis Graz durchgebrochen sein, die Stadt soll hart umkämpft werden.

Wir gammeln den ganzen Tag herum berichtet Dieter WÄHRER in seinem Tagebuch.

Um 18.00 Uhr Einteilung in Züge und Gruppen, wir bilden somit eine Alarmkompanie, hervorgegangen aus der Flugzeugführerschule A/B 14, Gruppe 52A und Gruppe 52B, insgesamt 60 Mann.

2. April 1945 Ostermontag:

Aufreibendes warten und nachts Rüsten zum endgültigen Aufbruch.

3. April 1945 Dienstag:

Um 03.00 Uhr Abtransport auf offenen LKW stehend, wie Schlachtvieh. 08.00 Uhr in einem Dorf hinter Wolfsberg, hier ist noch Ruhe, außer den Tieffliegern die uns bis zum Einbruch der Dunkelheit an der Weiterfahrt hindern. In einer Scheune in Pichling übernachten wir.

4. April 1945 Mittwoch:

Erst um 09.00 Uhr Weiterfahrt über den Packsattel in Richtung Graz. Graz ist aber von Hitlerjugend, Volkssturm und anderen Einheiten bereits besetzt, so geht es über Bruck auf den Semmering.

Hinter Graz in einem Wald, hängen an den Bäumen Deserteure, die man zur Abschreckung aufgehängt hat. Uns werden Flugblätter auf die LKW geworfen mit dem Text:

„Jeder Soldat, der im rückwärtigen Gebiet ohne Befehl und Waffe aufgegriffen wird, wird aufgehängt!"

Dann kamen wir auf den Semmering – 985 m Passhöhe.

LEOBEN

In Leoben erhält der Kommandeur des SS Gebirgsjäger Ausbildungs- und Ersatz Bataillons 13, Hauptsturmführer Horst GRUNWALD vom Befehlshaber des rückwärtigen Armeegebietes einen telefonischen Anruf, dass das Bataillon mit sofortiger Wirkung in den Alarmzustand zu versetzen sei. Der Kommandeur habe sich unverzüglich auf dem Gefechtsstand in Bruck an der Mur zu melden.

Hauptsturmführer Horst Grunwald

G r u n w a l d berichtet:

„Nun war es also soweit! Nachdem für die in Leoben befindlichen Einheiten des Bataillons die notwendigen Befehle für das Herstellen der Marschbereitschaft gegeben waren, machte ich mich mit Adjutant Obersturmführer ROESLER auf den Weg. In der Forstschule Bruck, in einem der vielen Klassenräumen, hatte Generalmajor BORMANN seinen Gefechtsstand.

Eine Art Weltuntergangsstimmung war nicht zu übersehen. Nach Vortrag erhielt ich folgenden Auftrag:

Mit den sofort und später verfügbaren Kräften des Bataillons unverzüglich den Semmering – Pass zu gewinnen und ihn gegen den aus Richtung Wr. Neustadt vorstoßenden Feind zu halten.

Ergänzend und gesprächsweise wurde noch mitgeteilt, dass auch andere Ausbildungs- und Ersatzeinheiten, z. B. die Gebirgsjäger Unterführerschule Admont in dieser Lage eingesetzt würden und dass eigentlich Volkssturmeinheiten oben auf dem Semmering die Sicherung schon übernommen haben müssten.

Dem in Leoben gebliebenen Kommandeurstellvertreter Hauptsturmführer Heinrich BARTH wurde folgender Befehl fernmündlich übermittelt:

1. Verfügbare Kompanien sofort antreten. Marschziel Semmering. Dort weitere Einweisung.
2. Teile des Bataillons auf der Seetaler Alpe beschleunigt nach Leoben. Nach Auffrischung und Umgliederung gewinnen diese beiden Kompanien bis Abend des Ostermontag den Semmering – Pass.
3. Standort Leoben unter Führung von Hauptsturmfüher BARTH ab sofort Versorgungsbasis für das Einsatzbataillon.
4. Vorgeschobener Bataillonsgefechtsstand bis auf weiteres am Semmering im Südbahn Hotel.“

Hauptsturmführer GRUNWALD hatte sich im Hinblick auf die drängende Lage entschlossen, gleich von Bruck aus auf den Semmering – Paß zu fahren, um Verbindung mit den schon dort eingesetzten Kräften der Wehrmacht oder des Volkssturmes aufzunehmen.

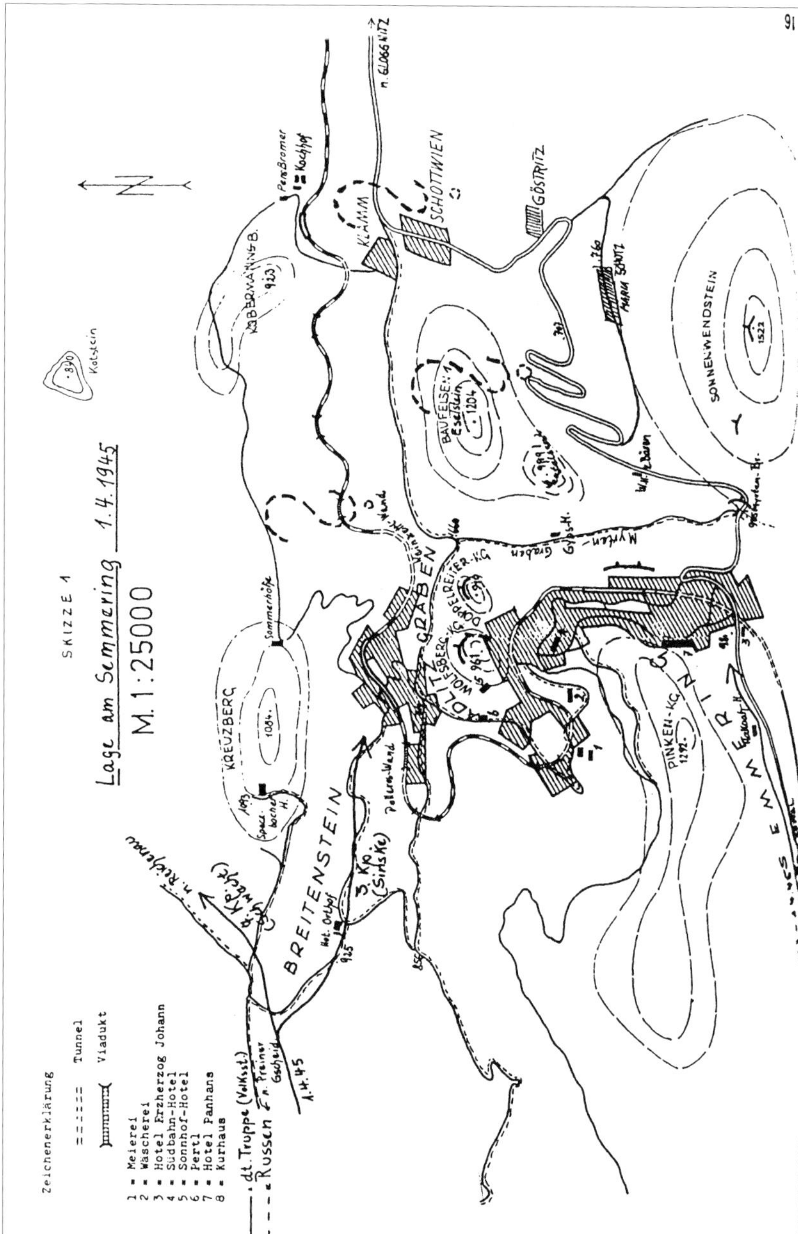
SKIZZE 1
Lage am Semmering 1.4.1945
M. 1:25000
Zeichenerklärung
Tunnel
Viadukt
1 = Meierei
2 = Wäscherei
3 = Hotel Erzherzog Johann
4 = Südbahn-Hotel
5 = Sonnhof-Hotel
6 = Pertl
7 = Hotel Panhans
8 = Kurhaus
dt. Truppe (Volksst.)
Russen
1.4.45
KREUZBERG
1084
Sommerhöfe
BREITENSTEIN
n. Reichenau
Kotstein
SCHOTTWIEN
KLAMM
n. GLOGGNITZ
GÖSTRITZ
MARIA SCHUTZ
SONNENWENDSTEIN
1522
BAUFELSEN
1204
GRABEN
DOPPELREITER-KG
WOLFSBERG-KG
PINKEN-KG
1292
SEMMERING
Myrten-Graben
Polleros-Wand
3. Kp. (Sirsko)

SEMMERING – Ostersonntag – abends:

Am Abend treffen nach einer Irrfahrt die 1. und 2. Kompanie des SS Geb.Jg.A.u.E.Batl.13 aus Leoben kommend am Pass ein und beziehen im Hotel Panhans Quartier.

Roland SCHMELZ berichtet:

„Eines Tages wurden wir, die 1. Kompanie der SS Gebirgsjäger in Leoben, nach kurzer Ausbildungszeit alarmiert. Es wurde scharfe Munition, Handgranaten, Panzerfäuste etc. ausgegeben. Nachdem jeder Gruppe ein MG 42 zugeteilt und die Mannschaft zusammen gestellt war, hat man mich als Schütze 2 eingeteilt, dazu wurde ich mit einer Pistole tschechischer Herkunft Kal. 7,65 mm ausgerüstet. Ich erhielt zwei Patronen, mehr gab es einfach nicht. Derart ausgerüstet mit 2 Munitionskästen und zwei Ersatzläufen für das MG, eine Pistole mit zwei Patronen, am Koppel baumelten Eierhandgranaten, eine Gasmaske und natürlich den Stahlhelm nicht zu vergessen, wurden wir in einem Omnibus verfrachtet und weiter ging es in Richtung Semmering Pass, wobei uns das Ziel nicht genannt wurde. Die Fahrt führte nach Bruck an der Mur, von dort weiter in eine falsche Richtung, denn schon nach kurzer Zeit wurde bemerkt, dass man wohl vom rechten Weg abgekommen war und man sich verfranzt hatte. Die Verzögerung sollte sich als Glücksfall herausstellen, zwischen Bruck und dem Semmering bombardierten die Alliierten eine Ortschaft. Wegen der kurzen Irrfahrt kamen wir vor dem Dorf an, als der Luftangriff losging, dem wir im Straßengraben tatenlos zusehen mussten. Auf der Weiterfahrt, nach dem Semmering begab sich in unserem Bus ein brisantes Geschehen. Ich saß auf dem Rücksitz und wunderte mich warum es plötzlich mäuschenstill wurde und die Kameraden sich hinter die Rückenlehnen der Sitze duckten. Mir blieb fast der Atem weg, als ich die Ursache entdeckte, bei einem Kameraden der im Mittelgang stand, hatte sich die Verschraubung der Eierhandgranate, die er an der Patronentasche eingehängt hatte, gelöst und das Ding baumelte an dem Stückchen Schnur mit dem das Ei scharf gemacht wurde. Wir wussten nicht, war die Handgranate schon abgezogen und scharf oder nicht. Gott sei Dank nicht. Der Kamerad schraubte den Verschluß wieder zu, darauf ging im Bus der Rabatz wieder los.

Spät mittags kamen wir am Semmering an und wurden gleich die üblichen Sicherungen aufgestellt. Nach einer längeren Rast ging es in der Dämmerung in das Quartier im Hotel Panhans.

Die prominenten Gäste müssen panikartig geflohen sein, Betten blütenweiß überzogen harrten unser. Die Überraschung erwartete uns im Keller des Nobelhotels, nicht zu glauben was es dort zu Kriegsende an Köstlichkeiten gab. In dem kulinarischen Schlaraffenland haben auch wir uns gütlich getan und es kam noch rechtzeitig der Befehl anzutreten, bevor der Alkohol entsprechendes anrichten konnte. Die Rucksäcke und die Gasmaskenbüchsen waren jetzt mit den verschiedensten Dingen angereichert. Für die kommenden Tage war für unser leibliches Wohl gesorgt.

Es war gegen 24.00 Uhr, als uns ein Feldwebel der Wehrmacht übernahm. Es ging in Reihe und mit dem Gebot absoluter Ruhe behutsam der Passstraße folgend zum Bärenwirt. Auf der Brücke über die Myrtenschlucht lag eine Fliegerbombe die mit einem Stolperdraht versehen war, ein Soldat achtete darauf, dass jeder von uns einen großen Schritt über den Draht machte. Noch in der Nacht bezogen wir in einem Wohnhaus beim Bärenwirt Unterkunft, nachdem die Wachen ihre Positionen bezogen hatten. Es war noch nicht richtig Tag, da kam es zu einem peinlichen Eklat. Die Hausbesitzerin hatte die Nacht aus Angst vor den Russen im Wald verbracht und wollte in ihr Haus zurück, was ihr natürlich die Wache verwehrte. Die Frau mit einer Begleiterin wurde an den Kompanieführer verwiesen. Wir hatten das Haus zu räumen und gleich darauf erschienen die Frauen wieder und behaupteten wir hätten das Silber gestohlen. Es kam zu einem erregten Wortwechsel mit unserem Kompanieführer, der als es ihm zu dumm wurde befahl, alles antreten und Gepäck vorzeigen. Die Frauen konnten sich überzeugen, dass von der Mannschaft niemand das Silber geklaut hatte. Wer das wohl getan hatte? Die Semmeringstraße war mit einer Panzersperre blockiert, es wurden links und rechts der Straße Befestigungen ausgehoben, so wurden wir links der Straße mit unserem MG in eine vorbereitete Stellung eingewiesen. Die anderen Gruppen wurden zur Sicherung des Myrtengraben bis zum Gipswerk in Position gebracht.“

Horst KAUDELKA vom Kompanietrupp der 1. Kompanie erinnert sich noch, dass er in der Nacht zum 2. April 1945 an einem Spähtrupp nach Schottwien teilnahm, um festzustellen ob der Russe den Ort schon besetzt hat. Als sie an eine Tür klopften, öffnete ein Mann und begrüßte sie mit erhobener Faust: „Gott sei Dank, dass ihr da seid!“ Als er jedoch die Kragenspiegeln der SS Gebirgsjäger erkannte, erschrak er ganz gewaltig.

Der Russe hatte Schottwien noch nicht besetzt.

GRAZ

Der Kommandierende General des Wehrkreises XVIII – General der Gebirgstruppen Julius RINGEL erteilte von seinem Gefechtsstand in Graz telefonisch der Gebirgs-Artillerie-Schule Dachstein-Obertraun den Einsatzbefehl für die Einsatzbatterie.

Hauptmann SCHURR fährt mit der Einsatzbatterie sofort von Obertraun ab.

2. April 1945 – Schönwetter:

Am Semmering trifft Oberstleutnant der Panzerjäger Ludwig LANG aus Cilli ein und errichtet seinen Gefechtsstand im Südbahn-Hotel. Er hat in Graz von General der Gebirgstruppen RINGEL den Auftrag erhalten, eine Kampfgruppe aus Schulen, Ersatz- und Ausbildungseinheiten zum Schutze des Semmering zu bilden.

Aus Wolfsburg in Kärnten wurde ein Bataillon des Geb.Jg.Reg. 136 unter dem Kommandeur Hauptmann Rudolf DICKERMANN, ca. 320 Mann, motorisiert, gleichfalls zum Semmering beordert.

In Graz wurde aus den Auffangkompanien der SS Division NORDLAND eine 200 Mann starke Kampfgruppe unter Obersturmführer PONGRATZ gebildet und gleichfalls in den Raum Semmering verlegt. Diese Einheit kam von Graz nach Rettenegg in den Abschnitt **Feistritzsattel – Pfaffensattel.**

REICHENAU

Im oberen Schwarzatal vor Reichenau blieb es ruhig. Dort hatten in der Zwischenzeit Angehörige des Luftwaffenbaubataillons XVII und die 1. und 5. Kompanie des Landesschützenbataillon 851 unter Oberstleutnant HENRIQUEZ vom Schneedörfl bis zum Payerbachgraben eine Sicherungslinie aufgebaut.

SEMMERINGGEBIET

Das Bataillon der Geb.Jg. Unterführerschule Admont unter Hauptmann Hans SCHLIERF war nun fast komplett am Semmering eingetroffen und der Tross hatte im Hotel Erzherzog Johann auf der Passhöhe Quartier bezogen.

Hotel Erzherzog Johann

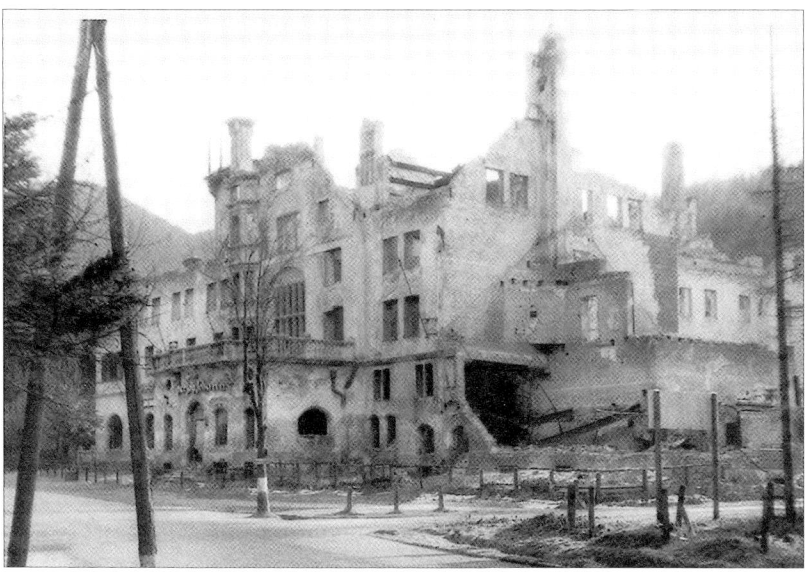

Nach der sowjetischen Besetzung

Die 1. Kompanie unter Leutnant DEISS geht nun in Richtung Maria Schutz vor. Leutnant KIRCHNER klärt mit seinem Zug in den Haidbachgraben bis zum Gipswerk auf. Nachher bezieht er mit seinem Zug Stellung am östlichen Ortsausgang von Maria Schutz beiderseits der Straße nach Göstritz mit Zugsgefechtsstand Marienhof.

Bis zum westlichen Ortsausgang, wo sich in der Pension Waldhof der Kompaniegefechtsstand befindet, ist eine große Lücke in der Front.

Oberhalb Maria Schutz, wo der Sonnwendstein bis zu 1523 m hoch ansteigt, ist Tag und Nacht immer eine Patrouille unterwegs. Sie sollte verhindern, dass die Russen in dem unübersichtlichen und steilen Wald- und Felsengelände einsickern könnten.

Hauptmann SCHLIERF errichtet seinen Bataillonsgefechtsstand im Jagdschloss des Fürsten Lichtenstein in Greis, wo auch die 3. Kompanie – Stabskompanie in Stellung ging.

Diese Kompanie bestand aus einem Nachrichten-, Pionier-, Infanteriegeschütz- und Panzernahkampfzug.

Der Panzernahbekämpfungszug unter Leutnant Theo PRELLER ging am Fuße des Eselstein, an der Panzersperre beim Bärenwirt, an der Straßenkurve bei der Abzweigung nach Maria Schutz und im Haidbachgraben zwischen Gipswerk und Adlitzgrabenstraße in Stellung.

Der Infanteriegeschützzug ging mit seinen Geschützen an der alten Semmeringstraße vor dem Myrtengraben und oberhalb des Bataillons Gefechtsstandes in Stellung. Zwei SMG Gruppen lagen oberhalb des Friedhofes Maria Schutz in Stellung.

Der Pionierzug wurde auf das gesamte Bataillon aufgeteilt.

Am Vormittag wird der Gebirgsjägerzug der 1.GD bei den Pakgeschützen abgezogen, auf einem LKW verladen und unter Führung eines alten, schon im 1. Weltkrieg bewährten Hauptmannes geht es Richtung Schottwien.

Auf einer bewaldeten, felsigen Höhe, links die Adlitzgrabenstraße und rechts die Straße durch den Ort Schottwien, bei den alten Pulvertürmen bezogen sie Stellung. Von hier aus hatten sie gutes Schussfeld und konnten die Straßengabelung im Ort, sowie die dahinter befindliche Straßensperre gut einsehen und absichern. Vom Gegner war nichts auszumachen.

Gegen 15.00 Uhr klärte der Radfahrzug der Geb.Jg. Unterführerschule Admont unter Leutnant HEMM gegen Schottwien auf. Gleichzeitig fährt ein LKW mit SS Geb.Jg. aus Leoben durch den Ort zur unteren Panzersperre.

Die Russen hatten ihren Angriff Richtung Schottwien am frühen Nachmittag fortgesetzt und gingen mit Stoßtrupps längs der Bahn bis Klamm und entlang des GRASBERGES bis zu den oberhalb von Schottwien befindlichen Felswänden vor.

Nun wieder zurück zum Geb.Jg. Zug der 1. Gebirgs Division, wo Heinz SCHLOTT weiter berichtet:

„Es mag so gegen 16.00 Uhr gewesen sein, als von der höher gelegenen Ruine (Klamm), am Anfang des Adlitzgraben ein höllisches MG-Feuer auf uns herabprasselte. Aber auch von der gegenüberliegenden Talseite schossen die feindlichen MG herüber. Es wurde zwar von uns zurückgeschossen, auf einen Feind der nicht auszumachen war. Wir waren schwer im Nachteil. Aus Richtung der Straßensperre, auf die wir angesetzt waren, erfolgte kein Beschuss. Das Kreuzfeuer verfehlte seine Wirkung nicht, einer nach dem anderen unserer Leute sprang zurück, wenn das gegnerische Feuer nur einen Moment aussetzte. Auf einmal waren nur mehr der alte Hauptmann, Zugsführer HANN, mein MG-Schütze, der Obgf. ZIMMERMANN und ich in der Stellung.

Gleich darauf kam uns eine Einheit Gebirgsjäger entgegen, Angehörige der Admonter Unterführerschule vom Radfahrzug.

Wir kamen dann wieder zu unserer Kompanie zurück und erfuhren hier, dass feindliche Spähtrupps bis in den Adlitzgraben durchgesickert waren."

Die vor der unteren Panzersperre eingesetzten Landesschützen der 2. Kompanie hatten durch die aus Richtung Gloggnitz vorgehenden russischen Truppen 2 Gefallene und einige Verwundete zu beklagen und zogen sich dann Richtung Kreuzberg zurück. Die SS und die Geb.Jg. zogen sich teils durch den Adlitzgraben in Richtung Semmering und teils durch den Ort in Richtung Maria Schutz zurück. Wobei die Gebirgsjäger am oberen Ortsausgang gleichfalls einige Gefallene hatten.

Gegen 16.00 Uhr dringen die ersten Russen über die Panzersperre in Schottwien ein und durchsuchen nach und nach alle Häuser. Am oberen Ortsausgang werden von den Russen noch zwei Landesschützen erschossen, die sich nicht zeitgerecht absetzen konnten.

Von der in Schottwien stationierten 2. Kompanie des Landesschützenbataillons 851 ziehen der Hauptfeldwebel Franz HAUSER und ca. 15 Mann zeitgerecht Zivil an und bleiben im Ort versteckt.

Der Hauptfeldwebel wird nach Beendigung der Kämpfe der 1. Bürgermeister von Schottwien während der Besatzungszeit.

Über Befehl des Kampfgruppenkommandanten Oberstleutnant Ludwig LANG wird die 2. Kompanie der SS Geb.Jg. Richtung Fröschnitzsattel in Marsch gesetzt, um diesen Übergang zu sichern.

Waffen SS Kompanie im Anmarsch

Im Einsatz

In der Nacht traf am Semmering die 5. Kompanie unter Untersturmführer MICHELE ein. Sie war zuerst in Mürzzuschlag angehalten worden, wo sie den SMG-Zug unter Untersturmführer HUTZELMANN abgeben musste, der dann im Raum Reichenau – Payerbach eingesetzt wurde.

Nachdem der Kompanierest auf der Passhöhe beim Erzherzog Johann Hotel abgesessen war, marschierten sie in der Dunkelheit los und kamen bis in die Nähe des Wolfsbergkogels, wo sie sich einigelten.

Ein Zug der Geb.Jg. Unterführerschule war bereits am Wolfsbergkogel auf einer beherrschenden Höhe oberhalb des Sonnhofs in Stellung gegangen und sicherte die Adlitzgrabenstraße, welche von Schottwien kommend über Breitenstein zum Semmering führt.

3. April 1945 – Wetter zeitweilig dunstig:

Gegen 05.00 Uhr Früh hörten die beim Sonnhof in ihren Stellungen liegenden Gebirgsjäger aus Richtung Breitenstein Musik und stellten eine russische Vorhut in der Stärke von 2 Kompanien mit einem Harmonikaspieler an der Spitze fest, welche auf der Straße von Breitenstein in Richtung Semmering marschierten. Die Russen machten alle den Eindruck totaler Ermüdung, weil sie schon tagelang widerstandslos und siegreich marschiert sind.

Beginn der Kampfhandlungen am Wolfsbergkogel

Im Bauerngehöft PERTL, an der Adlitzgrabenstraße wird an diesem Morgen bereits seit 04.00 Uhr Früh Brot gebacken. Die übermüdeten Russen ziehen sofort im Gehöft unter und stellen im Obstgarten 3 Pakgeschütze ab. Zu ihrer Sicherung stellen sie Pendelposten auf.

Um diese Zeit trifft bei den Gebirgsjägern SS Untersturmführer Michael von OSWALD ein. Er lässt sich kurz berichten und begibt sich sofort zum Gefechtsstand des Kampfgruppenkommandeurs in das Südbahn – Hotel zu Oberstleutnant LANG um diesen zu berichten. Dieser brüllte nur: „Übernehmen Sie das Kommando von diesem Zug und greifen Sie an!“

Michael von OSWALD: „Ich besprach mit dem Admonter Jägern, die mich wunderbarerweise akzeptierten. Nach dem Weinkonsum nur der besten Jahrgänge aus dem Keller des Sonnhofs treten die Gebirgsjäger zum Angriff an.

Pertl Bauernhof

Die Kästen mit Munition werden geräuschlos in einem Graben unter dem Hotel bis zum Tal befördert. Meine drei Gruppen sollten wie folgt angreifen:
1. Gruppe – im offenen Gelände von der gegenüberliegenden Talseite.
2. Gruppe – von der geschützten Seite des Sonnhof-Hotels.
3. Gruppe – unter meiner Führung direkt von der Gläserstraße.

Der Pendelposten der Russen wurde mit einer nicht abgezogenen Handgranate lautlos ausgeschaltet, dann wurde das Telefonkabel zerschnitten, welches Richtung Schottwien lief.

Es wurde schon scheußlich hell als endlich die 1. Gruppe die gegenüberliegende Talseite erreicht und auch schon ein Giebelfenster des Pertl Hofes aufging und die Mündung eines russischen MG in Anschlag auf die 1. Gruppe ging.

Ein Gebirgsjäger dieser Gruppe landete einen Volltreffer mit einer Gewehrgranate in diesem Fenster und dann begann der Zauber – wir waren von allen Seiten da und durch die geschlossenen Fenster hagelte es Handgranaten, es war ein teuflisches Sterben.

Ich stopfte noch in Ruhe in jede Mündung der Pakgeschütze jeweils 3 Eierhandgranaten, die letzte abgezogen und dann hieß es schnellstens verschwinden, da die Russen bereits die Bahntrasse der Semmering-Bahn entlang im Wald oberhalb des Bauerngehöfts auftauchten.

Ich wies die drei Gruppen an, auf verschiedenen Wegen die Ausgangsstellung oberhalb des SONNHOFS zu erreichen, leider meine Gruppe auf dem Weg über das Hotel. Als ich als letzter das Hotel erreichte, war meine Meldetasche in der Reception schon von Russen konfisziert. Es lag nur mehr eine Panzerfaust da, die nahm ich mit.

Zwischen Sonnhof – und Südbahnhotel waren Erdtreppen mit Holzprügeln, die sich im Zick – Zack 300 – 400 Meter ziehen, darunter war ein MG der Russen in einem Gebüsch in Stellung. Ich sah nur, wie meine Leute von der 3. Gruppe versuchten, die Treppen hoch zu stürmen und einer nach dem anderen im Feuer der Russen zusammenbrach. Die meisten hatten Schüsse durch Oberschenkel und Hoden. Ich schoss die Panzerfaust Richtung Gebüsch und es war Ruhe.

Die wenigen Gesunden schleppten die Verwundeten nach oben zum Südbahnhotel.

Ich bekam – ich weiß es nicht mehr von wem – mit dem Rest meines Admonter Zuges eine Woche Urlaub und alle noch lebenden oder verwundeten Männer erhielten später durch Oberst RAITHEL das EK 2 bzw. EK 1, auch ich.“

Der Werferzug der 5. SS Kompanie unter Unterscharführer WESSELS war während des Angriffes des Geb.Jg. Zuges mit seinen Werfern auf der Terrasse des Sonnhof-Hotels in Stellung gegangen und begann sofort mit dem Beschuss der Russen bei Pertl. Mussten diesen nach kurzer Zeit einstellen, da sie von der gegenüberliegenden Bahntrasse eine Pak beschoss. Sie mussten sich mit ihren Werfern gleichfalls bis auf Höhe des SÜDBAHN-HOTELS zurückziehen. Dabei hatten sie mehrere Gefallene und Verwundete zu beklagen.

Der Russe hatte nach dem Überraschungsangriff laufend Reserven herangezogen und griff mit Unterstützung durch schwere Waffen noch am selben Tag an, wobei der Ortsteil **WOLFSBERGKOGEL** erobert wurde. Auch aus dem Haidbachgraben stießen die Russen Richtung Semmering vor und erreichten den **KARTNER-Kogel**. Dabei kam es beim Haus Semmering 154, wo Unterscharführer ZAPF mit einigen Männern eine Igelstellung errichtet hatte, zu einem erbitterten Gefecht, bei dem alle, bis auf zwei die sich am Dachboden versteckt hatten und ZAPF, der durch ein Fenster flüchten konnte, von den Russen erschossen wurden. Die Russen hatten den gesamten **Wolfsbergkogel** erobert und waren nur mehr 100 m vom Kampfgruppengefechtsstand im Südbahnhotel, bzw **1 km** von der Passhöhe entfernt. Gleichfalls hatten sie die Südbahn – Meierei erreicht und besetzt.

Von der Meierei führte ein Karrenweg über den **1404 m** hohen **OCHNER** nach Spital am Semmering ins obere Mürztal. Wenn die Russen weitermarschiert wären, hätten sie die Semmeringsperre ausgeschaltet. Die Lage war äußerst kritisch, da bei einem Durchbruch am Semmeringpass die Russen in die obere Steiermark und in den Rücken der 6. Armee gelangt wären.

SS Schütze Reinhold Zapf

Granatwerfer in Feuerstellung

1. Kompanie der SS Geb. Jg. Roland SCHMELZ:

„Während des Tages konnten wir eine SMG Gruppe ausmachen die in dem Hang über Maria Schutz in Deckung lag, so dass der Abschnitt gesichert erschien. Von den Russen war nichts zu sehen, wir bewegten uns unbeheligt. Dann gab es rückwärts eine Detonation und gleich darauf schrie ein Kind jämmerlich, wir rannten hin und fanden einen Jungen blutüberströmt, er hatte eine Handgranate gefunden und sich an dem Ding zu schaffen gemacht. Wir brachten ihn auf den Verbandsplatz, der beim Bärenwirt eingerichtet war.

Dann hatten die Russen vor Schottwien eine Werferbatterie in Stellung gebracht. Alsbald tauchte ein russischer Tiefflieger und feuerte mit seinen Bordwaffen auf die Kameraden von der anderen Feldpostnummer. Aber gleich nach dem ersten Anflug bemerkte er seinen Irrtum und drehte ab."

Payerbach – Reichenau

Die 3. und 7. Kompanie des SS Geb.Jg.A.u.E. Batl. 13 unter Führung von Obersturmführer Harry SINSKE und Untersturmführer Karl Heinz SCHWECHT waren von Leoben kommend in den Morgenstunden in Mürzzuschlag angekommen und erhielten dort von einem Wehrmachtsstab den Befehl, weiter bis Kapellen vorzufahren und von dort über den Pass PREINER GSCHEID in Richtung Prein vorzugehen. Dort sollten sie von einem anderen Stab weitere Befehle erhalten.

Dazu Untersturmfüher Otto BERGER:

„Ich hatte mit einem kleinen Trupp Leoben in Richtung Osten verlassen und mich ostwärts Mürzzuschlag auf einem Gefechtsstand bei Oberstleutnant LANG gemeldet. Dort erhielt ich den Auftrag, unverzüglich über Kapellen zum PREINER GSCHEID vorzugehen und Major GRUBER zu veranlassen, sofort eine Panzersperre zu errichten. Danach kehrte ich nach Mürzzuschlag zurück."

Nun Obersturmführer SCHWECHT in seinem Bericht:

„Auf dem Preiner Gscheid vertrödelten wir mehr als einen Tag. Durch völlig unnötige Hemmungen wurde unser Eingreifen immer wieder verzögert, bis Hauptsturmfüher GRUNWALD auf das Preiner Gscheid kam und Harry SINSKE und mich einfach vorschickte – bis Sie auf Russen stoßen!"

SINSKE mit seiner Kompanie rechts der Straße – ich links der Straße.

In der Nacht vom 3. auf den 4. April durchmarschiert bis Reichenau. Gleichfalls Untersturmführer HUTZELMANN mit seinem SMG – Zug der 5. Kompanie, welcher anschließend hinter der Panzersperre beim Viadukt in Payerbach Stellung bezog.

Jeder zweite Mensch, ob Soldat oder Zivilist, sagte, die Russen wären gleich da vorne, Kilometer um Kilometer marschierten wir. Erst gut gesichert, langsam und tatsächlich so als stünde der Feind unmittelbar vor uns. So gingen Stunden verloren. Allmählich sah ich ein, dass das so nicht weitergehen kann. Mit einer leichten Sicherung vor uns marschierten wir los. Es ist unglaublich, mitten in Reichenau stand ein Posten mit Gewehr und bewachte einen LKW, auf dem ein paar Kubikmeter Papiergeld der ungarischen Nationalbank lagen.

Er zeigte uns wo der Gefechtsstand seines Kommandeurs war. Es war dies Oberstleutnant HENRIQUEZ. Ich ließ ihn wecken, er war nicht ungehalten sondern erklärte mir die Lage und bat mich für den nächsten Morgen zur Lagebesprechung. Er hatte wirklich eine ordnungsgemäße Front in diesem Abschnitt aufgebaut.

Mir wurde der Abschnitt Hauptstraße **PAYERBACH–REICHENAU–SCHNEEDÖRFL** – bis über die **ENG** zum **1340 m** hohen SAURÜSSEL am äußersten linken Flügel der Kampfgruppe zugewiesen.

An meinem rechten Flügel lag der mir unterstellte SMG-Zug der 5. Kompanie unter Untersturmführer HUTZELMANN. Ich habe ihn einmal aufgesucht, in einem verbarrikadierten hohen Haus dicht an der Straße, von wo aus er mit den gegenüberliegenden Russen einen Privatkrieg führte.

Danach zieht sich ein steiler Hang Richtung SCHNEEDÖRFL. Hier lag eine Gebirgsjäger Kompanie unter Hauptmann JÄGER in lang gezogener Linie und sicherte mich völlig ab.

Meine Kompanie befand sich in Schneedörfl, gleichfalls die mir unterstellten Einheiten eines Luftwaffen-Bau-Bataillon unter Major SÜSS.

Anschließend hatte ich am Saurüssel unter Oberscharführer LEMCKE einen Halbzug und eine Gruppe HJ-Volkssturm zur Sicherung der offenen linken Flanke eingesetzt.

Meinen Gefechtsstand hatte ich zuerst im Postlhof, nach ein paar Tagen in der Villa Piatnik errichtet.

Im Talhof lag die Tragtierstaffel mit dem Tross. Den Nachschub besorgten die Leute vom Volkssturm.

Zusätzlich muss noch erwähnt werden, dass in meiner Kompanie schon in Leoben alle Fremdvölkischen zusammengefasst wurden. Es war oft kurios wie die Leute reagierten, wenn sie zu meinem Gefechtsstand kamen und völlig fremde Sprachen hörten. Da ich mehrere Sprachen spreche war mir das völlig gewohnt.

Wir hielten bis zum 8. Mai 1945, 07.00 Uhr, unseren Abschnitt fest in der Hand. Die Russen griffen selten an, meistens kamen sie mit Spähtrupps und zogen sich nach kurzen Feuerüberfällen schnell zurück. Dann belegten sie uns mit recht schweren Artilleriefeuer, welches die

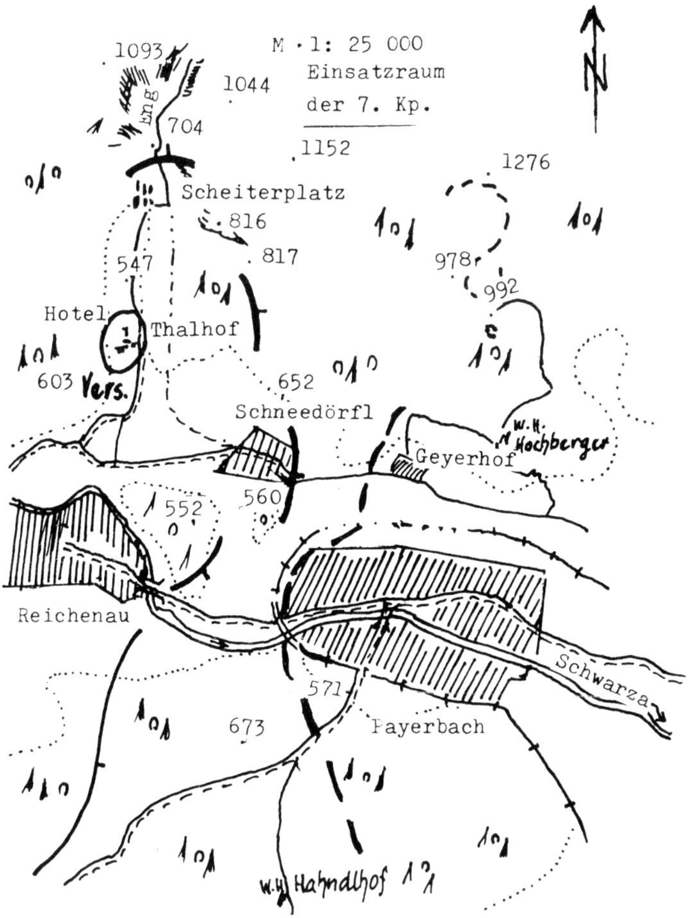

Frontverlauf im Gebiet des Kreuzberges und Payerbach

meisten Verluste forderte, so dass wir in den ersten Tagen an die 40 Mann an Ausfällen hatten.“

Heinz HOFFMANN, Schütze beim SMG-Zug HUTZELMANN schrieb darüber in seinem Tagebuch:

„3. April: Vom Preiner Gscheid durchmarschiert bis Reichenau – zwei Stunden geschlafen.

Spähtrupp über den **KREUZBERG** zum **KOCH-HOF** am **EICHBERG** und Eisenbahntrasse der Südbahn bei **KLAMM-SCHOTTWIEN**. Mit einer Meldung von Untersturmführer HUTZELMANN zum Gefechtsstand von Oberstleutnant HENRIQUEZ nach Reichenau. Nach etwa einem Tag kamen meine Kameraden von diesem Unternehmen zurück.

4. April: Wir bezogen am Abend Stellung am großen Eisenbahnviadukt in Payerbach. Zu dieser Zeit lagen in Reichenau auch Teile einer muselmanischen SS Einheit (7. Kompanie SCHWECHT). Am Nachmittag habe ich einige Stunden bei diesem Haufen verbracht. Einer von den deutschen Unterführern gab mir den Rat, gut auf meine Klamotten aufzupassen. „Die Kerle klauen wie die Raben”, sagte er.

5. April: Am Vormittag haben Granatwerfer, die waren aber nicht von uns, sondern von der Wehrmacht, einige Panjefahrzeuge auf der Hauptstraße von Payerbach zusammengeschossen.

Wir mussten vom VB zu den Werfern durch Zurufe die Werte weitergeben. Dabei kamen, teils durch die großen Abstände von Mann zu Mann, teils aus Unkenntnis, die tollsten Angaben bei dem Werferführer an, bis ein Feldwebel kam und uns alle zum Teufel jagte. Uns hat die ganze Sache natürlich viel Spaß gemacht. Doch mit dem Spaß war es bald zu Ende, der Russe gab uns ganz schön Zunder, wir mussten die Köpfe einziehen und hatten einige Verwundete. In unserer Umgebung sind auch Pioniere gelegen. Auf einigen Straßen und Wegen wurden Minen gelegt. Als wir einmal nachts vom Kreuzberg abgelöst wurden, wären wir um Haaresbreite auf solch einen verminten Weg gekommen. Diese Brüder haben uns später, so gegen Ende April, als wir in einem Haus an der Schwarza in Payerbach mit unseren SMG in Stellung lagen, auch unser Radio geklaut. Das war so wertvoll für uns damals, war es doch die einzige Verbindung zur Außenwelt und wir glaubten ja noch immer an den Endsieg“.

Ein Geschütz der Panzerjägerkompanie 2. Zug erhält den Auftrag nach Reichenau vorzugehen und eine russische Pak auszuschalten.

Darüber wird berichtet:

Eine feindliche Ratsch Bumm (russische Pak), die aus Stellungen auf der Eisenbahnbrücke bei Payerbach Ziele im Raum Reichenau bekämpft hatte, wurde durch eine vorgezogenen Pak 7,5 cm endgültig ausgeschaltet.

Kampf um Breitenstein

Am Vormittag dringen die Russen aus dem Adlitzgraben bis zum Bahnhof Breitenstein vor. Im oberhalb des Bahnhofes befindlichen Sanatorium liegt die 4. Kompanie des Landesschützenbataillon 851 in Stellung und hat durch russische Scharfschützen bereits mehrere Ausfälle.

In Prein erhält Obersturmführer SINSKE auf einem Wehrmachts Gefechtsstand den Befehl in Richtung ORTHOF – BREITENSTEIN vorzugehen bis er auf Feindwiderstand stößt und den Vormarsch der Russen zu stoppen.

Obersturmführer Harry SINSKE:

„Ohne Feindberührung erreichten wir den Orthof. Ich ließ dort einen Zug zurück mit dem Auftrag, den Höhenweg in Richtung Kreuzberg zu sperren und das Vordringen der Russen zu verhindern. Mit zwei Zügen

Breitenstein gegen Orthof

Landesschützen Batl. 851 4. Kompanie - Breitenstein

Landesschütze Peffer Anton

stieß ich selbst Richtung Breitenstein vor und erreichte das Sanatorium bei Punkt 870. Dort stießen wir auf die Landesschützen der 4. Kompanie.

Sofort eingesetzte Aufklärung ergab folgendes Bild:

1. Ortseingang Breitenstein vom Westen her vom Russen besetzt. Russe hat sich in den ersten Häusern im Keller und Dachgeschoss verschanzt. Waffen – MG und Gewehre.
2. Haus bei Straßenkreuzung nordöstlich Punkt 870 (ca 250m) von Russen besetzt – Gewehrschützen.
3. Spieswand und Polleroswand feindfrei.

4. Gebäude bei Straßenkreuzung Punkt 719 südöstlich Spieswand vom Feind besetzt.
5. Eisenbahnbrücke über die Straße Punkt 719 zu Punkt 798 feindfrei.
6. Auf der Straße Punkt 719 nach Semmering – Pertl (von Spieswand gut einzusehen) reger Feindverkehr in beiden Richtungen.
7. Gefechtslärm aus Richtung Semmering in südlicher Richtung von der Spieswand hergesehen.

Auf Grund dieser Aufklärung traf ich folgende Maßnahmen:
1. Die sich sorglos bewegenden Russen wurden unter Feuer genommen und verschwanden. Die Weggabelung wurde von uns besetzt.
2. Unterhalb der Polleroswand wurde durch einen Feldposten die Brücke und der Tunnelausgang gesichert.
3. Auf der Spieswand wurde ein MG-Posten, der je nach Notwendigkeit immer mit einem und zeitweise mit zwei MG besetzt war, eingesetzt. Mit dem Auftrag die Feindbewegungen bei Punkt 719 (Straßenkreuzung Orthof – Semmering – Adlitzgraben) ständig unter Feuer zu nehmen. Dies geschah in den nächsten Tagen mit gutem Erfolg und hatte wesentlich zur Entlastung der auf dem Semmering eingesetzten Einheiten beigetragen.
4. Der am Westausgang von Breitenstein eingenistete Feind, der den Hang zum Sanatorium voll beherrschte, wurde mehrmals angegriffen und es entbrannten hier die härtesten Feuergefechte. Beim Angriff auf diese Häusergruppe fiel der Zugführer des 1. Zuges Sturmscharführer TREFZER und noch einige Kameraden.“

Johann WEINZETTEL berichtet:

„Ich war schwer verwundet und in Breitenstein im Lazarett „Weisses Kreuz“, in ambulanter Behandlung. Die anderen Verwundeten waren alle evakuiert worden, ich wollte jedoch in meinem Heimatort bleiben.

Nachdem ich Zivilkleidung angezogen hatte ging ich nach Hause in mein Elternhaus. Da meine Kusine aber allein in ihrem Haus war, verbrachte ich die Nacht in ihrem Haus an der Straßenkreuzung Semmering – Orthof. Gegen 02.00 Uhr weckte mich meine Kusine mit der Bemerkung, dass die Russen da sind. Sie waren auf 4 Pferden angeritten gekommen. Es war nur eine Vorhut. In der Früh wurden alle Zivilisten im Haus Weinzettel zusammen getrieben. Da ich verwundet war, wollten mich die Russen mitnehmen. Ich behauptete, die Verwundung von einem Fliegerangriff zu haben. Unser russischer Kriegsgefangener MICHAEL lag in der Küche und schlief seinen Rausch aus, hatte er doch das Wiedersehen mit seinen Landsleuten gebührend gefeiert. Als mein Vater sah, dass mich die Russen unbedingt mitnehmen wollten, rüttelte er MICHAEL wach und dieser dolmetschte seinen Landsleuten, dass er bei uns immer gut behandelt worden sei und die Angaben stimmten, worauf ich bleiben durfte.

Unser zweiter Kriegsgefangener NIKOLAI führte einen Trupp seiner Landsleute Richtung Bahnhof Breitenstein, dabei ist er bei einem Gefecht gefallen. Am nächsten Tag nahm der Kampflärm immer mehr zu und kam immer näher. Gegenüber unserem Haus beim FELLNER waren schon die SS Gebirgsjäger. Beim Vorgehen zu unserem Haus wurden 7 deutsche Soldaten von einer MG Garbe erfasst und niedergemäht. Die Verluste bei der Rückeroberung unseres Ortes waren auf beiden Seiten sehr hoch. Überall lagen die gefallenen Soldaten. 36 sowjetische Soldaten und 72 Pferde mussten begraben werden. Auch die deutschen Verluste dürften hoch gewesen sein. Ich wurde von den deutschen Truppen sofort nach Westen in ein Lazarett gebracht."

Hans MEIXNER, A.u.E.Batl. 13: 3. Kompanie SINSKE, 3. Zug, berichtet:

„Abzug von der Seetaler Alpe. Unten in Judenburg Fliegeralarm. Ein amerikanischer Bomberverband fliegt mit viel Jagdschutz Richtung Norden. Wir stehen in einer Allee. Unser Chef gibt Befehl, 1.2.3. und 4. MG auf Fliegerlafette in Stellung bringen, rasch, rasch und Feuer frei. Die MG rattern los, da kommt ein gewichtiger Mann in brauner Parteiuniform (vermutlich der Kreisleiter) daher gerannt und schreit: „Sofort Feuer einstellen", sind sie wahnsinnig, hier ist ein Krankenhaus, deutlich mit dem Roten Kreuz gekennzeichnet, das geht doch nicht. Unser Chef schreit zurück, Sie haben mir nichts zu befehlen, hauen Sie ab: Daraufhin der Parteimann, und ob ich etwas zu befehlen habe. In meinem Kreis bestimme ich. Die Schießerei hört sowieso auf, denn die Bomber sind weg, schade um die Munition.

Auf der Hauptstraße stehen 10 – 15 LKW mit ungarischen Fahrern. Wir sitzen auf es geht über Bruck a.d. Mur nach Mürzzuschlag. Uns entgegen in Richtung Süden ziehen Kolonnen ungarischer Soldaten. Warum kämpfen die nicht ?

Nach Mürzzuschlag werden wir noch von Mann in brauner Parteiuniform und BD – Mädchen verabschiedet. Dann geht es meistens bergauf.

Die meisten LKW haben Holzgasantrieb und bleiben stehen. Erst nachdem ein Sack Holz nachgelegt wird kommen wir auf einem Pass (Preiner Gschaid) an. Niemand kennt dieses Gebiet. Soll hier die Front sein? Nach einiger Zeit ziehen wir auf einen schmalen Feldweg in nordwestlicher Richtung. In größerer Entfernung hören wir Maschinengewehrfeuer. Wir marschieren und schleppen, die Munitionskästen werden immer schwerer und die Hände immer länger. Der Magen knurrt, seit Morgen sind wir unterwegs und nichts zu Essen. Endlich bei einem Brunnentrog Rast, etwas Wasser trinken. Man lernt sich jetzt erst ein wenig kennen, die kurze Zeit oben in den Seetaler Alpen war viel zu wenig. In unserer Gruppe schließe ich mit zwei Kameraden Freundschaft, einer heißt Heinz, einer Theo, er stammt aus Leipzig und ich bin der Hans. Wir stellen fest, dass wir einen Feldmeister (Leutnantsrang) vom Arbeitsdienst als Schütze Arsch in unserem Zug haben. Nach der Rast sind wir noch müder und es geht noch langsamer weiter. Auf einem Berg (Kreuzberg)bei einem Gasthaus Speckbacherhütte, halten wir. Es wird Verpflegung ausgegeben.

Befehl Rucksäcke ablegen auch die Gasmaske. Wir sind froh die lästige Blechbüchse los zu sein. Dann ziehen wir weiter, die Schießerei ist schon ganz wesentlich näher. Wir dürften oberhalb von Breitenstein sein. Der Auftrag lautete: Den Höhenweg über den Kreuzberg zu sperren. „Die Unterführer ziehen die Gruppen auseinander, eingraben ! Mir fährt der Schreck durch die Glieder, ich habe keinen Spaten, den muß ich beim Umpacken liegen gelassen haben. Ich sage es Theo, der antwortet nur: „Du bis vielleicht ein Idiot, der Spaten ist doch lebenswichtig!" Wir gruben nun abwechselnd mit Theos Spaten und niemand kümmerte sich darum. Die Tage waren warm, dafür die Nächte um so kälter. Wir lagen und froren und spähten und horchten ins Nichts.

Am Morgen weiter, wir kamen bei einigen Häusern auf der Sommer Höhe vorbei, auch bei einer gelben Villa. Da waren zwei alte Damen gerade dabei ihr Haus zu verlassen, sie sprachen ein gepflegtes Schriftdeutsch und übergaben unserem Chef die Hausschlüsseln und sagten zu ihm, jetzt ist also der Krieg bis hierher gekommen, wir schauen, dass wir noch wegkommen, wenn sie oder ihre Herren etwas brauchen, bitte bedienen sie sich, es steht ihnen alles zur Verfügung, wir werden unser Haus wohl nie wiedersehen. Zu uns gewandt sagte sie, Gott schütze euch, der Herr möge geben, dass ihr gesund nach Hause kommt, ihr seid doch alle noch so jung.

Wir ziehen weiter, vor einem kleinen bäuerlichen Haus steht ein Kartoffeldämpfer dort kocht Schweinefutter. Die Kartoffeln sind warm, wir fallen über die Kartoffeln her, ich weiß nicht, werden sie gegeben oder werden sie genommen, jedenfalls ist es herrlich, etwas warmes in den Bauch zu bekommen.

Es kommt auf dem Weg zum Haus ein Junge mit einem Stock über der Schulter, darauf ein Pinckerl. Als er uns sieht, will er umkehren und weglaufen, er wird gestellt, der Pinckel untersucht, der Inhalt einige Packungen Zünder und Zigaretten, er wird zum Chef gebracht, daraufhin wirft er sich auf die Knie und fängt an zu bitten, es ist ein Ausländerbub. Da zieht einer die Pistole und erschießt ihn. Der erste Tote. Plünderer hin und Kriegsrecht her, ich bin so betroffen, wie kann man so kaltblütig sein, sind ein paar Zigaretten eine solche Strafe wert?

Weiter geht es Richtung Adlitzgraben. Wir sind am Waldrand und werden beschossen, vor uns eine Wiese, angrenzend wieder Wald, von dort kommt das Feuer, wir gehen in Deckung und erwidern das Feuer. Es wird immer heftiger, mein Freund Theo kann die Russen deutlich ausnehmen, ich sehe die getarnten Russen trotz relativ kurzer Distanz nicht. Mein Nachteil, ich bin zwar ein guter Schütze auf gut erkennbare Ziele, aber getarnte kann ich schwer ausmachen. Ich schieße auf den Waldrand, jetzt fangen auf einen Schlag unsere MGs zu feuern an, drüben wird es ruhiger, haben sie sich verzogen ? Wir wissen es nicht. Irgendwo in diesem Wald graben wir uns ein, es wird unheimlich. Der Iwan ist in der Nähe. Unser Zugführer beruhigt, bei Nacht kommt der Iwan nicht, wir vertrauen ihm. Oberscharführer OLSCHOK ist überhaupt ein Mann wie sich später oft herausstellt, mit einem hervorragendem Instinkt. Ich glaube er hatte einen 6. Sinn, die Gefahr immer rechtzeitig zu erkennen und sie richtig zu beurteilen, um danach richtig zu handeln. Trotzdem die Nacht ist wieder lang und kalt, wir kommen nicht zum Schlafen, wir horchen und schauen immer angespannt in die Nacht.“

Die Einsatzbatterie der Geb.Art.Schule Dachstein unter Hauptmann SCHURR war in der Zwischenzeit am Semmering eingetroffen und sofort beim Hotel ERZHERZOG JOHANN in Feuerstellung gegangen.

In Leoben und Bruck/Mur kämmte die Feldgendarmerie sämtliche Eisenbahnzüge durch und stellte Alarmeinheiten auf, welche alle Richtung Semmering in Marsch gesetzt wurden um dort das Vordringen der Russen zu stoppen.

4. April 1945 Wettersturz bringt Kaltluft – Regen

Das Gebirgsjäger Bataillon aus Wolfsberg unter Hauptmann Rudolf DICKERMANN trifft am Semmering ein. Am Kampfgruppen Gefechtsstand erhält er den Befehl die 1. Kompanie für einen Gegenangriff auf die Südbahn – Meierei abzustellen.

Mit den beiden restlichen Kompanien ist sofort vom **1523 m** hohen **SONNWENDSTEIN – über ALPKOGEL–POIRSHÖHE** bis zum **FRÖSCHNITZSATTEL** insgesamt auf einer Länge von ca 10 km, eine Sicherungslinie aufzubauen, was mit diesen geringen Kräften unmöglich war. Dickermann errichtet daher zunächst nur vereinzelte Stützpunkte. Zwischen diesen waren laufend Patrouillen unterwegs.

Von der Geb.Art. Schule Dachstein-Obertraun wurde Oblt. Helmut PULKO als Ordonanzoffizier, bevor sich die Batterien formierten, mit einem Beiwagenkrad nach Graz zum Gefechtsstand des General Ringel gebracht. Hier erfuhr er, dass die Geb.Art.Schule zuerst im Raum Gleisdorf eingesetzt werden sollte. Er erhielt bereits Kartenmaterial, als gegen Mitternacht der Stab Ringel umdisponierte und beschloss, die Geb.Art.Schule auf der Semmeringhöhe einzusetzen. Man wollte jetzt den Semmering vor allem artilleristisch halten. eine Aufgabe die wohl gelingen könnte. An der Geb. Art. Schule waren als Lehrer fronterfahrene

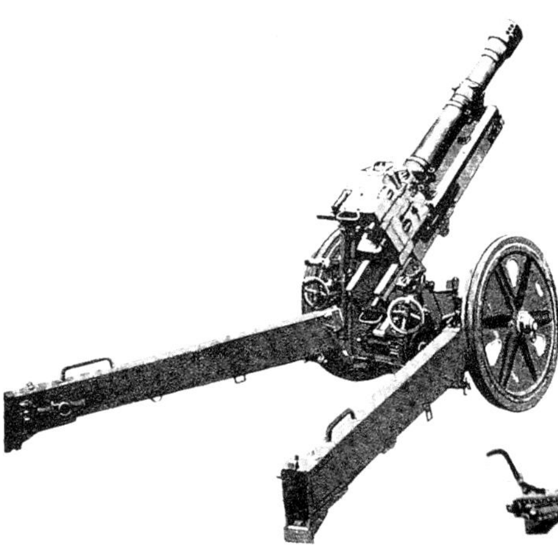

Geb. Geschütz 7,5 cm

Geb. Geschütz 40, 7,5 cm

und sehr gut beschriebene Batterieführer tätig, gute Unteroffiziere und gut ausgebildete Mannschaften.

Der Schule standen Gebirgsgeschütze 7,5 cm und neueste Gebirgshaubitzen 10,5 cm zur Verfügung.

Oberleutnant PULKO trifft von Graz kommend, in Bruck an der Mur mit der Einsatzabteilung der Geb. Art. Schule zusammen und die Einheit, fährt nachdem sie in Kapfenberg bei den Böhlerwerken noch mehr neue Geschütze übernommen hatte, geschlossen zum Semmering, wo sie am Nachmittag in Steinhaus am Semmering ankommt.

Die Abteilung führt Oberst Heribert RAITHEL. Er errichtet seinen ersten Gefechtsstand in der Schober-Hütte am Semmering. Die Geschützbedienungen waren aus dem Artillerie Volkssturm Böhlerwerke aufgefüllt worden.

Unteroffiziere der Geb. Art. Schule Dachstein

Die 1. und 3. Batterie gingen einige Kilometer ostwärts Steinhaus im Fröschnitzgraben, die 2.Batterie unmittelbar am Ortsrand von Steinhaus in Feuerstellung. Während die 4. Batterie (Einsatzbatterie) bereits am Semmeringpass in Feuerstellung lag.

Oberst Raithel am Semmering

Wachtmeister Karl PÖLZL erlebte diese Tage so:

„Im Nachrichtenzug von Oberleutnant KOBISCH fuhren wir am 3. April 1945 mit ungarischen Omnibussen zuerst nach Kapfenberg, dort wurden Volkssturmmänner aus einem Werk mit den selbstgefertigten Geschützen mitgenommen. Tags darauf ging es durch das Mürztal Richtung Semmering. Die Menschen an der Straße zeigten ernste Gesichter.

In Steinhaus am Semmering stehen wir lange. Hier liegen schon Trosse und Stäbe, es wimmelt von Fahrzeugen, Kabel, vom Feldgrau der Soldaten und Parteibraun der Volksturmmänner. Wir gelangen ungehindert bis zur Passhöhe. Wir können uns nicht lange umsehen, es heißt: „Gerät abladen!" Vom Abteilungsgefechtsstand links der Straße bauen wir eine Leitung nach Steinhaus zurück. Kaum haben wir begonnen schlägt eine 12,2 cm Granate in den Hang unterhalb des Hirschenkogel. Am nächsten Morgen ist die Leitung zum Gasthaus Gesslbauer, sowie zu der am Ostausgang des Ortes in Stellung gehenden Batterie fertig. An einer Panzersperre vorbei geht es durch den Fröschnitzgraben zu den Feuerstellungen der 1. und 3. Batterie.

Ein LKW bring uns zurück. Vorne ist die Stimmung sehr aufgeregt, man fürchtet einen Feindeinbruch aus der linken Flanke

Der 6. April kommt mit Regen. Der Russe scheint zurück gegangen zu sein. Wir übersiedeln zum „Alpenhof", wo neben dem Abteilungsgefechtsstand nun der ganze Nachrichtenzug beisammen ist. Am nächsten Tag legen wir Leitungen zur neuen Vermittlung. Dann müssen Funktrupps abgefertigt werden. Rechts soll etwas steigen. Von Schlaf ist keine Rede. Daneben schneit und stürmt es stark.

Am 8. April bin ich schon um 05.00 Uhr auf Empfang, bekomme aber den ganzen Tag keine Verbindung mit den Funktrupps. Erst am anderen Tag meldet sich der Funktrupp „BRUGGER" vom Stuhleck: „Keine Feindberührung, doch der Russe bringt viel heran." Zum besseren Empfang bauen wir eine zweite Station auf. Unsere Batterien schießen viel, die Front scheint sich gefestigt zu haben."

Beginn der Gegenangriffe – Kämpfe um die Südbahn Meierei

Nun begannen schwere und verlustreiche Kämpfe, um den Russen vom Semmering zurückzuschlagen.

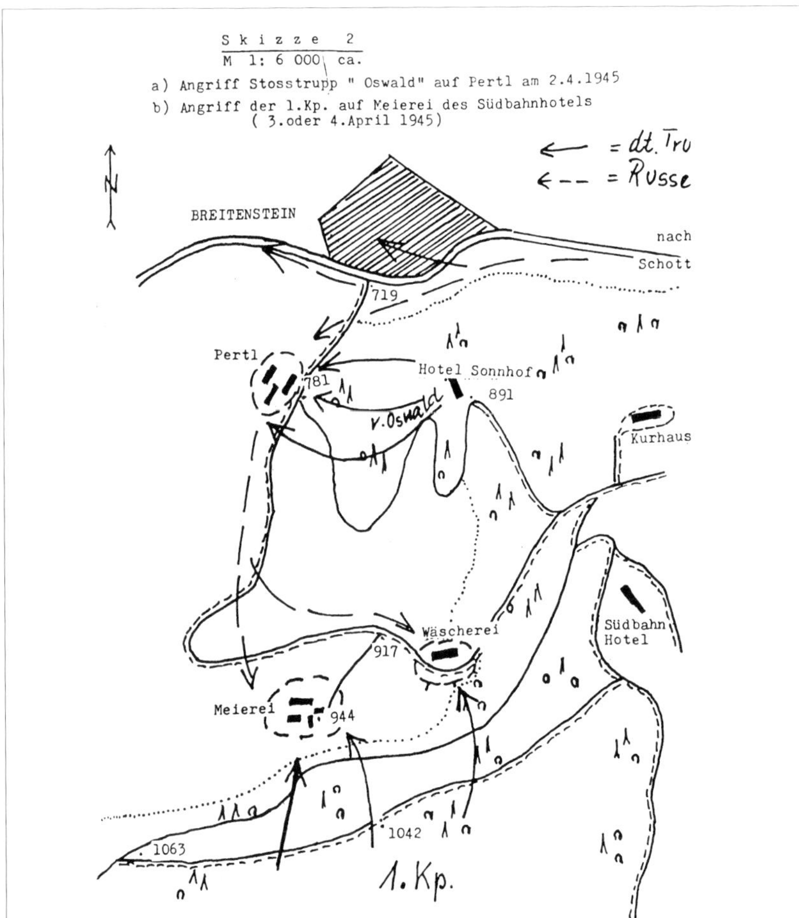

Abends Einsatz der 1. Kompanie vom Batl. Dickermann unter Führung von Feldwebel STAUFENBERGER, sowie eines unterstellten Gebirgsjägerzuges von Leutnant WALLNER, vom Südbahn-Hotel aus gegen die Südbahn-Meierei. Unterstützt wurde der Angriff durch die Granatwerfer der 5. Kompanie des SS Geb.Jg.A.u.E.Batl. 13.

Nach einem halbstündigen Feuerzauber musste der Kampf abgebrochen werden und die deutsche Einheiten zogen sich in die Ausgangsstellung zurück.

Bei diesem Angriff sind der Kompanieführer und fünf Mann gefallen, 18 Mann wurden verwundet und 2 Melder vermisst.

Um die Gefallenen aus dem Kampfraum würdig bestatten zu können, wurde nach Erkundung durch den Ortskommandanten vom Semmering und dem Führer der Panzerjägerkompanie Leutnant von POLIVKA hiezu ein Wiesenhang auf der steirischen Seite der Passhöhe bestimmt und die ersten Gräber durch Angehörige der Panzerjäger Kompanie ausgehoben.

5. April 1945 – Wetter wechselhaft

Fahnenjunker MEDENWALD, der nachdem seine Einheit eine Inspektion der Kriegsschule Wr. Neustadt bei den Kämpfen im Bereich der Straßenkreuzung „Weißes Kreuz" und in Aspang aufgerieben worden war, sich mit einem Kameraden über den Hochwechsel nach Steinhaus am Semmering durchgeschlagen hatte und nun dem Gebirgsjägerzug unter Leutnant WALLNER angehört hatte, berichtet über diese Kämpfe:

„Um 01.00 Uhr Früh erneuter Angriff auf die Südbahn-Meierei zusammen mit einer zusammen geworfenen Kompanie und Volksturm. Bei diesem Angriff geht der Verband weitgehend verloren. Zu einer Vierergruppe mit MG werden wir vorübergehend einer SS-Einheit unterstellt, wobei uns in Höhe des Heereskurlazarettes am Wolfsbergkogel eine Stellung zugewiesen wird. Mit diesen verhältnismäßig schwachen Kräften und ohne schwere Waffen gelang es nicht, diese Gehöftgruppe im ersten Angriff in Besitz zu nehmen."

Die 1. Kompanie des SS Geb.Jg.A.u.E.Batl. 13 Leoben unter Obersturmführer BERGER war aus ihren bisherigen Stellungen an der Passstraße abgezogen worden, um am Morgen nochmals einen Angriff gegen die Südbahn-Meierei durchzuführen und diese freizukämpfen.

Der damals 17-jährige Roland SCHMELZ schrieb darüber:

„Der 1. Zug, ich gehörte auf Grund meiner Körpergröße diesem Zug an.

Spät Mittags wurden wir zum Südbahnhotel beordert um dort Richtung Sonnhof zu sichern. Es wurde uns erläutert, dass in der Früh ein Angriff auf die Meierei bevorstehe, die von den Russen besetzt sei und unbedingt genommen werden müsse. Granatwerfer würden uns unterstützen.

Der 1. Zug würde an der Meierei eingesetzt, während der andere Zug den PERTL Hof angreifen würde, um auch dort die Russen hinauszuwerfen. Wir harrten der Dinge die da kommen sollten und wussten zum Glück wirklich nicht was auf uns wartete. Noch in der Nacht machten wir uns in Reihe auf den Weg, es ging einen schmalen Waldweg entlang und wir kamen nur langsam voran. Auf dem Pfad saß gegen den Hang gelehnt ein toter Kamerad über den wir achtungsvoll und mit flauem Gefühl im Bauch, vorsichtig um ihn ja nicht zu stören, steigen mussten.

Eine Werferbatterie feuerte tatsächlich einige Salven die aber keinen Schaden anrichteten. Die Leute hörten auch wie vereinbart, pünktlich auf zu feuern, aber wir hatten die vorgesehene Ausgangsstellung, den Waldrand der an den Golfplatz grenzt, noch nicht erreicht. Wir kamen durch den Wald herab geschlichen und mussten eine Schneise überqueren von der wir dachten, dass Feindeinsicht sein müsste und wir wunderten uns, dass kein Schuss fiel, als die Ersten von uns hinüber rannten. Wir gingen am Waldrand in Stellung und hatten die Meierei vor uns: Mißtrauisch beäugten wir das Gebäude aber wir konnten keine Bewegung ausmachen. An den Fenstern waren die Jalousien heruntergelassen und die Lamellen quer gestellt, es rührte sich nichts und doch spürte man förmlich, es stimmt was nicht.

Unser Zugführer Untersturmführer ZAUNER blieb vorsichtshalber zurück, die Schneise vermied er, er suchte am Waldrand hinter einem Baum Deckung.

Dann gab er den Befehl zum Angriff 1. und 3. Gruppe vor. Wir rannten wie auf den Exerzierplatz geübt los. Drei Meter laufen, hinlegen, nach kurzer Pause, auf und weiter laufen . Als wir mitten auf dem deckungslosen Golfplatz waren, ging der Zauber los, ein Kugelhagel prasselte auf uns nieder. Da jeder Rotarmist mit einer Mpi ausgestattet war, hatte ein Mann die mehrfache Feuerkraft und man täuschte sich über das wahre Kräfteverhältnis. Schutzlos warfen wir uns auf die Erde, als ich mich nach meinem Kameraden Herbert VEITH umsah, konnte ich zunächst gar nicht verstehen, dass er tot sein sollte, aber es gab keinen Zweifel, er wurde zwischen Mund und Nase getroffen. Hinter mir hörte ich weitere verletzte Kameraden jammern und stöhnen. Ich lag an den Boden gepresst, das MG zu übernehmen hielt ich für sinnlos, die Waffe ging nicht, also zückte ich meine Pistole die immerhin zwei Schuss ermöglichte. (Während wir quasi unbewaffnet antraten, konnte man sich beim Stab über den Verteilerschlüssel für einen Waggon Sturmgewehre nicht einigen).

Ich blieb liegen und rührte mich nicht, ich denke die Kameraden im Wald hielten mich für tot. Währenddessen wurde hin und her geschossen, vor allem ein MG welches im Wald geblieben war, feuerte abwechselnd in die Fenster. Auch war Gefechtslärm vom PERTL Hof zu hören, dort musste sich ein Scharmützel abspielen.

Dort war unser 2. Zug unter Scharführer LANGSFUß im Einsatz.

Gegen Mittag hörte ich Unterscharführer WASSERTHEURER, der noch oder wieder hinter den Bäumen war, „absetzen" rufen.

Dies galt den Männern im Wald. Er musste bemerkt haben, dass ich mich bewegte, denn er rief mich an und riet mir, sobald das MG und die Schützen feuern, um mein Leben zurückzurennen. Es hat geklappt. Dann wurde unter Feuerschutz noch ein schwerverletzter Kamerad hereingeholt. Er hatte Arme und Beine durchschossen und jammerte sehr, er musste gräßliche Schmerzen durchgestanden haben. Unterscharführer WASSERTHEURER befahl auch noch, das beim toten Schützen 1 liegende MG zu holen. Ich habe den Mann beschworen dies zu unterlassen um kein Leben wegen einer defekten Waffe zu riskieren. Nun – das MG wurde zurückgeholt.

Die MG – Besatzung war, als wir zusammen waren, abgehauen, wohl in der Annahme, sie würden nicht mehr benötigt.

Obersturmführer BERGER stand über der Schneise hinter einem Baum mit einer MPi unter dem Arm. Wir hatten den schwerverletzten Kameraden in einer Zeltplane mitgetragen. Es gab keinen anderen Weg als durch die Schneise und jetzt wurde geschossen, sowie sich etwas bewegte. Unterscharführer WASSERTHEURER kam durch Zurufe von Obersturmführer BERGER ermuntert auf die verrückte Idee, durch abschnallen und ohne Waffen zu zeigen, dass wir Verwundetenträger seien, dann werde wohl nicht geschossen. WASSERTHEURER rannte demonstrativ zuerst – und es wurde geschossen, wie es nicht anders zu erwarten war. Wassertheurer wurde durch Bauchschüsse getötet.

Er fiel sich überschlagend direkt vor die Füße von Untersturmführer ZAUNER, der ihn an den Händen erfasste und zu sich zog. Nach kurzer Zeit deutete er uns mit Zeichen der Unterscharführer sei tot. Nun machte sich Untersturmführer ZAUNER davon. Auch die MG Besatzung hatte sich quer durch den Hang abgesetzt.

Auf meine Veranlassung sind wir nicht gesprungen, obwohl uns ZAUNER aufforderte. Wir blieben mit den verletzten Kameraden hinter einem betonierten Wasserbehälter in Deckung. Ein Kamerad entfernte sich über eine steile Rinne, die mit Schnee bedeckt war, um angeblich Hilfe zu holen. Es fand sich noch ein Kamerad ein, der einen Schuss im Gesäß hatte und getragen werden wollte. Ich deutete ihm, nachdem ich mir den Schaden angesehen hatte – sein Weg führe auf dem Bauch aus der Schneise – er ließ sich überzeugen das es ging – er entkam.

Es hatte sich noch ein Unterscharführer eingefunden. Nachdem die übrigen Kameraden über die steile Schneerinne sich in Sicherheit gebracht hatten, wollten der Unterscharführer und ich mit dem verletzten Kameraden die Nacht abwarten. Wir rauchten hinter dem Betonaufwurf eine Zigarette. Da bellte noch eimal eine Waffe auf. Der Unterscharführer war in den Fuß getroffen worden und zwar so scheußlich, dass durch eine Drehbewegung die Ferse vorne und die Zehen hinten waren. Er schleppte sich immer wieder pausierend, eine breite Blutspur hinterlassend, ebenfalls die steile Schneerinne empor. Oben waren mitterlweile Kameraden der Wehrmacht und nahmen ihn in Empfang. Die Leute hatten einen Schlitten und Seile mitgebracht. So konnte auch der verletzte Kamerad mit Hilfe der Seile über die Rinne gerettet werden. Ich selbst war unversehrt und konnte die Waffen schleppend allein zurückgehen. Als ich spät abends beim Südbahn-Hotel ankam, hatte man mich schon totgesagt."

Einsatz des 4. Zuges der 1. Kompanie A.u.E.Batl.13:

Am Abend davor, einige Stunden Ruhe im Südbahnhotel. Dann am Morgen „ALARM", der Russe ist durchgebrochen. Willy CHRISTENSEN erinnerte sich:

„Der furchtbare Schrei eines Kameraden, „Helft mir doch, sie quälen mich so sehr, Hilfe", dann nur mehr ein Schrei und Stille. Wir marschieren durch den Schnee in Reihe die Hand am Koppel des Vordermannes es ist noch dunkel. Im Morgengrauen erreichen wir ein Haus links oberhalb der Meierei. Die Rucksäcke werden hier gelassen.

Einweisung durch den Kompanieführer. Der Russe sitzt in der Meierei, ihr seht sie ca 400 Meter links von uns uns. Wir greifen um 08.00 Uhr an.

Vorher gibt es einen Feuerschlag durch Artillerie und Flak, Feuerschutz durch SMG. Dann gab es noch etwas alkoholisches zum Trinken. Keine Verpflegung. Wir hörten einige Abschüsse, dann der Befehl „Sturmangriff!"

Unsere Gruppe mit Unterscharführer TIERJUNG kam bis in eine kleine Senke, da waren wir noch 5 Mann. Heinz GAISER, Georg HÜTER mit dem Scharfschützengewehr, unser MG-Schütze mit einem ungarischen MG. Er hatte einen Schuss durch den Stahlhelm bekommen, die Kugel war innen um den Kopf herumgegangen und hatte nur die Haut geritzt.

Er war rothaarig, sein Name ist mir nicht mehr erinnerlich.

Neue Einweisung durch Unterscharführer TIERJUNG, wir sollten nicht die Meierei, sondern die Südbahn – Wäscherei angreifen.

Dann der Unterscharführer. „Auf meinen Befehl machen wir einen geschlossenen Sprung zurück", dabei ist dann HEINZ GAISER gefallen, auf unser Rufen gab er keine Antwort mehr.

Wir sind dann durch den Wald wieder an unseren Ausgangspunkt zurückgekommen, dabei haben wir in einer Zeltplane noch einen Kameraden zurückgetragen der durch Schüsse in den Rücken und Oberschenkel schwer verwundet war. Er flehte uns immer an, ihn nicht liegen zu lassen. Wir brachten ihn in eine Halle des Südbahn Hotels. Dort lagen schon 20 Verwundete unter ihnen auch unser Kompanieführer BERGER mit einem Beinschuss."

Nachdem alle Angriffe fehlgeschlagen waren, wurden die Adjutanten zum Kampfgruppengefechtsstand befohlen. Der Bataillons-Adjutant der SS Geb. Jg., Obersturmführer ROESLER schreibt:

„Alle Adjutanten standen im Vorraum des Stabes betreten herum. Nach einer Weile war ich an der Reihe.

Auf die Frage des Generals – Generalmajor PUNZERT, ein Flakoffizier, dürfte den Oberbefehl über die Kampfgruppe übernommen haben, obwohl Oberstleutnant LANG auch am Gefechtsstand war. „Warum wurde die Meierei nicht genommen?" Ich antwortete, weil wir keine schweren Waffen hatten, haben wir hohe Verluste erlitten, es war nicht zu schaffen.

General: „Zeigen sie mir die Meierei auf der Karte!“

Ich konnte die Meierei auf der Karte nicht finden und sagte es dem General. Worauf dieser ganz entrüstet war. Ich ersuchte ob ich mir den Maßstab der Karte ansehen dürfte und antwortete dann: „Diese Karte hat

Südbahnmeierei

einen Maßstab von 1:250.000! Wir Infanteristen sind an Karten mit den Maßstäben 1:25.000 und 1.50.000 ausgebildet worden. Auf dieser Karte ist die Meierei gar nicht drauf! Sie befindet sich aber ungefähr hier!"

Der General zieht ein Zigarettenetui hervor und bietet mir eine „Friedenszigarette" an.

Auf die weitere Frage des Generals: „Was brauchen Sie, um die Meierei zu nehmen?" Antwortete ich, eine Langrohr Pak, wir haben eine schöne Schussschneise zur Meierei und zwei Flak 2 cm. Diese Waffen wurden sofort genehmigt und gingen noch am selben Tag auf der Lichtensteinstraße in Stellung. Nachdem die Voraussetzungen für das Gelingen des Angriffs, nämlich die Zuführung weiterer schwerer Waffen zufriedenstellend geregelt war, ging der Batl. Kommmandant daran, den Angriff auf die Meierei und Wäscherei planmäßig und mir großer Sorgfalt vorzubereiten. Es gelang ihm noch von der Geb.Jg. Unterführerschule Admont die Zusage zur Unterstellung eines starken Jägerzuges zu erhalten. In einer Besprechung im Gelände wurden Kompanieführer, Zugsführer und die Führer der unterstellten schweren Waffen – Pak, Flak, Granatwerfer und SMG-Züge genauestens in den Kampfplan eingewiesen. Der Angriff gelang.

Der Russe wurde trotz hartnäckigen und verbissenen Widerstand aus den Gehöften und der Wäscherei herausgeworfen. Die Meierei hatte er kampflos geräumt.

Bei der Verfolgung des Feindes in Richtung Breitenstein gingen während der weiteren Kampfhandlungen das Sonnhof-Hotel und der Pertl-Hof in Flammen auf und brannten völlig nieder. Während dieser heftigen Kämpfe Mann gegen Mann entstanden auf beiden Seiten hohe Verluste."

Dazu der damals 16- jährige SS Geb.Jg. Horst KAUDELKA:

„Unser Zugsführer Oberscharführer PLATETA fiel gleich beim ersten Angriff. Mir ging das sehr nahe. Er war ein guter Mensch. Wir jungen Dachse, alle waren bis auf die Unterführer nicht älter als 16, 17 Jahre und taten ihm offensichtlich leid. Bei diesem Angriff fiel auch mein Kamerad MUCHA. Er lag vor einem kleinen Gehöft (Fuchs) unterhalb des Sonnhof-Hotels. Ich kam etwa 50 m hinter der ersten Welle hergetrabt, weil ich noch meinem Wurfbecher vom Karabiner schrauben musste. Das klappte nicht so schnell. Diesen Umstand verdanke ich wahrscheinlich

Sonnhof-Hotel nach Beschuss u. Brand

mein Leben, denn neben MUCHA lagen noch mindestens drei weitere Kameraden. In der Scheune gegenüber dem Wohnhaus waren noch einige Kameraden. die Anderen waren schon weiter talabwärts gelaufen. Im Oberstock des Haus waren noch die Russen. Ein Unterführer erteilte mir und zwei weiteren Kameraden den Befehl, das Wohnhaus von den Russen zu säubern und lief dann talwärts. Einer der Kameraden fiel aus, weil er einen Handdurchschuß bekam. Ich sprang unter Feuerschutz meines verbliebenen Kameraden in den Hauseingang und warf eine Handgranate in das obere Stiegenhaus. Nach er Explosion hörte ich russische Rufe und dann nichts mehr. Die Russen waren aus dem hinteren Fenster gesprungen und auf und davon.

Ein oder zwei Tage nach dem Angriff, den von unserer 120 Mann starken Kompanie nur 35 Mann ohne Schaden überstanden hatten, mussten wir Überlebenden unsere gefallenen Kameraden zusammen tragen. Das war für uns Jungen ein fürchterlicher Schock, psychologisch von unserer Führung auch sehr ungeschickt. Wir waren die nächsten Tage auch zu nichts zu gebrauchen.

Bei der Einsammelaktion fanden wir auch Oberscharführer KRÄMER, er lag völlig verkohlt im Straßengraben neben dem abgebrannten Pertl-Hof."

Roland SCHMELZ:

„Als ich bei der zweiten Fuhre einen Jäger, der am Waldrand auf dem Bauch lag, umdrehte erschrak ich zu Tote, es war mein Freund aus der Rekrutenzeit, der Jäger KAUL mit schweren Kopfverletzungen und einem Schuss durch das Koppelschloss, vor mir. Er kam auch beim PERTL Hof ums Leben."

Die PERTL-Bäurin, die mit ihrer Familie während dieser Kämpfe auf dem Hof geblieben war, erinnerte sich noch:

„Am Dienstag nach Ostern, es war der 3. April 1945. Ich bin schon sehr früh aufgestanden um Brot zu backen. Es war gegen 05.00 Uhr, als die Russen, spielend wie bei einem Umzug, durch unser Tal hereinkamen. Über mein frisches Brot fielen sie gleich her. Meinen Mann fragten sie nach dem Weg, wie man in die Steiermark nach Spital am Semmering kommt. Dabei zeigten sie ihm eine Landkarte, die noch aus der Monarchie stammte. Plötzlich setzte starkes MG-Feuer ein. Wir liefen sofort in den Mostkeller. Gott sei Dank war dieser in den Berg hinein gebaut und mit einem Luftschacht ausgestattet, denn sonst hätten wir die nächsten Tage nicht überlebt. Die nächsten Tage verbrachten wir nur im Keller, bis eines Tages das Schießen immer lauter wurde und unser Hof zu brennen anfing. Als wir nach vier Tagen, es herrschte überall Stille, den Keller verließen, sahen wir, dass unser Hof bis auf die Grundmauern samt den Tieren, bis auf eine Kuh, die sich losgerissen hatte, abgebrannt war. Russen waren keine mehr da. In der Umgebung unseres Hofes lagen ca 50 gefallene Russen und eine Menge toter Pferde. Im Obstgarten standen 3 gesprengte Geschütze."

Frau FUCHS, die Besitzerin des vorher beschriebenen kleinen Gehöftes unterhalb des SONNHOFES erzählt:

„Wir waren nicht evakuiert worden. Die Kämpfe in unserem Tal waren furchtbar, um jedes Haus wurde erbittert gekämpft, während wir und die meisten unserer Nachbarn hilflos in den Kellern saßen. Beim Kampf um unseren kleinen Hof sind 10 russische und 6 deutsche Soldaten gefallen, sie lagen im Hof und im Obstgarten."

Nach Beendigung dieser Kämpfe konnte auch der Gebirgsjäger Schneider, der Admonter-Unterführerschule, welcher unter Michael von

OSWALD am Angriff auf den PERTLHOF teilgenommen hatte und nachher beim Rückzug vor den Russen am Wolfsbergkogel in die PETSCHEK-Villa flüchten musste, befreit werden.

Oberjäger Josef SCHNEIDER über seine furchtbaren Tage:

„Unser Überraschungsangriff war gelungen, aber beim Rückzug hatten wir Verluste. Der Russe war bereits am Wolfsbergkogel in unseren Rücken gelangt. Mein Freund Fritz SCHREINER erlitt vor der PETSCHEK-Villa einen Brustdurchschuss. Er rief mich aus dem Haus an. Als ich in den Flur lief schlug eine russische MG-Garbe ober mir ins Haus ein. Im Haus befanden sich noch drei Frauen, welche große Angst vor den Russen hatten. Kurz darauf hörten wir bereits russische Stimmen um das Haus. Ich konnte gerade noch in einem Kellerabteil verschwinden, als die Russen schon im Haus waren. Mein verwundeter Freund war mit den drei Frauen allein im Raum. Ich hörte, wie er den Russen erklärte, dass er Österreicher sei, worauf sie sich zufrieden gaben und weiterzogen. In meinem Versteck hatte ich nur eine Handgranate bei mir, die ich abzugsbereit in der Hand hielt. Als es einige Zeit ruhig war, kroch ich aus meinem Versteck.

Fritz hatte bereits Wundfieber bekommen. Gemeinsam mit den drei Frauen verband ich ihn. Am Abend hörten wir die Russen kommen. Ich schlüpfte in mein Versteck. Fritz fantasierte bereits sehr laut als die Russen den Raum stürmten. Ich hörte eine russische Kommandostimme, worauf ein anderer Russe fragte, was mit dem Verwundeten geschehen soll, worauf die erste Stimme, es dürfte ein politischer Kommissar gewesen sein, befahl – erschießen! Ich hörte wie eine MPi durchgeladen wurde – Schüsse und einen Schrei, den ich ein Leben lang nicht vergessen werde. Gleich darauf rief der Kommissar nach den Frauen, schrie sie an – wenn noch deutscher Soldat im Haus – dann alle kaputt! Ich war in meinem Versteck auf das Äußerste gefasst, hatte die Handgranate aufgeschraubt und abzugsbereit in der Hand, um sie den Russen entgegen zu werfen. Die Frauen verrieten mich nicht. Nach einiger Zeit wurde es still. Als ich aus meinem Versteck herauskam war es Nacht. Ich schlich aus dem Haus und stieß neben der Haustür gegen einen menschlichen Körper. Mich durchzuckte ein eisiger Schreck, es war mein von den Russen erschossener Kamerad. Ich zog die Schuhe aus und schlich leise bis zur Hausecke. Dort stieß ich jedoch auf eine russische MG-Stellung und bemerkte dass mehrere Posten um das Haus patroullierten, so dass ich schleunigst in das

Haus verschwinden musste. Am nächsten Tag erklärten mir die Frauen, dass ich nicht hierbleiben könnte. Wenn es dunkel ist, sollte ich in den unterhalb des Hauses befindlichen Kohlenbunker überwechseln, sie würden mir jeden Tag Essen bringen. Als es dunkel war und der russische Posten um die Hausecke verschwunden war, lief ich schnell in den Kohlenbunker.
Dort kroch ich in den hintersten Winkel und machte es mir so bequem wie möglich. Da der Kohlenbunker betoniert war, vernahm ich jeden Schritt des russischen Postens ober mir. Nach einiger Zeit hatte ich jedes Zeitgefühl verloren. Ich glaubte es nicht mehr aushalten zu können und das volle 3 Nächte und 2 Tage. Ober mir immer diese Schritte – Tag und Nacht.

Oberjäger Josef Schneider

Eines Tages vernahm ich Schüsse, plötzlich unheimliche Stille. Ich dachte eine Ewigkeit wäre vergangen, als ich die Stimmen meiner Kameraden hörte: „Hier muss er irgendwo sein, da habe ich ihn zuletzt gesehen."

Ich stürzte aus dem Kohlenbunker und fiel den Kameraden um den Hals. Ich bekam mehrere Tage dienstfrei worauf wir im Hotel Erzherzog Johann meine Befreiung feierten."

Flugzeugführerschule A/B 14

Währer: „Die Front ist unmittelbar nahe, die Häuser sind fluchtartig verlassen worden, die Ostergeschenke auf den Tischen sind Zeugen der hektischen Flucht.

Uns bleibt keine Zeit zum Ausruhen. Ein Ortskundiger Feldwebel führt uns in die zerklüfteten Wälder unterhalb des Bahnhofes und eines Tunnels **(Kartnerkogel).**

Es ist stockdunkel und es regnet. Für uns Anfänger ist die Situation unheimlich, dank der russischen Leuchtkugeln wissen wir nun aber, wo der Gegner sitzt.

Unsere Bewaffnung:	französische Gewehre
	tschechische Maschinengewehre
	deutsche Stielhandgranaten und Panzerfäuste
Privat:	Eine belgische Pistole 7,65

Unsere Ausrüstung:	Zeltplane als Regenschutz und Tarnung
	Mantel über Uniform als Schutz gegen die Kälte

Jetzt am Morgen des 5. April, wir mussten nachts die Stellung wechseln, liegen wir hinter Felsen nahe der Straße **Adlitzgraben–Haidbachgraben,** die zum Semmering führt.

Ein ungarischer Treck von Flüchtlingen blieb hier, von den Russen überfallen liegen.

Die Menschen sind verschwunden unter Zurücklassung aller Habseligkeiten wie Schweineschmalz, Marmelade, Drogeriewaren usw.

Ihre Daunendecken dienen uns als Unterlage in den Erdlöchern. Zum Erstaunen meiner Kameraden fülle ich das Schmalz in die nicht gerade appetitlichen leeren Patronenkarton. In späteren Tagen ist es praktisch unser einziger Proviant.

Es ist gespenstig ruhig in unserem Abschnitt. Zerschossene ungarische Pferde- und Lastwagen liegen in einer Straßenkurve, der Lastwagen vollgestopft mit modernen Radios, was sollen wir damit machen?

Warum wir am Morgen des 6. April die Stellung wieder verlassen, weiß keiner. Lautlos schleichen wir mit unserer Bewaffnung und den schweren Munitionskisten einen Waldhang entlang zurück zum Semmering.

Kartnerkogel

Kartnertunnel

Auf einem bewaldeten Ausläufer des 1292 m hohen Pinkenkogels, unterhalb der Bahn, kurz vor unseren neuen Stellungen greifen plötzlich die Russen an.

Friedl MISCH stirbt an einem Kopfschuss, Eugen VOGT erleidet einen Beckenschuss, Walter einen Handschuss und Dicke bleibt verwundet liegen.

Die Russen werden geworfen, in der Nähe liegende Gebirgsjäger haben uns geholfen.

Ein Gebirgsjäger erhält ebenfalls einen Beckenschuss und singt trotz seiner Schmerzen „In der Heimat da blühen die Rosen“. Er wird von zwei Kameraden sitzend auf einem Balken zurückgetragen.

In der Nacht liegen Frido und ich am Waldrand, halten Wache und starren auf die andere Seite. Man ist sehr nervös und wenn Leuchtkugeln hochgehen wird sofort geschossen, auch wenn eine Herde herrenloser Schafe daherkommt. Auch Großvieh hat sich verirrt (trotzdem gibt es kein Fleisch)."

SS Geb.Jg. SCHMELZ:

„Noch am selben Tag erhielten wir am Gefechtsstand beim Bärenwirt von einem Leutnant der Wehrmacht den Befehl, uns am Gefechtsstand bei der Gipsmühle zu melden. Von dort wurden wir auf den Westhang, des Myrtengraben zu den in der Zwischenzeit eingetroffenen Volkssturmmännern verlegt. Zwei Mann von uns, zwei Mann Volkssturm so sah die Reihenfolge aus. Auch die Gipsmühle war von diesen Leuten besetzt, wir ahnten, dass wir zusammen das letzte Aufgebot sein mussten. Hier hat sich auch einer unserer Unterscharführer in die Hand geschossen um abhauen zu können, andere setzten sich einfach ab.

Dort erhielt ich mit einem Kameraden den Auftrag am Myrtenbach aufwärts entlang zu gehen bis zu einem kleinen Pulverbunker, um zu sichern, dass in unserem Rücken sich niemand aufhält. Wir kamen dort an und während mein Kamerad die Sicherung übernahm, stieß ich die Tür auf um mit dem Gewehr im Anschlag hinein zu springen, zuerst erschrak ich ganz gewaltig, als ich einen jungen Rotarmisten am Boden liegen sah. Seine Hilflosigkeit war frappant, auch er war zu Tode erschrocken und glaubte seine letzte Stunde habe geschlagen, vollends als er erkannte zu welcher Einheit ich gehörte. Man muss ihm Schreckliches über uns erzählt haben, denn er weinte sofort und machte mit einer bittenden Geste Anstalten meine Füße zu küssen. Diese Geste beschämte mich und ich herrschte ihn voller Unbeholfenheit an, er möge doch aufhören zu heulen, ich würde ihm ja nichts tun. Er konnte meine Worte nicht verstehen, aber er hatte trotzdem begriffen, dass ihm von mir kein Unheil drohte und doch hätte ich ihn um ein Haar beinahe erschossen. Während ich das Gewehr an die Wand lehnen wollte, um seine Verletzung anzusehen, griff er hinter sich, ich glaubte er wollte zu einer Waffe greifen, gerade noch rechtzeitig erkannte ich, dass er seine Feldflasche hervorholte und mir entgegenhielt. Ich ging zum Bach und brachte ihm Wasser, auch hatte ich noch einen Kanten Brot bei mir. Der Junge hatte eine böse Verletzung am rechten Oberschenkel, die er sich vermutlich selbst mit primitiven Lumpen verbunden hatte. Ich bedeutete ihm, dass ich wiederkommen würde um ihn zu holen. Beim Gipswerk angekommen, berichtete ich sofort und bat den Mann mit dem Schubkarren, der vor dem Haus stand, holen zu dürfen. Man versicherte mir ihn zu holen, aber ich wurde mit ein paar Mann auf die Ostseite des Myrtengrabens in Stellung befohlen, von hier aus wurde ein kleiner Trupp Russen beschossen die scheinbar ahnungslos den Myrtengraben entlang kamen.

Dann wurde ich einem Spähtrupp zugeteilt, der in stockdunkler Nacht in Richtung Eselstein befohlen wurde. Wir gingen zu viert befehlsgemäß vor, am Koppel hielten wir uns fest um uns im Finstern nicht zu verlieren. Nach einiger Zeit erklärte uns der Unterscharführer, es ginge eigentlich nur noch darum das eigene Leben zu retten bzw. lebend über die Zeit zu kommen, wir legten uns auf sein Geheiß im dunklen Wald nieder, verhielten uns absolut ruhig, unsere Aufgabe sei lediglich den Mund zu halten, den Rest erledige er. Was er bei unserer Rückkehr gemeldet hat ist mir nicht bekannt, auf jeden Fall haben ich für diesen Mann noch heute Hochachtung, so konnte ich mit auch seinen Namen merken – LODZ."

6. April 1945 – schlechtes Wetter, Regen

Die Einsatzabteilung der Geb.Art.Schule Dachstein begann nun sofort mit der Erkundung und Besetzung von geeigneten B-Stellen auf den Höhen:

Hauptmann Philipp Kreis

OCHNER – Osthang, SONNWENDSTEIN, PINKENKOGEL, ESELSTEIN, HIRSCHEN-KOGEL, ERZKOGEL, FRÖSCHNITZ-SATTEL.

Wobei diese VB im Gebiet Alpkogel bis FröschnitzsatteL von der 2. Kompanie des SS Geb.Jg.A.u.E.Batl.13 infanteristisch abgesichert wurden.

Weinzettelwand und Adlitzgraben

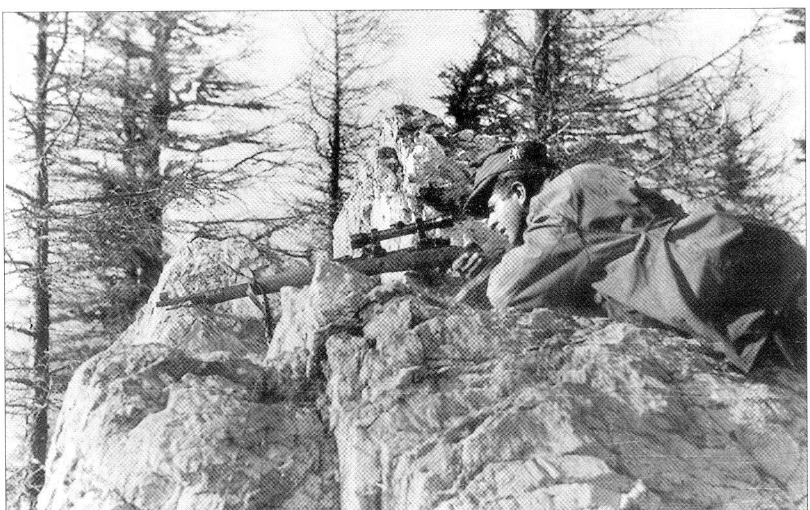

Scharfschütze auf der Weinzettelwand

Scharfschütze Gebhard Bilgeri

Nach dem Kampf um die Meierei und Wäscherei unternimmt Batterieführer Hauptmann KREIS von der Geb.Art.Schule Dachstein, einen Spähtrupp nach Breitenstein, die Ortschaft ist bereits feindfrei. Der Volkssturmmann GRELLMANN, Oberleutnant im 1. Weltkrieg geht freiwillig mit.

Von der **WEINZETTELWAND,** eine steil aus dem Adlitzgraben aufragende Felswand – vernichtet Hauptmann KREIS mit dem Zielfernrohrgewehr und MG ,15 Gespanne der Russen, die durch den Adlitzgraben ziehen.

KLAGENFURT

Auch in der Garnison Annabichl Alarm. Es werden dort durchwegs invalide Soldaten am SMG ausgebildet. Oberleutnant SEESITSCH führt eine Kompanie von diesem Festungs – MG Bataillon. Die Kompanie hat 3 Züge zu je 4 SMG.

RETTENEGG

Oberleutnant Theodor SEESITSCH über den Semmeringeinsatz:

„Vermutlich am 6. April 1945 gab es Alarm. Meine Kompanie wurde auf LKW verladen und über

Oberleutnant Theodor Seesitsch

Rettenegg 857 m

Bruck an der Mur – Kindberg ging es aufs ALPL.

Dort bezogen wir im Gasthaus PRUGGRABER Quartier. Ein Oberst wollte uns direkt am ALPL einsetzen, obwohl vom Russen weit und breit nichts zu sehen war. Später kam noch ein Hauptmann dazu. Es trafen auch laufend Verstärkungen ein.

Der Oberst teilte dann die Einheiten in 3 Kompanien ein:

1. Kompanie geführt von einem Hauptmann ?
2. Kompanie, Lt. BOCK
3. Kompanie, Oblt. SEESITSCH

In diesen Kompanien waren fast alle Waffengattungen vertreten. Am nächsten Tag erklärte ich diesem Oberst, dass wir erst einmal mit dem Russen Fühlung aufnehmen müssen. Da wir ja nicht wissen, wo der Feind zur Zeit steht.

Ich ging daher mit meiner Kompanie im Gefechtsmarsch bis **RETTENEGG** vor. Das war für meine Männer eine schwere Belastung, da sie ja die SMGs und die Munition selbst tragen mussten. RETTENEGG war feindfrei und ich errichtet meinen Gefechtsstand im Gasthaus „Zur Waldbahn – Jaritz."

Gasthaus Ebner, Kompaniegefechtsstand

Am nächsten Tag klärten wir in das obere Feistritztal weiter Richtung **FEITRITZWALD** bis zum **FEISTRITZSATTEL** auf.

Am Feistritzsattel trafen wir eine SS Einheit, die sich sehr sorglos benahm. Plötzlich waren die Russen da und alles flüchtete Richtung Feistritzwald. Die SS genauso wie meine invaliden Leute.

Die SS Einheit blieb in Feistritzwald, während ich zu meiner Resteinheit nach Rettenegg zurückkehrte."

7. April 1945 – bewölkt, kalt

Leutnant SCHRYER, Zugsführer in der schweren Panzerjägerkompanie konnte bei einem Spähtrupp, den er mit einigen Männern seines Zuges durchführte, von der Weinzettelwand aus eine russische Infanteriekolonne beim fast „friedensmäßigen" Marsch durch den Adlitzgraben beobachten. Durch einen Feuerüberfall mit zwei MG 42 wurde der Spitzenzug nahezu vernichtet.

Hans MEIXNER SS Geb.Jg.:

„Unser Chef ist ein eigener Typ, eine richtige Haudegennatur, drahtig, sportlich, Aussehen wie Dietl, immer in Bewegung, einmal hinten, einmal vorne, alles geht ihm zu langsam, er geht nicht, er rennt, mit ihm kann niemand Schritt halten. Eines Tages kriegt er einen Streifschuss auf der Oberlippe. Er meint Glück gehabt, die paar Zentimeter sind immer das Entscheidende. Er sucht 10 Freiwillige für einen Spähtrupp. Ich melde mich, wir ziehen los in den Adlitzgraben, möglichst lautlos. Oberscharführer OLSCHOK führt den Spähtrupp, wir reden nicht. Im Adlitzgraben (Gasthaus zur Weinzettl Wand) teilen wir uns, 5 Mann mit OLSCHOCK links, 5 Mann mit einem Gruppenführer rechts.

Treffpunkt um so und soviel Uhr bei der Weggabelung. Wir schleichen und beobachten, einer gibt ein Zeichen, er hat was erkannt. Im großen

Haus nach dem Gasthaus Richtung Schottwien sind die Russen drinnen. OLSCHOK schleicht hin und beobachtet mit dem Glas, er schaut und schaut. Ich sehe wieder nichts. Plötzlich sagt er, jetzt wird's gefährlich, der Iwan hat uns überrissen, der schneidet uns den Rückweg ab. Ich frage wieso schießt er nicht, die wollen was anderes, sonst hätten sie es längst getan, sagt er. Schnell, schnell Jungs, so schnell wie möglich. Wir kommen zum Treffpunkt, die anderen sind noch nicht da, wir warten nervös, endlich sie kommen, sofort nichts wie weg, Wir gehen in einem trockenen kleinen Bachbett bergauf Richtung Rumplerviadukt der Semmeringbahn. Der Unterführer zählt seine Leute, einer fehlt, das gibt es doch nicht. Verlaufen kann er sich nicht haben, am Weg waren wir noch komplett, niemand glaubt, dass er abgehauen ist, den der Schiss vor einer russischen Gefangenschaft war so groß, es war das Gerücht im Umlauf, die Russen erschießen alle von der SS. Wir können nicht warten und nicht suchen, der Gruppenführer will zurück gehen, nur ein kleines Stück, sonst sind wir alle im Arsch. Die brauchen Gefangene, sagt unser Zugführer. Wir warten bis er wieder auftaucht, alleine. Nichts wie weg hier, schnell fast im Laufschritt den Berg hinauf, geht es zurück.

Bei der Kompanie kurze Besprechung, dann brechen alle auf. Plötzlich bekommen wir Feuer, einzelne Schüsse, aber die sitzen. 1 Toter und 2 Verwundete, es sind russische Scharfschützen in den Bäumen. Alles sieht nach oben und wir ziehen weiter. Wir haben auch einige Scharfschützen mit Zielfernrohr, die bleiben zurück und sichern die Kompanie. Auf einmal ruft einer, da oben ist einer und schon kracht es zweimal, dreimal, einmal hat der Iwan geschossen, dann kam die Antwort, nachher war es ruhig. Wir halten und beziehen wieder Stellung, das heißt eingraben. Theo und ich haben das Glück, wie es noch öfters sein soll, das letzte Loch der Kompanie zu graben, zwei mit einem Spaten. Die Kompanie ist weit auseinandergezogen. Wenn sie uns heute Nacht kassieren, gehen wir gar nicht ab, meint Theo. Mir schaudert, wenn ich an den 10. Mann vom Spähtrupp denke. Die Nacht kommt, es steigen Lichtraketen, die alles Taghell beleuchten. Am anderen Ende der Kompanie gibt es Feuer und nicht wenig. Dabei hat doch unser Oberscharführer gesagt, der Iwan greift Nachts nicht an. In unserem Abschnitt ist es ruhig. Plötzlich glaube ich etwas zu hören, die Nerven sind zum Zerreissen angespannt, vor uns keine 50 m auf einmal ein Lichtschein, ein Gesicht, dicht am Boden, dann sehe ich den glimmenden Punkt, ein Russe der das Rauchen nicht

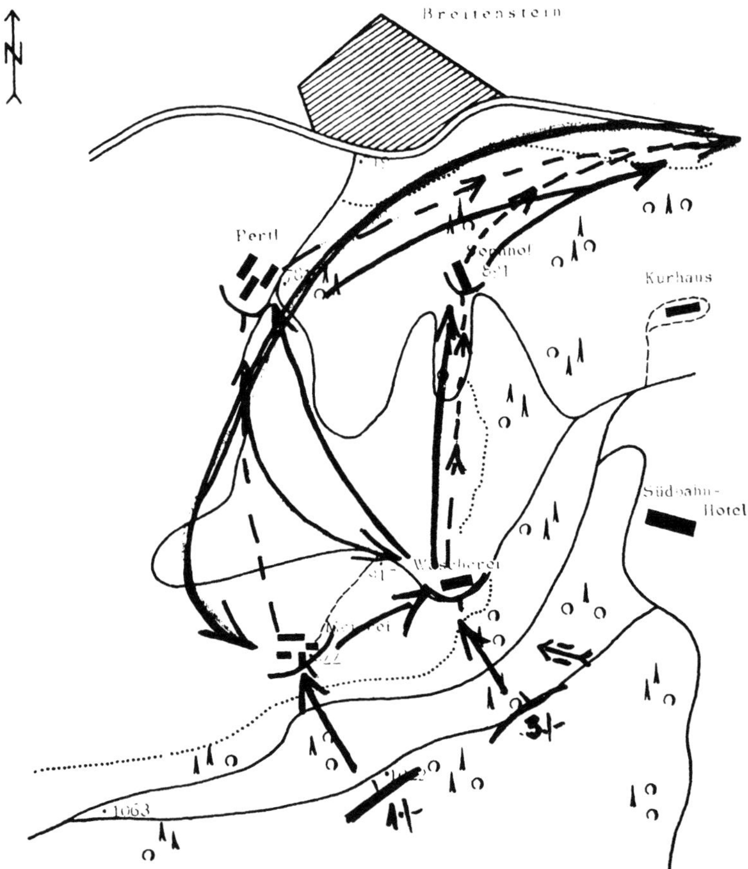

Vorstoß der Russen bis Meierei und
Gegenangriff der SS Geb. Jg.

Fl Hauptmann Heinert u. Roloff mit Unteroffizieren des KG 27

lassen kann, Zug um Zug, jedesmal ist das Gesicht leicht zu erkennen. Wir schießen nicht, wir wollen unsere Stellung nicht verraten. Wie viele mögen es sein, das muß doch unser Nachbar auch sehen, der ist ca genauso weit weg wie der Russe. Wo liegt unser nächstes MG, wir machen nicht die geringste Bewegung. Beim anderen Zug wird es ruhiger, die Schießerei hat aufgehört. Die Nacht dauert noch lange und am Morgen stoßt mich wer, ich fahre erschreckt auf, es ist unser Zugführer, das ist doch die Höhe, da pennen beide, wer hatte Wache, wir wissen es nicht mehr, wir sind jetzt die 4. oder 5. Nacht nicht zum Schlafen gekommen und sind beide total erschöpft eingeschlafen. Eine Verwarnung, das nächste Mal muß er uns melden. Das hat zur Folge, dass wir überhaupt nicht mehr zum Schlafen kommen, ein jeder hat Angst, dass der andere der die Wache hat einschläft. Wir wollen doch nicht wegen einem Wachvergehen erschossen werden.

Die Russen zogen sich durch den Adlitzgraben bis zur Straßenkreuzung Abzweigung – Klamm kurz vor Schottwien zurück."

Im Bestreben die Kampfgruppe SEMMERING weiter zu verstärken und auch die links und rechts des Semmering-Passes befindlichen Übergänge nach Westen zu sperren wurde alles im Westen verfügbare zum Semmering umgeleitet.

So wurde, nachdem es in Oberösterreich aufgelöst worden war, das Gros des Kampfgeschwaders 27 BOELCKE nach Graz zur 10. Fallschirmjäger-Division versetzt. Abfahrt am 9. April vom Bahnhof Hörsching. Dieser Transport wurde in Bruck an der Mur angehalten und zum Semmering umgeleitet.

Aus diesem Teil des KG 27 wurden 2 Bataillone zu je 300 Mann gebildet. Wobei das 2. Bataillon zuerst aufgestellt wurde. Nach einem langen Fußmarsch von Mürzzuschlag bis zum Semmering, wo Quartier im ehenmaligen Speisesaal des Hotel Panhans genommen wurde. Am nächsten Tag wurden die 300 Mann in Kompanien zu je 100 Mann aufgeteilt. Fliegerleutnant Walter HERZ übernahm den Posten des Bataillonsadjutanten. Er berichtet darüber:

„Anschließend marschierten wir unter Führung von Gebirgsjägeroffizieren in die Nacht, ohne zu wissen, wohin. Die Begleitmusik gaben entfernte russische Kanonen. Zum Schluss ging es auf einem Trampelpfad über einen Bergrücken ins nächste Tal.

Die Gebirgsjäger beschworen uns, ganz leise zu sein und ließen uns stehen. Ich hatte mich in meinen Pelzmantel gehüllt an einen Wiesenrain gelegt und schlief sofort ein. Das ganze Bataillon machte es mir nach, außer unserem jüngsten Leutnant HAMMER, der unbedingt hatte Kompanieführer werden wollen. Ich übergab ihm später einen schnellen Zug ausgerüstet mit MP, als Feuerwehr wurde er von der Division an Brennpunkte geschickt. Wir wussten oft nicht wo er war.

8. April 1945: Sonnig, wärmer

Tagebuchauszug Dieter WÄHRER:

„Die Soldaten der Flugzeugführerschule Klagenfurt sind am Samstag, den 7. April aus ihren Stellungen abgelöst und am Semmering in der Pension Waldhof untergebracht worden.

Zum verdienten Schlaf kommt es aber nicht. Die Einheit wird mit modernen Waffen ausgerüstet und nach Steinhaus in das Gasthaus Schöggl verlegt, wo es nach vielen Tagen wieder warmes Essen und Ruhe gibt.

Im Obstgarten steht eine Batterie 10,5 Kanonen in Stellung.

Sonntag morgen stellt Leutnant WEBER eine neue Kompanie zusammen. Abfahrt mit LKW durch die Fröschnitz. Dann Aufstieg auf den

Schwellen des Schrägaufzuges zum Fröschnitzsattel 1273 m, hier ist für kurze Zeit unsere neue Stellung. Kurz nach Absicherung der Stellung laufen wir einen Spähtrupp zur Auskundschaftung der russichen Granatwerferstellungen. Auf 800 m Höhe liegt die Rotte PFAFFEN, unterhalb der Fanklbauernhöhe, ein Bauernhaus in dem sich die Russen eingenistet haben, ein weiterer Stützpunkt im bereits besetzten Talergraben.

Um 18.00 Uhr greifen wir an, das Haus wird mit einer Panzerfaust gesprengt und geht in Flammen auf.

Es folgt ein blitzschneller Gegenstoß der Russen aus der Flanke. Sie treiben uns mit ihrem Hurreh-Geschrei wieder auf die Höhe zurück. Trotz der wilden Schießerei im dunklen Wald bleibt niemand liegen, doch oben fehlen zwei Mann.

Einer schleicht sich in der Nacht zu den eigenen Stellungen und wird angeschossen, der andere bleibt im Niemandsland und kehrt am anderen Morgen zurück.

Zur allgemeinen Lage in diesen Tagen ist zu sagen, daß es keine zusammenhängende Front gibt, das Gelände ist unübersichtlich, bewaldet und sehr zerklüftet. Zu dem sind wir zahlenmäßig dem Feind stark unterlegen.

Montag, 9. April: Die stete Fühlungnahme mit dem Gegner ist wichtig aber gefährlich. Sie wird die ganz Zeit andauern und schützt uns vor Überraschungen.

Täglich machen wir zwei Spähtrupps, wir wechseln uns ab und so bin ich wieder abends um 17.00 Uhr dran.

Wieder geht es nach PFAFFEN, jedoch auf einem anderen Weg durch den steil abfallenden Wald. Geduckt kommen wir im Schein des noch brennenden Hauses über den Fahrweg, müssen aber im bergseitigen, nassen Straßengraben Deckung nehmen, denn es naht eine russische Nachschubeinheit.

Trotz allem hat sich der Gang gelohnt. Wir wissen nun, dass der Russe mit massiven Kräften und schweren Granatwerfern die Stellungen im Talergraben festigt.

Endlose Kolonnen schuften sich unter den Lasten in zwei Meter Entfernung an uns vorbei. Es ist eisig kalt, stundenlang liegen wir in der dunklen Nacht im Rinnsal des Straßengrabens, jede Bewegung hätte den Tod bedeuten können. Total durchnäßt sind wir morgens um 03.00 Uhr wieder oben. Kein Schuß ist gefallen.

Am Dienstag, den 10. April geht es Richtung Sonnwendstein, die Ablöse erfolgt durch I. Bataillon KG 27.

Das I. Bataillon des KG 27 wurde in Steinhaus am Semmering ausgeladen und durch das Fröschnitztal auf den **FRÖSCHNITZSATTEL** verlegt, wo es auf dem bewaldeten Höhenzug unterhalb des **HARDERKOGELS** gegen TRATTENBACH Stellung bezog. Dieses Bataillon bestand überwiegend aus Bodenpersonal. Außer durch russische Granatwerferbeschuss hatte dieses Bataillon keine Ausfälle, da es in diesem Abschnitt bis zuletzt ruhig blieb.

Am **8. April 1945** war von Graz über Krieglach bis zum Alpl mit einem Autobus die Kampfgruppe des SS Oberscharführer SCHOFFER, aufgestellt beim SS Pz.Gr.A.u.E.Batl.11 in Graz Wetzelsdorf, gefahren. Kommmandant war dort SS-Sturmbannführer SCHWEIZER, Kompanieführer SS Obersturmfüher PONGRATZ.

Diese Einheit marschierte am 10. April 1945 über Rettenegg zum Forsthaus FEISTRITZ- WALD.

Weiter berichtet Wolfgang HÄUPTNER:

„Die Gruppe BLÖCHL übernimmt die Besetzung des Wetterkogelhauses 1743 auf dem Hochwechsel. Wir treffen dort eine HJ-Kampfgruppe an, die vor unserer Ankunft einige rotbemützte Deserteure erschossen hat. Wir begraben die Toten in einer Felsenkuhle.

11. April 1945

SS-Unterscharführer HÜGEL wird bei einem Spähtrupp auf dem Niederwechsel durch Partisanen verwundet. Die Einheit wurde am 13. April zum Pfaffensattel verlegt.

Kreuzberg

Lt. HERZ berichtet weiter:

Nach Hell werden erkundigten Leutnant HAMMER und ich nach vorn und fanden in einem Bergbauernhaus die uns zugeteilten Jäger und Offiziere.

Unsere Bewaffnung bestand aus uralten langen französischen Gewehren, kleinen italienischen Karabinern mit aufklappbaren spitzen Seitengewehr. Man sagte den Italienern nach, dass sie auf 100 m eine Streuung von 1 m hätten.

Unter Führung der Jägeroffiziere durchstöberten wir das vor uns liegende Gelände, dann wurden die Kompanieabschnitte eingeteilt und jetzt schanzt mal schön. Ich bezog mit der Wachmannschaft ein Blockhaus als Gefechtsstand.

Zum Glück war in den nächsten Tagen schönes Wetter, es fehlte nur an Waffen. Unsere Nachrichtenleute machten sich sofort daran, Leitungen zu verlegen. Danach besuchte ich den rechten Nachbarn, es lag dort ein Bataillon der SS Gebirgsjäger.

Es waren prächtige Offiziere. Sie freuten sich, dass wir das Loch neben ihnen gestopft hatten. Der Russe staunte wohl darüber, dass nun plötzlich Flieger in Fliegeruniformen aufgetaucht und vor ihnen abriegelten. Erst versuchte er nur zu erkunden, was das wohl für ein Haufen sei, der so unverhofft aufgetaucht war. So hätte es noch eine Weile in Ruhe weitergehen können.

Der Regimentskommandeur Oberstleutnant SWOBODA erschien unangemeldet am Gefechtsstand und befahl: **„Angriff auf den Kotstein** 840 m zur Frontbegradigung".

In der Nacht gings los. Aus einer Talsenke heraus, einen Grashang hinauf. Der Russe saß auf dem Grad in befestigten Stellungen. Erst war beim Russen alles ruhig, sie schnarchten wohl im Wodkadunst, doch plötzlich ging der Feuerzauber los. Mit einigen Toten und Schwerverwundeten musste unser Angriff abgeblasen werden. Jetzt wurden die

Russen erst richtig wach. Beim nächsten Angriff auf das selbe Ziel in der Höhe empfingen sie unseren Sturm schon bei der Annäherung mit Scharfschützenfeuer aus den Bäumen herab, dann folgte Granatwerferfeuer. Wieder Tote und Verwundete. Kein Russe war zu sehen. Sie mussten ihre Granatwerfer auf einen bestimmten Punkt eingeschossen haben.

Josef BRANDSTETTER, Fahnenjunker und Flugzeugführer beim KG 27 – am Kreuzberg Gruppenführer einer SMG Einheit unterstützt diesen Angriff mit MG-Feuer. Der Angriff schlug wieder fehl und die Luftwaffensoldaten haben 8 Gefallene und mehrere Verwundete zu beklagen.

Bei der nächsten Morgendämmerung schlichen 2 unserer Feldwebel in die russischen Linien, dabei erschossen sie einen russischen, politischen Führungsoffizier. Langsam erkundeten sie den Verlauf der russischen Front.

Aus der Ebene hören wir Panzer rollen, Artillerie und Stalinorgeln schossen, da meinte man die Erde erzittert".

Einen Kommandeur hatte das Bataillon zu diesem Zeitpunkt noch nicht. Die einzelnen Kompanien wurden von Oblt. KUHNERT, Lt. NOWAK und Lt. WINTER geführt.

Vermutlich erst zu Beginn der 2. Aprilhälfte übernahm dann Major Walter LEIFHEIT das Bataillon. Er kam gleichfalls von der Luftwaffe. Adjutant war Walter HERZ, außerdem gehörte noch Lt. HAMMER als Gefechtsoffizier zum Gefechtsstand, der in einem Blockhaus unterhalb des Alpenhofes war.

Hans MEIXNER: A.u.E.Batl. 13: 3. Kompanie SINSKE, 3. Zug.

Am nächsten Tag ziehen wir vom Gamperltunnel bergaufwärts zum Kreuzberg. Wir kommen auf eine Lichtung, da steht unterhalb ein Bauernhof (Rosinahof), etwas weiter unterhalb Gefechtslärm. Wir durchsuchen den Hof nach etwas Eßbaren und finden an einem offenem Balkon ähnlichen Holzgang einen Einbaukasten mit eingemachten Obst. Andere finden etwas Wein, links im Erdgeschoss ist ein großer Raum mit großem Tisch und rundherum einer Bank. Auf dem Tisch steht ein Grammophon und eine Menge Platte, alle bis auf eine sind zerbrochen. Die eine spielen wir, ich werde in meinem Leben die zwei Lieder nicht vergessen, es sind roter Mohn und Penni Lied, gesungen von Rosita Serano. Die Weinflaschen gehen die Runde. Ich habe fast nie etwas getrunken und so bin ich schnell beschwipst. Ich muss raus, draußen an der Hausmauer ist eine Bank, darauf sitzt ein Oberleutnant der Luftwaffe, am Ärmelstreifen „Kampfgeschwader Boelke". Ich spreche ihn zwanglos an und rede wahrscheinlich viel zu dummes Zeug, der Wein hat seine Wirkung getan.

Er sagt keine Wort, Melder kommen, nehmen Haltung an, melden Kompanie, Zug, Feindberührung. Man hört es, der Gefechtslärm kommt immer näher, doch wir erhalten Befehl zum Abziehen.

Beim Abziehen kommt es zu einem kleinen Geplänkel, dabei wird einer von uns tödlich getroffen, scheinbar von einer eigenen Kugel, unser Chef ist wütend. Wir ziehen uns vom Kreuzberg wieder Adlitzgraben zurück."

Lw. Leutnant HERZ:

„Nach dem Bataillonskommandeur erschien der Geschwaderkommodore Oberstleutnant KIEL und erklärte mir, Leutnant HERZ, für mich haben die keine Verwendung, was kann ich tun, ich könnte ihnen alles von rückwärts besorgen.

Ich erklärte, wir brauchen dringend deutsche Gewehre und Maschinengewehre mit viel Munition, Handgranaten, Verbandszeug und Medikamente. Nicht zu vergessen – Getränke.

Er haute nach rückwärts ab, nach 2 Tagen telefonierte mich unser Intendant, der unten beim Tross saß, an, erklärte, es seien 2 Lastzüge gekommen mit Waffen und Munition, Flieger Notverpflegung, ein Tankwagen mit Benzin. Wohin mit dem Zeug?

„Füllen Sie das Benzin in Fässer ab und verstecken sie diese. Ein Rest bleibt im Tankfahrzeug für den Start. Wenn der Stab jetzt Wind von der Sache bekommt, ist das Benzin für uns verloren.

Waffen, Munition, Verpflegung und Getränke lasse ich abholen und herauf tragen." Die Kompanieführer jubelten, als ich ihnen den Segen mitteilte. Selbstverständlich zogen sie soviel Leute aus den Stellungen, wie gerade noch vertretbar war. Sie schickten sie zum Tross. Sie schleppten keuchend das Zeug herauf in die Stellungen am Kreuzberg – es war wie Weihnachten.

Es dauerte nicht lange, da bekam ich Anrufe von allen Seiten. Die links von uns liegenden Hoch- und Deutschmeister, die rechts von uns liegenden SS Geb.Jg, der Adjutant unseres Regiments, dessen Stab hinter uns, weit im Tal unten lag, sie alle wollten Benzin. Ich machte Tauschgeschäfte. Benzin, für das wir kaum Verwendung hatten, gegen Diesel 2:1.

Prompt kam der erwartete, scharfe Anruf des Divisionsadjutanten: „HERZ, sie haben Benzin bekommen, wo ist das?“ Ich wusste von nichts, noch von nichts.

„Da muß ich erst beim Tross nachfragen, aber unsere Leitung ist zerschossen, es dauert eine Weile.“ Von dem anderen Zeug wusste er anscheinend nichts.

Ich schickte ihm den fast leeren Tankwagen. Erst einmal Ruhe. Aber er wollte mir unbedingt eins auswischen.

„HERZ, wie ich höre, haben sie da oben einen ganzen Viehbestand, den liefern sie beim Regimentsstab ab.“

Ich ließ einem Feldwebel die magerste Kuh aussuchen und zum Regimentsstab bringen.

Den Feldwebel sah ich erst nach meiner Entlassung aus der Gefangenschaft in Bad Aibling wieder. Er hatte sich in einen Heuwagen versteckt, durch die amerikanischen Linien geschmugelt. Er war so lange beim Stab geblieben, hatte die Kuh betreut und vor allem für sich gemolken. So konnte man auch Krieg führen.

Abends um 19.00 Uhr, wenn die russische Artillerie weit ins Hinterland schoss, wussten wir, dass in dieser Nacht Ruhe an der Front bei uns herrschen würde. Es fanden sich die Chefs der Nachbarbataillone und Kompanien, neuerdings auch der Führer des Granatwerferzuges und der Gebirgsartillerie bei uns ein. Wir hatten Getränke in Massen. Das sprach sich schnell herum und es waren immer sehr kameradschaftliche Abende.

Herrschte aber abends um 19.00 Uhr Stille, so war es die Stille vor dem Sturm. Nachts kamen sie dann. Aber sie kamen auch bei uns nicht durch. Mittlerweile hatten wir genügend MGs und Munition auf unserem Frontabschnitt. Auf die hatten sie es wohl besonders abgesehen.

Unsere Mannschaft bauten Drahtverhaue, ließen aber freie Zwischenräume und postierten dahinter ihre zusammengebauten Drillings-MG. Tastete der Russe dann die Drahtverhaue nach einer Schwachstelle aus, durch die sie hinter unsere Linien hätten gelangen können, so musste der Russe unweigerlich auf die Lücken stossen. Dann ratterten unsere Flieger-MG mit ihrer hohen Schussfolge los und aus war der Zauber. Aber wir mußten dabei auch immer Federn lassen.

Woher eigentlich eines Tages die Hitlersäge (MG 42) kam, wusste niemand zu sagen. Sie war einfach da, als unser Angriffstrupp wieder einmal in Schwierigkeiten kam. Die hatte eine doppelt so hohe Schussfolge wie unsere MG 15 – 2000 Schuss in der Minute.

Aber wozu noch das Ganze. Der Krieg war doch längst verloren. Ich sagte das auch dem NS-Führungsoffizier, der den Gefechtsstand nach telefonischer Anmeldung besuchte.

Er wollte einige Unteroffiziersdienstgrade auszeichnen.

Ich rief Hauptfeldwebel BERGMANN meinen Spies bei der IX. Staffel und jetzigen Spies der 6. Kompanie an und erklärte ihm: "Ich brauche am Gefechtsstand um 15.00 Uhr 6 Unteroffiziere mit höchsten Auszeichnungen".

Der NS-Führungsoffizier, ein älterer Major kam.

Da standen unsere 6, keiner unter dem Deutschen Kreuz in Gold, in strammer Haltung mit ernstem Gesicht, dahinter leicht grinsend. Dem Major blieb die Sprache weg. Er flüsterte nur: „Was soll ich denen denn noch geben?" Ich meine, na ich denke, 5 Mark. Der Major verteilte, aus der Erstarrung erwacht, Zigaretten und verabschiedete sich eilends, ohne den angebotenen Drink auch nur in Erwägung zu ziehen."

ADAM Arthur, Lw Obergefreite, Gruppenführer 2. Gruppe im 3. Zug, berichtet über diese Tage:

„4. April Hörsching – Auflösung des KG 27.

9. April Abfahrt vom Bahnhof Hörsching über Linz, Bad Ischl, Selzthal, Leoben, Bruck an der Mur bis Steinhaus am Semmering.

10. April Mit dem Gepäck in ein Berghotel ca 6 km hinter der Front.

11. April Einteilung als Gruppenführer und Abmarsch in die HKL.

12. April Nach fast 10 Stunden Marsch durch das Gebirge ging es gleich in ein Waldstück, um es durchzukämmen. Dann wurden Stellungen angewiesen. Gegen Mittag werden wir in einen Bauernhof am Kreuzberg verlegt.

13. April . Um 02.00 Uhr in der Früh ging es weiter zum Rosinahof Kompaniegefechtsstand der 4. Kompanie. Von dort aus übernahm ich mit meiner Gruppe (9 Mann)einen Abschnitt in der HKL. Kaum hatte ich meine Leute in die Stellung eingewiesen, als der Russe einen Angriff startete. In alle Eile wurden die Stellungen einigermaßen getarnt, während der Russe schon mit Granatwerfer und sMG feuerte.

1. Mai Beförderung zum Unteroffizier und am 30. April wurde mir noch das Eiserne Kreuz 2. Klasse verliehen.

In dieser Stellung verblieben wir bis zum 8. Mai 1945 dann erfolgte ein Fußmarsch über Preiner Gschaid – Kapellen – Neuberg – Mürzsteg – Niederalpl – bis Weichselboden und bei Selzthal über die Enns."

Lw. Leutnant HERZ:

„Wir hatten bei einem sinnlosen Angriff auf den Kotstein wieder einmal Tote. Sie konnten nicht gleich geborgen werden, da das russische Granatfeuer konzentriert auf unsere Angriffsposten gerichtet war.

Die Toten mussten geborgen werden. Wir stellten eine Truppe zusammen. Mein Schreibstuben Unteroffizier wollte mit, sein bester Freund war dabei. Ich verbot es ihm. „Lassen Sie die Leute, die das Gelände und den Laden kennen." Er bittete und bettelte, bis ich mich achselzuckend abwandte. Eine Stunde später brachten sie ihn. Er war unwissentlich mitten in eine explodierende Granate gelaufen. Der Leib war zerfetzt.

Sollte diese sinnlose Geschichte so weitergehen? Ich stieg zum Regimentskommandeur hinab und machte ihm Vorhaltungen. Kriegsgericht war ja keines mehr erreichbar. Hinter mir eine Mauer des Schweigens. Wir waren abgeschnitten von dieser Welt, kein Strom, keine Nachrichten, kein Licht, nur Kerzen und trotzdem taten alle, als ob es noch nicht zu Ende wäre. – Wir waren im 6. Kriegsjahr!

Abends um 19.00 Uhr zwitscherten die russischen Granaten über uns hinweg, nachts knatterten die MGs und Gewehrschüsse. Unsere Soldaten hielten eisern die Stellungen und griffen auf Befehl sogar noch an.

In dieser Zeit bekam ich durch Boten einen Brief meines Bruders Manfred der von der Kriegsschule nach Prag versetzt worden war, mit dem Schlusssätzen: „Wir wollen unsere Tage als Reichsdeutsche Offiziere in Würde verbringen. Komme ja nicht in russische Kriegsgefangenschaft. Ehe nicht Amen gesagt ist, ist die Kirche nicht aus! Amen war eigentlich schon gesagt. Rooseveldt war gestorben. Es ging in der Truppe das Gerücht, die Amerikaner würden uns in unseren Löchern gegen die Russen ablösen.

Hitler beging Selbstmord – ich bekam diese Mitteilung von unserem Nachrichtentrupp aus erster Hand, ganz geheim. Und was ist mit uns? Das fragte mich der Posten vor meinem Gefechtsstand. „Zusammenbleiben und Waffen behalten. Sonst schlagen sie uns mit Knüppeln tot". Unsere Truppe war vorbildlich. Kein Abhauen, keine Rebellion, wir saßen alle im selben Kahn. Wir hielten die Stellung.

Die Kompanien lagen bis zum Kriegsende unterhalb der Kreuzbergstraße vom nördlichen Fuße des Kobermannsberges über den Schachen bis zur Höhe 695 oberhalb des Schachengrabens in Stellung. Der Russe versuchte mitunter vom Kotstein mit Stosstrupps in die Stellungen einzudringen, wurde jedoch immer abgewiesen."

Der linke Nachbar, der die Lücke zum SMG-Zug HUTZELMANN schloss, war dem Namen nach ein Geb.Jg.Batl. unter Führung eines Major PETZOLD.

In dieser Einheit war auch eine Kompanie der HOCH- und DEUTSCHMEISTER und die 1. und 5. Kompanie des Landesschützenbataillon 851 aus der Garnison Payerbach.

Über diese Einheiten konnte leider nichts in Erfahrung gebracht werden, da in diesem Gebiet keine Kampfhandlungen stattfanden.

Übernahme der Kampfgruppe durch Oberst Heribert Raithel

11. April 1945: Die Führung der Kampfgruppe Semmering wird dem Kommandeur der Geb.Art.Schule Dachstein Oberst Heribert RAITHEL übertragen und die Kampfgruppe unmittelbar der 6. Armee unterstellt.

Oberst Heribert Raithel Kommandant d. Kampfgruppe Semmering

Ia. Hauptmann Hartmut Wallrapp

In seinen handschriftlichen Aufzeichnungen beschreibt Oberst Heribert RAITHEL die damalige Lage folgendermaßen:

„Die Panzerschlacht der 6. SS Pz Armee war buchstäblich im Schlamm stecken geblieben. In den Rückzugskämpfen, die von einer ungarischen zivilen Flüchtlingswelle begleitet waren, war die Leibstandarte Adolf Hitler bei Wr. Neustadt fast aufgerieben worden.

Der Feind zunächst eine russische Gardedivision, sollten die vom stellv. Gen.Kdo.XVIII Geb.A.K. an den Semmering entsandten Sicherungen zurückwerfen und so die Wiedervereinigung der 6. Armee stören.

Folgende Aufgaben stellten sich mir:

1. **Klärung der Lage – es waren überhaupt keine Lagekarten vorhanden.**
2. **Vorhandenen Einheiten waren personell und waffenmäßig zu erfassen.**
3. **Ankommende Einheiten waren zuerst zu gliedern und gegebenenfalls wie bei den Fliegern schnell auszubilden.**
4. **Die Verteidigung musste aktiv geführt werden.**
5. **Reservenbildung war entscheidend.**

Raithel zeigt Fliegersoldaten das Anlegen und Tarnen eines Schützenloches

6. In einer Divisions-Kampfschule im Schloss LANGENWANG wurde unter Führung von SS Obersturmführer PONGRATZ sofort eine rein praktische Offiziers- und Unteroffiziersausbildung hinter der Front durchgeführt, vor allem Gebirgs-und Nahkampf betreffend.
7. Ein leistungsfähiger Stab im Divisionsrahmen musste sofort gebildet werden.

Diese Vielfalt der Aufgaben war nur zu lösen durch die vielseitige Verwendbarkeit der Hauptleute und Lehroffiziere der Geb.Art.Schule.

Hauptmann WALLRAP als I a
Hauptmann UNGETÜM als I b
Hauptmann WOLF als I c
Hauptmann MUGLER und USCHOLD als fliegende Rgt.Kdr.
Hauptmann KREIS als Batterie Chef und Kampfgruppen Kdr.

Eigene Lage:

An Einheiten waren vorhanden bzw. wurden laufend zugeführt:

1. Gebirgsjäger Unterführerschule Admont – Kampfgruppe 8/XVIII
2. SS Gebirgsjäger Ausbildungs- und Ersatz Bataillon 13 Leoben
3. 2 Bataillone des Kampfgeschwaders 27 BOELCKE
4. 1 Bataillon des Gebirgsjäger Regiment 136 Wolfsberg
5. Gebirgsartillerieschule Dachstein – Obertraun
6. Landesschützenbataillon 851
7. Sowie Alarmeinheiten aus Lazaretten und Ersatztruppenteilen – 2 Bataillone

Hauptmann Philipp Kreis, Batterie Chef

8. Volkssturm als Munitions-Kanoniere und zum Verpflegungstransport eingesetzt. Kamen meist von so nahe, dass sie nachts nach Hause schlafen gingen. Keiner blieb aus bis zum Schluss.
9. Flakabteilung (Heimatflak Wr. Neustadt) – jedoch nicht unterstellt.

Geländebeschreibung:

Waldgebirge bis 1.500 m ansteigend unterbrochen durch bizarre Felsgrate und Felswände. Eine besondere Note bilden die 16 Semmeringviadukte und 15 Tunnels.

Auftrag: Zunächst galt es die Einbrüche zu beseitigen, Punkte zu gewinnen und Reserven zu bilden. Es ist gleich ob alle 10 oder 20 Meter ein Mann steht.

Es gelang dann auch, am Semmering eine 36 km lange Front aufzubauen, die sich rechts an Feistritzwald – 1. GD – und bis nördlich Payerbach an den Gahns – Kampfgruppe KEITEL – erstreckte.

Durch dauernde, stets örtlich wechselnde Gegenstöße, wurde unter energischer Reservenbildung am Semmering selbst und an den anderen Stellen zwei russische Divisionen abgeschlagen und erzielte Einbrüche bereinigt."

Wachtmeister Karl Pölzl, Nachrichtenzugführer der Geb. Art.

Wachtmeister im Nachrichtenzug der Gebirgsartillerie, Karl PÖLZL:

„Um den **10. April** zwei deutsche Jäger kurven über die Front, von den Sowjets wütend beschossen. Ich unterhalte mich lange mit dem Melder der 2. Batterie, einem Volkssturmmann, der seine Sorgen über die Lage äußert. Haben wir Jungen soviel Optimismus oder sind wir so sehr Soldaten, dass wir nicht nach dem „Morgen“ fragen? Auch nicht in dem Augenblick, da ich im eben angekommenen Brief lese: „Es ist mein letztes Schreiben, der Amerikaner ist über den Rhein!“

Abends schießen unsere Batterien heftig. In der Nacht gehen

zwei Funktrupps für das Angriffsunternehmen „Eselstein". Der Name wird blald zum Inbegriff schwerster Kämpfe. Am Morgen steht die Sonne blutigrot über den Hotel Erzherzog Johann und blutig wird der Tag. Ob unsere Batterien den Berg Sturmreif bekommen?

Ich versuche den ganzen Tag mit „BRUGGER" Verbindung zu bekommen, der am Eselstein sitzt, mache Stellungswechsel, Antennenaustausch, vergebens. Das Brodeln des Infanteriekampfes und Hacken der Granatwerfer sagt jedoch mehr, als BURGGER melden könnte! Tags darauf setzen wir den Trupp „SAMMER" auf dem Pinkenkogel als Zwischenstelle ein und bekommen endlich Standortmeldung und Durchsage folgenden Inhalts: „Russe greift schwer an – Russe greift schwer an!"

Wer hat den Bergrücken tatsächlich? Auch in „KLAMM" wird schwer gerungen. Dann fällt „BRUGGER" wieder aus und später erfahren wir das Böse: „Obergefreiter EGGER gefallen." Der junge Tiroler ist wieder einmal der erste, er wollte den Jägern Munition zutragen. Ein Abschiedsbrief in seiner Tasche spricht von Ahnungen.

Spät abens fährt ein Kommando mit Geschützen nach St. Kathrein am Hauenstein. Beim Stab ist toller Betrieb.

Der **14. April** schein ruhiger zu bleiben, nur ab und zu hauen Granatwerfer herein. Es ist düster, nur über dem „Erzherzog Johann" stehen einige Sonnenstrahlen. Düster ist die ganze Stimmung um uns und in mir wegen der Geschehnisse im Westen. Auch der bekannt gewordenen Tod Roosevelts wird die Lage nicht bessern. Funktrupp „BRUGGER" meldet sich wieder nicht.

Nachmittags schießt der Russe wild in die Gengend des Hotel „PANHANS", auf dem Pinkenkogel, zur Schoberhütte, wo der Kommandeur sitzt und an den Alpenhof heran. Dann bringt der Gefreite AUSTERMANN die zweite Hiobsbotschaft von vorne: Volkssturmmann BACHER gefallen! Wenn das so weiter geht. Zugleich meldet Funktrupp „SAMMER" vom Pinkenkogel: „Liege im schweren Feuer, Volkssturmmann KOLLER am Kopf verletzt. Er selbst rückt mit einer leichten Verwundung ein. Spät in der Nacht noch muss ich angekommenes Gerät prüfen, bis sich herausstellt, dass es gar nicht uns gehört. Der Russe schießt noch, fahl blitzen die Einschläge.

15. April ein schöner Sonntag. Es ist Frühling, die Lärchen haben zarte Knospen angesetzt, die Sonne scheint mild über den Hängen, über dem Mürztal im Rücken und über den fernen Schneeberg.

„BRUGGER“ kommt am nächsten Tag zurück, die Trupps werden umgegliedert, mit Volksturmmännern aufgefüllt. Gefreiter LOHMANN wird ebenalls zurückgezogen, Trupp „KRAUS“ geht als Störtrupp zum „Silberer Schlößl“ vor und „MAYERHOFER“ nun zum Eselstein.“

Kampf um den Eselstein und Rückgewinnung von Maria Schutz

Oberst Raithel mit Stab am Kreuzberg Blick gegen Sonnwendstein

Dem Semmering vorgelagert gegen Osten liegt der ESELSTEIN wie ein Festungsblock mit seinen steilen Flanken und versperrt nicht nur die Sicht, sondern auch den Weg nach Gloggnitz.

Noch während der schweren Kämpfe am Wolfsbergkogel und in den Adlitzgräben war es einer russischen Einheit gelungen von Schottwien aus über den Lichtenstein-Steig bis zum 974 m hohen Felsengipfel des ESELSTEINS, von den deutschen Truppen unbemerkt, vorzudringen. Diesen auf einer Seite dicht bewaldeten und unzugänglichen ca 1 km langen Felsenrücken mit seinen auf der anderen Seite fast senkrechten Felswänden hatten die Russen besetzt.

Maria Schutz

An den höchsten Punkten lagen mehrere russische B-Stellen, welche das Feuer ihrer in Aue und Gloggnitz liegenden Batterien hervorragend leiteten, da sie die deutschen Stellungen sowohl am Semmering, wie in Breitenstein und Maria Schutz überhöht einsehen konnten.

Der Bataillonskommandeur der Admonter Gebirgsjäger Hauptmann Hans SCHLIERF drängte darauf, diesen Felsenrücken in eigenen Besitz zu bringen. Dies führte zu einer Reihe von verlustreichen Angriffen, meistens in Kompanie- oder Zugsstärke.

Der Gebirgsjägerzug der 1.GD unter Heinz Schlott wurde um den **5. April 1945** zum Bärenwirt verlegt, mit dem Auftrag einen Spähtrupp auf dem Steig hinter dem Gasthaus bergwärts Richtung Kanzel (Georgswarte) zu laufen. Von dort genoß man einen herrlichen Ausblick zum Sonnwendstein, Maria Schutz, Grasberg und den oberen Ortsteil von Schottwien, der gesamte Talkessel war einzusehen. Die Kanzel und die links davon befindliche Anhöhe waren feindfrei, der Eselstein selbst war zu diesem Zeitpunkt bereits vom Russen besetzt.

Am Vormittag war ein anderer Spähtrupp in dem Gebiet unterwegs gewesen, der auf dem Rückweg von der Kanzel von einem russischen MG beschossen wurde und leider einige Ausfälle hatte.

Am **6. April 1945** bekam Schlott den Auftrag mit zwei Gruppen die Kanzel (Georgswarte) zu besetzen. Am nächsten Tag kam noch eine Gruppe nach und es wurde eine Igelstellung gebildet. Die zugekommene Gruppe KRESSE entstammte der Unterführerschule Admont.

Oberjäger KRESSE hatte den Auftrag bekommen am **7. April 1945** mit seiner Gruppe den Eselstein im Handstreich überraschend zu nehmen. Später hörte man Gefechtslärm und als die Nacht schon lange hereingebrochen war, kamen sie gegen 23.00 Uhr zurück.

KRESSE hatte mit seinem Leben bezahlt, mit einem Kopfschuss brachten sie ihn in einer Zeltplane zurück. Zwei weitere Verwundete waren noch zu beklagen.

Für den nächsten Angriff wurde am **7. April 1945** Geb.Jg. Lt. Hans KIRCHNER mit seinem Zug aus der Stellung in Maria Schutz herausgezogen und zum Eselstein verlegt. Der Zug sollte die Russen im Waldkampf aus seinen befestigten Stellungen werfen ohne den Einsatz von schweren Waffen. Der Angriff ist deshalb auch misslungen. Ein Spähtrupp, der gleichzeitig von Südosten her vorgehen sollte, ist nicht mehr zurückgekehrt und wurde dem Bataillon als vermisst gemeldet. Lt. KIRCHNER kehrte anschließend mit seinem Zug wieder nach Maria Schutz zurück, nachdem sein bester Kamerad dort gefallen war.

Geb. Jg. Leutnant Hans Kirchner

Den nächsten Angriff auf den Eselsteingipfel führte Untersturmführer Otto BERGER mit seiner Alarmkompanie durch und er schreibt darüber:

„Auf dem Semmering erfuhr ich, dass bereits eigene Kräfte mit dem Russen in Kämpfe verwickelt waren.

Mein Entschluss: Kompanie bezieht über Nacht Quartier im Hotel Panhans. Ein Zug jeweils in voller Gefechtsbereitschaft.

Am folgenden Tag gab es für mich nur die einzige Möglichkeit sofort mit eigener Truppe oder gleich mit dem Feind Fühlung zu bekommen. Obwohl am Bahnhof Semmering ein russisches MG und Uniformstücke lagen, war die Umgebung und der Myrtengraben mit der Brücke Feindfrei. So konnte ich einen Zug in Richtung GIPSMÜHLE und einen Zug Richtung MYRTENBRÜCKE vorgehen lassen. Ich beobachtete den Marsch beider Züge vorerst vom Bahnhof Semmering aus und rannte dann mit dem Rest der Kompanie und dem Kompanietrupp den Abhang in den Graben hinunter. Natürlich keine Ahnung, daß der Russe vom Eselstein aus unsere Annäherung genau beobachtete und so genügend Zeit hatte, all seine verfügbaren Kräfte auf dem Felsenrücken in Stellung zu bringen. Den russischen Kommandanten kann ich allerhöchstes Lob aussprechen, dass er nicht sofort das Feuer auf uns eröffnen ließ. Er hätte uns gleich sehr hohe Verluste zufügen können, nein, er wollte uns näher haben, welches dem Schlaumeier auch gelungen ist.

Den Zugführern der Landesschützen (vermutlich 3/851 Semmering) habe ich befohlen, die Straße von der Gipsmühle Richtung Adlitzgraben zu sperren. Weiter ging es im Eilmarsch zum Bärenwirt und nun schnell auf den Berg zu den Kameraden um möglichst den Feind zu vertreiben. Am BAUBERG, er liegt gegenüber dem ESELSTEINGIPFEL, angekommen, von Offizieren begrüßt (schneidiger Bursch), kurze Lageeinweisung, sofort mit meiner Alarmkompanie zum Angriff auf den Eselstein übergegangen.

Angriffsformation – ein Zug links – Mitte Spitze ich mit dem Kompanietrupp – ein Zug rechts.

Angriffsverlauf – im Marschtempo 114 nähert sich der Kompanietrupp und ich uns den feindlichen Stellungen auf ca 100 m; der linke Zug folgt im doppelten Abstand; der rechte Zug konnte nicht so schnell folgen, weil dieser Zug auch den Flankenschutz übernehmen musste.

Der Russe ließ uns auf Handgranatenwurfweite heran, dann eröffnete er schätzungsweise aus 50–60 automatischen Waffen das Feuer auf uns. Vor mir flogen nur mehr die Erdfetzen in die Luft, so dass ich nur noch Mündungsfeuer sah. Unterstützt wurde mein Angriff durch 2 Artilleriegranaten die weit hinter uns einschlugen. Entweder verloren die Russen die Nerven oder sie hatten zuviel Zielwasser getrunken, ansonsten hätte es für uns kein Überleben gegeben. Da wir uns während des Feuerzaubers nicht mehr rühren konnten, glaubten die Helden uns vernichtet zu haben, legten eine Feuerpause ein, die wir sofort zum Rückwärtssprung ausnützten. Auch dieser Angriff ist gescheitert. Nachdem in der Kompanie wieder Ruhe eingekehrt war, begannen wir ohne Hast Schützenlöcher auszuheben, Bau eines Kompaniegefechtsstandes und Verbindung zur Nachbarkompanie aufzunehmen."

Maria Schutz war in der Zwischenzeit vom **7. April 1945,** 16.00 Uhr bis zum 8. April 1945, von den Russen besetzt gewesen und darüber schreibt Pater Peter BECKER, damaliger Rektor des Passionistenklosters Maria Schutz in der Klosterchronik:

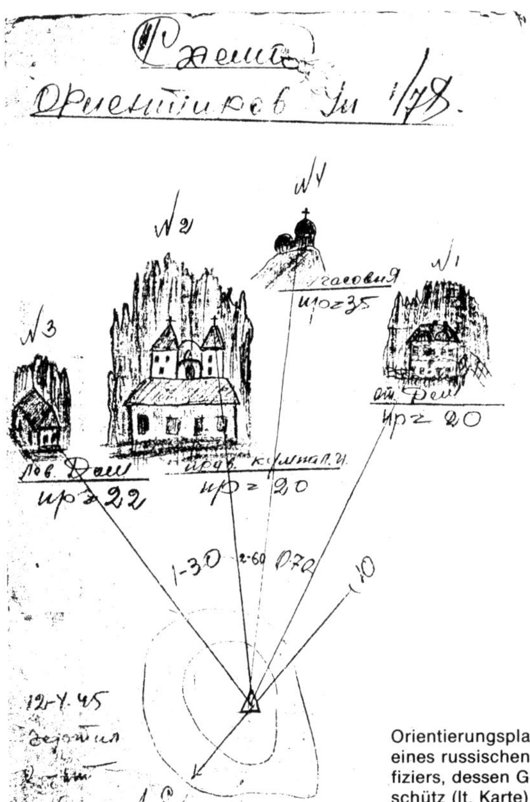

Orientierungsplan eines russischen Offiziers, dessen Geschütz (lt. Karte) am oberen Ausgang von Schottwien, gegen Maria Schutz in Stellung ging

„**Samstag, den 7. April 1945,** nach langer, schlafloser Nacht, ein herrlicher Frühlingstag. So belebend schön ist die Natur – aber Kampfgebiet. Die ersten deutschen Mannschaften werden abgelöst. Die Mienen der neuen Soldaten geben uns wenig Mut. Das Schießen auf beiden Seiten war bereits am Vormittag arg. In unserem Kloster hatten sich 150 Flüchtlinge eingefunden. am Nachmittag unterscheidet man deutlich das nahende MG-Feuer. Wir bereiten uns auf den Empfang der Russen vor. Gegen 16.00 Uhr ist das Schießen der Russen ganz nahe. Nur die Kranken bleiben mit ihrer Pflegerin auf ihren Zimmern, alle anderen befinden sich im Keller. Ich gehe nochmals zu den Kranken nach oben da kommt mir im Korridor die Pflegerin entgegen und bleibt in der Tür stehen. Ich rufe: „Hinter die Mauer!" Und kaum ist sie gefolgt, da prasseln schon Geschosse durch alle Fenster und Türen.

Als ich dann zur Hoftür kam, sah ich zwei Russen mit hochgeschwungener Handgranate und sie fragen mich, ob deutsche Soldaten hier sind. Ich verneine und so gingen sie wieder zurück. Ich ging in den Keller berichten. Oben werden Schritte laut, ich eile hinauf. Da stehen zwei Russen im Gang. Ein langer Unteroffizier bekreuzigt sich bei meinem Anblick und küsst mir die Hand. Dann sagte er: „Nix Angst! Wir streng Befehl – Stalin – Kirche Pope nichts tun!"

Im Hotel (Kirchenwirt) nebenan liegen zwei verwundete Russen, die anderen plündern. Nach einer Stunde wurde uns wegen heftigem deutschen Artilleriefeuer bang. Gegen 19.30 Uhr verabschiedet sich der russische Unteroffizier. Ich schaue mir die Kirche näher an. die Fenster beim Hochaltar waren durchschossen und die ganze Seite zum Hotel hin ohne Glas. Gegen 21.30 Uhr gingen zwei Mädchen nach oben und ein Schuss und Stimmengewirr! Ich eile nach oben und treffe einen deutschen Unteroffizier, der beinahe die Mitzi Salmhofer erschossen hätte, weil er in ihr einen Russen vermutete. Kurz darauf füllt sich der Speisesaal mit deutschen Soldaten. Sie sagten, dass keine Gefahr bestünde, denn vor 03.00 Uhr morgens würden die Russen nicht angreifen. Gegen 02.00 Uhr verließen uns die deutschen Soldaten. Todmüde waren sie.

Sonntag, 8. April 1945, die ganze Nacht kein Auge geschlossen. Ich gehe an die Pforte, da kommt ein russischer Leutnant mit mehreren Soldaten. Beim Anblick der vielen Leute im Keller befiehlt er: „Alle raufkommen!" und ging mit uns nach draußen. Ein Major mit sympathischem Äußeren gab uns bekannt: „Wenn die deutschen Soldaten wissen, dass wir hier sind schießen sie mit Artillerie und das wäre gefährlich für euch. Also in 15 Minuten fertig machen und Richtung Gloggnitz gehen."

Ich bin gleich fertig, da seit Freitag mein Rucksack mit dem Notwendigsten bereitsteht. Ich gehe noch einmal die Leute durch und da steht Pater Paul BROWERS C.P. und sagt, ich gehe nicht mit. Ich werde abgerufen, denn der Major möchte, daß wir bei der Schule einen verwundeten russischen Soldaten mitnehmen. Der traurige Zug setzt sich in Bewegung. Die Menschen sehen abgehärmt und unschlüssig aus. Die Kinder weinen, in unserem Garten liegt ein toter deutscher Soldat. Bei der Schule am Weg ein toter und ein verwundeter Russe. In Göstritz hinter Krenthalers Wirtschaft übergaben wir den Verwundeten dem russischen Feldverbandsplatz. Wir zogen weiter über Schottwien nach Gloggnitz.

Durch den Trubel der Ereignisse hatte man jedoch im Kloster zwei kranke Frauen mit ihren Pflegerinnen vergessen mitzunehmen. Nur Pater Paul blieb bei den Frauen zurück.

Eine der Pflegerinnen, Hermine STEMESEDER führte über diese Tage schriftliche Aufzeichnungen.

Einige Auszüge daraus:

„Pater PETER kam die Treppe herunter. Den Rucksack am Buckel, den Hut schief auf dem Kopf. „Wir stehen in Gottes Hand!" Und weg war er. Ich glaube er hat mich in der Aufregung gar nicht gesehen. Bis die Kranke auf dem Rollstuhl gepackt und die nötigsten Habseligkeiten verstaut waren, waren die anderen längst weg. Hilde, eine junge Arbeitskollegin aus dem Waldhof, blieb bei mir. Ich riet ihr eindringlich, mit den anderen zu gehen, da ja ohnehin ihre Eltern am Eichberg wohnten. Sie wollte trotzdem bei mir bleiben. Diese Treue war rührend. Draußen stand Pater PAUL mit den Russen. Pater PAUL bat die Russen sie mögen ihn doch hier lassen. Er wollte die Kirche nicht allein lassen. Der Russe schob ihn vor sich her und befahl ihm zu gehen. Pater PAUL ging ein paar Schritte, drehte sich um und sah zur Kirche hinauf worauf der Russe mit der Maschinenpistole auf ihn zielte und mit scharfen Worten anwies zu gehen. Dann wandte sich der Russe zu mir und fragte freundlich, ob das auf dem Rollstuhl meine Mutter sei. Ich erklärte ihm, dass dies meine Schwester und diese sehr krank sei. Er schien Mitleid zu haben und bot mir an umzudrehen und in den Keller zu gehen, es würde bald geschossen werden und in zwei bis drei Tagen sei der Krieg aus. Pater PAUL hatte aus einiger Entfernung die Szene beobachtet. er kam nochmals zurück und bat wieder bleiben zu dürfen. Mit einer unwirschen Handbewegung und wie ich annahm, mit bösen Schimpfworten deutete er ihm auch ins Kloster zurückzukehren. Es dauerte nicht lange, da setzte schweres Artilleriefeuer ein. Als erstes stürzte ein Teil des Kirchendaches ein. Der ganze Hof war in einem Staubwolke gehüllt. Bis in den Gang herein flogen die Ziegel- und Mörtelbrocken. Der schwere Beschuss dauerte etwa 1 Stunde. Als es etwas ruhiger wurde rasselte ein Pferdefuhrwerk von der Straße in den Hof. Es war Weinolds Fuhrwerk und sein Hausknecht. Auf dem Wagen lagen 2 Frauen und 2 verwundete Russen. Eine der Frauen war die Mutter des Schottwiener Ortsgruppenleiters. Sie war halbseitig gelähmt. Der Knecht hatte beide Füße voller Splitter, aber er konnte gehen. Das Gefährt war von einer krepierenden Granate zur Umkehr gezwungen worden. Wir schafften die alten Frauen in den Keller.

Die beiden verwundeten Russen ließen wir am Wagen liegen. Vielleicht würden sie von ihren Kameraden abgeholt. Dem alten Knecht verband ich den Fuß, so gut ich konnte.

Den ganzen Tag über blieb es ruhig. Zwar gab es kein schweres Artilleriefeuer mehr, aber Granatwerfer und Maschinengewehrgarben konnte man rund um das Kloster wahrnehmen. Die beiden Pferde spannte Pater PAUL aus damit sie sich frei bewegen konnten. Ich holte einige Decken und deckte die beiden Russen zu, denn in der Nacht war es empfindlich kalt. Der eine hatte einen Kopfschuss, der andere einen Bauchschuss. Beide waren sorgfältig verarztet worden. Am nächsten Tag kamen deutsche Soldaten und kontrollierten das Kloster. Nach einem Kontrollgang durch das ganze Haus verschwanden die Soldaten wieder.

Nachts hörten wir wieder vorsichtige Tritte durchs Haus schleichen. Wir vermuteten das es Russen waren. Am Tag kam wieder eine deutsche Patrouille. Ein Rheinländer macht mir den Vorschlag die beiden Verwundeten ins Haus zu schaffen. Er half uns gleich den Vorschlag in die Tat umzusetzen. Wir legten die beiden Russen im Refektorium auf Matratzen auf den Fußboden. Jeden Tag kam eine deutsche Militärkontrolle. Nachts hörten wir oft heisere Stimmen russischer Herkunft. Anscheinend sprachen sie mit den beiden Verwundeten. Da hoffte ich immer man werde die beiden abgeholt und in ein Lazarett gebracht haben. Doch am Morgen lagen sie noch immer da.

Die nächste deutsche Militärkontrolle versprach uns um Mitternacht abzuholen. Pater PAUL spannte den Wagen an, ich brachte den Verwundeten noch einen Krug frisches Wasser. Punkt Mitternacht waren die deutschen Soldaten hier und halfen die Kranken vom Keller heraufzutragen. Nun konnte es losgehen. Doch kaum waren wir vor das offene Tor getreten expoldierte eine Leuchtrakete und beleuchtete den Platz vor dem Kloster taghell und eine wüste Schießerei ging los. Die Pferde machten kehrt und wir auch. Mit unserer Flucht war es wieder nichts, also wieder in den Keller. Wie lange würde das noch dauern? Tagsüber war es einigermaßen ruhig und wir hofften, dass der Krieg zu Ende gehen würde. Eines Tages bekamen wir Besuch von einer Krankenschwester aus dem Heereskurlazarett Semmering. Sie war durch den Wald heruntergeschlichen als sie erfuhr, dass wir und vor allem Pater PAUL noch hier seien. Ich bat sie die beiden Verwundeten frisch zu verbinden, doch darauf ging sie nicht ein. Sie wollte Pater PAUL mitnehmen, da er der Spionage verdächtig und sein Leben in höchster Gefahr sei. Sie sprach in einer slawischen Sprache auf ihn ein. Pater PAUL schüttelte wiederholt den Kopf. Verstehen konnte ich nicht was die beiden sprachen. Dann sprach die Krankenschwester mich an. Sein Leben sei weit mehr gefährdet als das unsere und ich könnte es nicht verantworten, wenn Pater PAUL als Spion hingerichtet würde. Das sah ich wohl ein, aber was würde dann aus uns werden, wenn man uns den einzigen Mann nahm. Dann war ich allein mit 5 hilflosen Menschen und meine Fantasie gaukelte mir alle möglichen Schreckensbilder vor. In dieser Stunde erkannte ich erst, welch große Hilfe und Stütze mir Pater PAUL mit seiner immer gleichbleibenden Ruhe war. Diesen Schutz sollten wir nun verlieren. Ich konnte nicht anders, ich sagte: „Bitte Pater PAUL, bleiben sie bei uns". Er blieb. Die Krankenschwester bat noch, der Pater möge ihr den Segen spenden und kniete auf der Kellerstiege nieder. Hernach verabschiedete sie sich mit guten Wünschen für uns und ging. Die Nacht und der letzte Tag verliefen ziemlich ruhig, nur zeitlich in der Früh der täglich übliche Schusswechsel.

Dann kam wieder der Leutnant, er ging mit seinen Männern durch Haus und kam dann zurück in den Keller. Den Pater nehmen wir mit, den lassen ich nicht mehr hier! Seine beiden Begleiter führten Pater PAUL weg. Nun waren wir doch allein. Was würde mit Pater PAUL geschehen, würde man ihn erschießen? Zum ersten Mal hatte ich furchtbare Angst und schwere Gewissensbisse. Da hörten wir auf einmal eilige Schritte die Stiegen herunter kommen und „ich bin es, Paulus", rufen. Gott sei Dank, es war doch noch alles gut geworden. Pater PAUL war lange verhört worden und dann zurück geschickt worden. Nach einiger Zeit kam der Leutnant wieder und versprach uns zu evakuieren. Er gab uns ein Losungswort mit dem wir die Wachen passieren konnten. In der nächsten Nacht war es soweit. Um Mitternacht kamen die Soldaten, wer gehen konnte sollte vorausgehen, die Kranken würden von den nachfolgenden Gruppen abgeholt werden. Jeder schnappte seinen Koffer. Hilde und ich, Pater PAUL hintendrein. Beim Kurhaus war die erste Sperre. Beim Peterhof die zweite Sperre. Im Waldhof warteten wir auf die Kranken. Nach einer halben Stunde kamen sie an. Gegen 02.00 Uhr Früh kamen wir am Semmering an.

Am 8. April 1945 griff ein Zug der Admonter Gebirgsjäger die in Maria Schutz befindlichen Russen an und warf sie in das Göstritztal zurück.

Diesen Angriff unterstützte der Gebirgsjägerzug von der Georgswarte aus mit einem sMG.

Die Geb.Jg. errichteten mehrere Stützpunkte, da aus Personalmangel in Maria Schutz keine durchlaufende Front aufgebaut werden konnte. So kam es, dass fallweise bei Nacht die Russen mit Spähtrupps bis zu Kloster und Kirche kamen. Oberjäger SCHNEIDER, der nach seiner Befreiung Sonderurlaub bekommen hatte, wurde als Zugsführer nach Maria Schutz zu Oberleutnant DEISS versetzt, darüber berichtet er:

„Kompaniegefechtsstand war in der Pension WALDHOF, am westlichen Ortsausgang von Maria Schutz. Unsere Stellungen befanden sich unterhalb der Häuser von Maria Schutz bis zum MARIENHOF, wo sie dann im rechten Winkel den SONNWENDSTEIN hinauf verliefen. Eines Tages erklärte ich unseren drei jungen Meldern im Kompaniegefechtsstand das MG 42, da sie unterhalb des Gefechtsstandes im Wald als Sicherungsposten eingesetzt werden sollten. Ich zeigte ihnen wie der Patronengurt eingeführt wird. Dabei hatte ich das MG auf dem Schoß liegen. Als ich den Deckel zuschlug gingen mehrere Schüsse los und trafen den mir gegenüber sitzenden Kompanietruppführer in die Brust. Er wurde dabei schwer verwundet. Für diesen Vorfall erhielt ich von Oberleutnant DEISS Frontbewährung, obwohl sich nachher herausgestellt hat, dass das MG schadhaft war.

Ich erhielt den Auftrag mit einem Trupp Gebirgsjäger an der Vorderseite des Sonnwendstein Stellungen auszubauen. Das war eine große Schinderei, da der Boden fast durchwegs felsig war. Auch wurden wir vom Russen andauernd mit schweren Waffen beschossen, obwohl wir uns sehr vorsichtig bewegten. Nach Vollendung des Stellungsausbaues wurde ich auf den Sonnwendstein abkommandiert. Dort war ich jedoch nicht lange oben, als ich den Befehl erhielt mich auf dem Kompaniegefechtsstand zu melden.

Der neue Befehl, den ich erhielt lautete: Im Morgengrauen mit einem Zug das am Ostausgang von Maria Schutz an der Straße nach Göstritz befindliche Haus „Brunswig" anzugreifen und den Russen daraus zu vertreiben.

Wir überraschten die Russen und warfen sie im Nahkampf aus dem Haus, welches im Zuge der Kampfhandlungen in Brand geriet und ausbrannte. Darauf zogen wir uns ohne Verluste wieder nach Maria Schutz zurück. Mein Zugsgefechtsstand war nun die Volksschule unterhalb der Straße. Den letzten Auftrag den ich erhielt war ein Himmelfahrtskommando. Die Führung eines Spähtrupps von Maria Schutz durch die russische HKL im Göstritzgraben zum Kummerbauerstadl. Wir kamen nur bis in den Göstritzgraben. Hier hatten die Russen eine Verteidigungslinie mit dichten Minenfeldern aufgebaut. Wir konnten uns Gott sei Dank ohne Verluste zurückziehen.

Der Russe griff bis zum Kriegsende Maria Schutz nicht mehr an.

Nach dem Misserfolg am Eselstein wurde der Gebirgsjägerzug der 1.GD nach Maria Schutz zur 1. Kompanie des Obleutnant DEISS versetzt, als 4. Zug eingegliedert und bezog Stellung gegen Osten. Die 1. Gruppe führte Oberjäger HANN, die 2. Gruppe Pionier-Unteroffizier Johann JOUSTEN, die 3. Gruppe führte Oberjäger Heinz SCHLOTT der darüber berichtete: Links schloss der 2. Zug mit Gefechtsstand im Keller des Kirchenwirtes an. Rechts befand sich eine SMG Gruppe

Der Einstieg zu meinen Stellungen ging von einem Hohlweg aus. Hinter dem Hohlweg trennte ein Waldstück uns vom Kloster.

Anziehend für uns war das Kloster, welches wir öfters inspizierten. Zu Anfang trafen wir auf einen Pater, Jousten meinte, es wäre ein Holländer. Einige Zeit waren auch noch Flüchtlinge hier und zwei verwundete Russen. Durch einen Kalkkasten versteckt fanden wir einen Einstieg in einen tieferen Keller. In langgezogenen Regalen sah man Eingemachtes aller Art, Honig, Butter , Marmelade usw. Selbst der goldgelbe Messwein blieb uns nicht verborgen. In einem kleinen Schlachthaus hing Wildbret und ein Schwein. Über Tag kochten wir, da die Verpflegung meinstens erst bei Dunkelheit wegen der Feindeinsicht nach vorne kam.

Jeden Tag mußten wir einen Spähtrupp laufen und so kam es, dass wir am Rückweg von den Luftwaffenleuten angeschossen wurden, obwohl die Rückkehrzeit abgesprochen war.

Dann hatten wir einen besonderen Vorfall.

Eines Nachts meldete mir der Posten – Feind im Vorfeld! Ich konnte mich davon überzeugen, im Minenfeld war jemand, vernehmlich waren russische Laute. Nach unserem Feuerüberfall hörten wir es stöhnen. Im nebligen Morgengrauen ging ich mit JOUSTEN ins Vorfeld, schließlich ins Minenfeld. Wir fanden einen Mann mit zerschossenem Bein, der sich mit seinem Leibriemen erhängt hatte. Bedingt durch die Stockminen gingen wir mit äußester Vorsicht zu Werke und holten den Überläufer aus der Gefahrenzone. Ein solcher war er zweifellos, denn er trug Zivil und darunter eine schwarze Panzeruniform. Er hatte wohl geglaubt schon beim Russen zu sein.

Bei der Gruppe JOUSTEN in einer ruhigen Nacht krepieren zwei Handgranaten und es fallen zwei Schüsse. Die beiden Doppelposten hatten sich gegenseitig Schussverletzungen am Oberarm beigebracht. Beide wurden abgeholt, gehört haben wir von dem Vorfall nichts mehr.

Dann bekam ich den Befehl das Haus vor der HKL an der Straße nach Göstritz, anzugreifen. Ich bekam 10 Mann zugeteilt und gegen Abend ging der Halbzug los. Es war schon finster als der Einbruch erfolgte. Dabei ging meine Panzerfaust, die das Signal zum Angriff sein sollte nicht los. Widerstand gab es nur durch eine russische MPi und einige Gewehrschüsse.

Der Anlass zu diesem Unternehmen waren zwei Kopfschüsse aus diesem Haus gewesen. Beim Zurückgehen geriet ein Jäger auf eine Mine, dies kostete seinen Unterschenkel.

Am 1. Mai wurde Obergefreiter WEBER und ich zum Kompaniegefechtsstand befohlen, wo wir ausgezeichnet wurden. In diesen Tagen hörte man die tollsten Gerüchte, bei den Alliierten läuft nichts mehr zusammen, wir gehen mit den Westlichen gemeinsam gegen die Russen. Eine Wunderwaffe soll kommen und kam nicht. Die Ungewissheit war groß.

Innerlich aufgewühlt ging ich mit JOUSTEN zum Kloster. Schon lange hatte ich mir vorgenommen auf der Orgel zu spielen. Jousten sorgte für die Luftzufuhr und trat den Blasbalg.

War es Entäuschung, Frust oder aufbegehrende Resignation, es kam einfach über mich, gewaltig in die Weite des Tales hinein, klar vernehmlich für den Feind, spielte ich das Lied Deutschland, Deutschland über alles.

Erst das Bersten einer Granate im Kirchendach schreckte mich aus meiner Empfindung. Die zweite Granate durchschlug bereits das Dach, JOUSTEN sprang herbei und brüllte los, hör doch auf, weg von hier. Dann lagen wir flach, weil die dritte Granate genau im Kirchenschiff explodierte. Die Orgel von Maria Schutz war verstummt.

Als wir wieder in Sicherheit waren, betretenes Schweigen, ich hatte Schuldgefühle. Das hätte schief gehen können. Zum Glück war der Pater und die Frauen schon weg.

Am 6. Mai 1945, ein Sonntag gingen JOUSTEN und ich zum Kloster. Wir wollten sehen welchen Schaden die Kirche durch den Artilleriebeschuss erlitten hatte. Am Vorplatz angekommen hörten wir Granatwerferabschüsse und wollten schnell im Kloster Deckung suchen, als es schon bei uns einschlug. Ein Schlag in meinem Rücken und ich hatte einen Splitter stecken. JOUSTEN blieb verschont und verband mich an Ort und Stelle. Ich aber begab mich zu meinen Leuten zurück.

Für den 8. Mai war ein Spähtrupp anbeordert. Ich fühlte mich nicht mehr ganz gut und konnte den linken Arm nicht mehr gebrauchen. Sehr früh um 04.30 Uhr sollte es losgehen, doch der Posten weckte uns verspätet.

Als wir eine Stunde später antraten und gerade beim ersten Schützenloch der Nachbargruppe waren, kam ein Melder und rief uns zu: „Der Krieg ist aus“!

Wie wenn der Himmel es so gewolllt hätte, wären wir pünktlich angetreten, niemand hätte uns zurückgeholt

ESELSTEIN 999 m

Nun begann wieder eine Reihe von sehr verlustreichen Angriffen auf den vom Russen besetzten ESELSTEINRÜCKEN.

Nach den fehlgeschlagenen Angriffen durch Lt. KIRCHNER und Untersturmführer BERGER befahl der Bataillonskommandeur Hpt. SCHLIERF der 1. Kompanie der SS Geb.Jg. unter Untersturmfüher RIEDEL den Angriff auf den ESELSTEINRÜCKEN. RIEDEL ist bei diesem Angriff am 9. April 1945 durch eine MPi-Garbe in das Gesicht schwer verwundet worden.

Geb. Jg.-Gruppe beim Kloster Maria Schutz

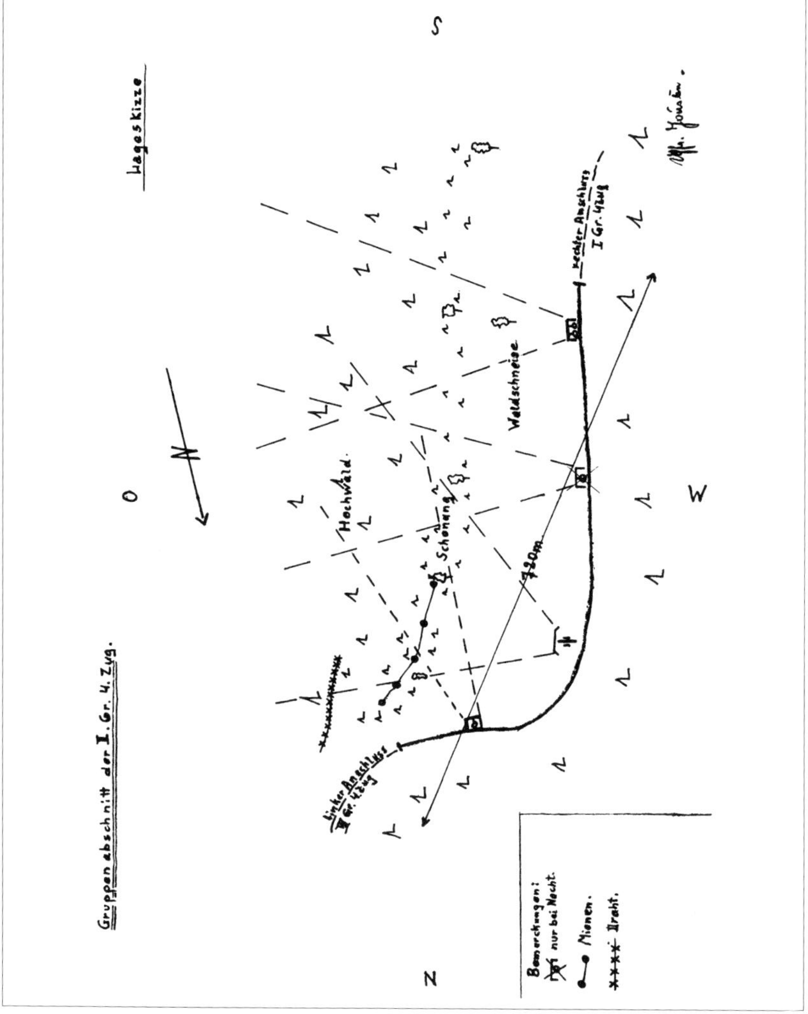

Über diesen Angriff schreibt Heinz SCHLOTT:

„Ein neuer Befehl beorderte mich an einen Angriff auf den Eselstein teilzunehmen. In Kompaniestärke, aus verschiedenen Einheiten zusammengestellt traten wir am Abend an. Artillerievorbereitung war angesagt, meine Gruppe als Reserve eingeteilt.

Schon beim Anweg in die Bereitstellung kamen wir an toten Landsern vorbei, darunter zwei Kameraden aus der Marschkompanie. Es dauerte nicht lange und der Zauber ging los. Wir befanden uns ca 60 m hinter den vordersten Gruppen. Die Artillerie schoss ganze zwei Schuß Vorbereitungsfeuer. Da brasselte es auf uns nieder, alle Infanteriewaffen, vor allem Artillerie, die durch die vielen Baumkrepierer wie Schrapnelle wirkten. Die Russen waren bestens eingeschossen. Überall rief es nach Sanitäter. Ich sprang helfend zum nächsten Verwundeten und legte einen Verband an. Ein Splitter hatte dem Unglücklichen das Augenlicht genommen. Es wurde finster, ich hörte meinen Namen rufen, Reservegruppe nach vorne. In kurzen Sprüngen hasteten wir den Hang hoch. Dann im Kampflärm eine Stimme – Angriff wird eingestellt ! Wir kamen wieder zur GEORGSWARTE zurück und wurden am nächsten Tag abgelöst, wo wir nach einer Woche auf unseren Restzug stießen. Auch dieser Angriff war ein weiterer Misserfolg gewesen.

Am 10. April 1945 übernahm Untersturmführer Wigant WELTZER die 1. Kompanie und für den 11. April wurde ein weiterer Angriff befohlen. Die 1. Kompanie bestand aus Angehörigen des SS Geb.Jg.A.u.E.Batl. 13 Leoben – Führerbewerber – und war Hauptmann SCHLIERF kurzfristig unterstellt worden.

Wigant WELTZER schrieb darüber:

„Ein Melder zeigt mir den Weg zum Gefechtsstand des Wehrmachtsbataillons, dem die 1. Kompanie unterstellt war. Ein Hauptmann wies mich in die Lage ein und teilte mir mit, dass ich einen an diesem Morgen fehlgeschlagenen Angriff am kommenden Morgen um 07.00 Uhr zu wiederholen hätte. Da es wichtig sei, den ESELSTEIN von den Russen zu säubern und fest in unsere Hand zu bekommen. Er versuchte sogar, mir den Mund mit der Aussicht auf eine hohe Auszeichnung wässrig zu machen.

Nachdem ich mich von Hauptmann SCHLIERF verabschiedet hatte, wurde ich zu den Essenholern meiner neuen Kompanie geführt, mit denen ich zu meiner neuen Einheit kommen sollte.

Als Soldat mit immerhin dreijähriger Erfahrung, hatte ich meine Rangabzeichen von der Windjacke abmontiert und auch die Silberlitze an der Gebirgsjägermütze, wie auch alles andere, was glitzerte, entfernt oder entsprechend „mattiert", so dass man mir höchstens an meinem Alter etwas „Höheres" hätte ansehen können.

Allerdings war ich ja auch gerade erst 20 Jahre alt geworden. Ich teilte den Essenholern mit, dass ich zu ihrer Kompanie versetzt worden sei und erkundigte mich ein wenig nach der Lage. Sie bedauerten mich, denn bei ihnen sei alles Scheiße, zumal ihr Kompanieführer gefallen sei und sie so einen prima Kerl doch niemals wieder bekommen würden. Das war für mich nicht sehr ermutigend.

Die Kompanie war, was ich leider erst am nächsten Tag ganz begriff, in der denkbar schlechtesten Lage, denn das Gelände war von den Russen einzusehen, so dass auch Melder, Essenholer und wie sich am 13. April herausstellen sollte, auch der Nachschub dem Feindbeschuss ausgesetzt war. Auch kam ich als völlig Ortsfremder zum Semmering und hatte gar keine Gelegenheit, das Gelände bei Tag auch nur aus der Ferne einzusehen. So musste ich mich auf die Ortskenntnisse der Unterführer und auf die Skizze verlassen, die mir Hauptmann SCHLIERF mitgegeben hatte. Sie stimmte übrigens hinten und vorne nicht.

Beim Einrücken in den Bereitstellungsraum herrschte fürchterliche Dunkelheit, wie man sie nur im April in mondlosen Nächten erlebt. Während wir uns vorsichtig Schritt für Schritt vorantasteten merkten wir, etwa 50 Schritte unterhalb – Männer, die sich in entgegengesetzter Richtung vorantasteten. Sie waren wohl auch, wie wir froh, ohne Zwischenfall an uns vorbeigekommen zu sein. Wie sich am nächsten Tag herausstellte, war es die Verstärkung für die Russen, die wir am nächsten Tag anzugreifen hatten. Aus dem Bereitstellungsraum sollten wir um 07.00 Uhr nach entsprechender Vorbereitung durch schwere Waffen angreifen. Vorgesehen war der Einsatz leichter Feldhaubitzen und eine 8,8 cm Flak. Die Flak kam nicht und die Feldhaubitzen schossen zu kurz mitten in unsere Bereitstellung. Zum Glück gab es keine Toten und Verwundeten, jedoch Verwirrung und Nervosität bei meinen fast durchwegs erst 17 jährigen Leuten.

Einer gleich neben mir verlor die Nerven und stieß seinen Gewehrlauf in die Erde hinein, ein anderer kauerte sich zitternd und heulend zusammen und blieb beim Angriff einfach liegen. Der Angriff ging trotz der mangelhaften Vorbereitung gut voran, blieb aber dann, nachdem rechts von mir der Führer des einen Zuges, Oberscharführer ERNST durch Kopfschuss gefallen war, liegen. Mit den beiden anderen Unterführern gelang es mir die Kompanie voranzureißen und in die russischen Stellungen einzudringen. Wir waren wohl in die russischen Stellungen eingedrungen und hatten den Feind auch vertrieben, den ESELSTEIN zu nehmen gelang uns aber nicht.

Ich musste nach dem misslungenen Angriff – durch Funk herbei zitiert – zum Bataillonskommandeur. Hauptmann SCHLIERF, der mich zuerst fertig machen wollte, dann aber, nachdem ich ihn sehr hart angegangen hatte zur Versöhnung belegte Brote kommen ließ.

Auf dem Rückweg zum ESELSTEINRÜCKEN wurde ich mehrmals von den Russen beschossen. Sonst verlief der 12. April ruhig. Gegen Abend bekamen wir Verstärkung, ein paar Mann von der Luftwaffe, darunter ein hoch dekorierter Feldwebel, der ein SMG mitbrachte und damit gleich in Stellung ging, wobei ich feststellen musste, dass er keine Ahnung vom infanteristischen Einsatz hatte.

Außerdem bekamen wir noch ein paar Leute von den Landesschützen, einer davon wurde ganz vorne hinter den Felsen als Scharfschütze eingesetzt. Von dort konnte man die Straße durch Schottwien beobachten, wo sich die russischen Einheiten bewegten. Nachdem wir westlich, nördlich und östlich von uns die Russen hatten und unsere einzig mögliche Bewegungen in südlicher Richtung bei Tag und Nacht eingesehen werden konnten, gab es kaum Nachschub.

Ich gab mein Essen für Zigaretten weg, die ich zum Aufputschen brauchte, denn ich habe in der Nacht vom 11. zum 12. April und vom 12. zum 13. April kaum eine Auge zugemacht, zumal vor allem in der Nacht zum 13. April vom Norden her sehr deutliche Geräusche vernehmbar waren, die auf einen bevorstehenden Angriff schließen ließen.

Im Morgengrauen des 13. April – es war ein Freitag griffen die Russen an. Sie kamen immer näher heran, doch konnten wir sie durch sparsames und sehr diszipliniertes Feuer stundenlang zurückhalten. Ein paar Männer, die ich um Munition zurückgeschickt hatte, kamen und kamen nicht wieder. Sie waren wohl von den Russen unterwegs abgeknallt worden. Es konnte sich nur noch um kurze Zeit handeln, bis die Russen den Sturmangriff wagten. Dem mußten wir unbedingt zuvorkommen. Es gelang mir, mit einer Handvoll Leuten, darunter dem kaltblütigen Unterscharführer KARRES, unbemerkt von Westen her an die Russen heranzukommen, während sie aus den Schützenlöchern heraus vom Rest der Kompanie abgelenkt wurden.

Wir hatten kaum noch Munition. Wären uns die Russen zuvorgekommen, hätten wir uns fast wehrlos ihnen ausliefern oder von ihnen massakrieren lassen müssen, was ja die einzige Alternative für uns war.

Mit einem fürchterlichen Hurra, als wären wir nicht 10 oder 12 Mann, sondern eine ganze Kompanie, fielen wir die Russen, die sich tatsächlich hatten überrumpeln lassen, von der Flanke her an. Die letzte Munition verschießend und dann nur noch mit dem Gewehr um uns schlagend. Wer von den Russen nicht erwischt worden war, floh in wilder Panik den Berg hinunter. Es war mein letzter Triumph in diesem Krieg, den ich fast auf den Tag genau drei Jahre lang mitgemacht hatte.

Einen Gegenstoß befürchtend, räumten wir rasch auf, u.a. eine große Korbflasche mit Schnaps, die uns die Russen in einem Schützenloch hinterlassen hatten und natürlich auch Waffen und warteten vor allem auf Munition. Die kam dann auch nach etwa einer halben Stunde, als wir sie – zunächst nicht mehr brauchen konnten. Es war sowieso nur sehr wenig was man uns geschickt hatte.

An diesem Tag geschah nichts mehr. Auch die Nacht verlief ruhig. Verdächtig ruhig. Und ebenso verdächtig ruhig auch der Vormittag des 14. April, kurz nach 13.00 Uhr hörten wir Maschinengewehrfeuer von gegenüber, von jenseits des Göstritzgrabens. Ich richtet mich sofort auf und spähte mit dem Fernglas in die Richtung, aus der das Feuer kam, als unmittelbar neben mir eine Werfergranate einschlug.

Ich wurde förmlich umgeworfen, richtet mich wieder auf, um wieder weitere Beobachtungen hinter einem Felsvorsprung durchzuführen, da merkte ich, wie es warm an meinem rechten Oberschenkel herunter rann. Ein Splitter hatte mich erwischt! Den Russen war es gelungen den Abschuss der Granate durch MG-Feuer zu tarnen. Um mich hatte gleich die erste Granate erwischt. Wie sich dann herausstellte, hatte ein weiterer Splitter mein Mützenschild bis zur Stirn hin durchschnitten. Er blieb zwischen Mütze und Stirn stecken. Wenige Millimeter tiefer und ich wäre doch noch für Führer, Volk und Vaterland gefallen.

In einem Schützenloch wartete ich die Dämmerung ab, fiebernd und frierend einer Ohnmacht nahe. Der gute Luftwaffenfeldwebel hätte mich am liebsten gleich nach rückwärts getragen und war nur sehr schwer von den damit verbundenen Gefahren und von seiner Pflicht, beim MG zu bleiben, zu überzeugen. Während ich in meinem Loch lag, verstärkte sich das Granatwerferfeuer der Russen, dem wir bis auf die Deckung in den Löchern hilflos ausgesetzt waren, immer mehr. Hauptscharführer NET-

ZEBAND, dem ich nach meiner Verwundung die Kompanie übergeben hatte, fiel durch einen Stecksplitter im Schienbein aus. Die Funker fielen durch einen Volltreffer aus, einer war sofort tot. Die Verbindung war damit abgerissen und die Kompanie ganz auf sich gestellt. In der Dunkelheit wurde ich von zwei Männern zurückgebracht."

Weiter berichtet nun der 17-jährige Roland SCHMELZ, über diese Kämpfe im Eselsteingebiet, der auch der 1. Kompanie angehörte, aus der Sicht des einfachen Schützen:

„Dann wurde ich zu einem Spähtrupp eingeteilt und es ging vorsichtig an den Baufelsen entlang bis zum Felsabbruch vor Schottwien, dabei mussten wir einen schmalen Forstweg überqueren und da wurden wir vom Eselstein aus beschossen. Mit unserem MG gingen wir in den Felsen in Stellung. Wir konnten die ersten Häuser von Schottwien und die heraus führende Straße hervorragend einsehen. Die Häuser waren mit weißen Tüchern beflaggt, was unseren Gruppenführer nervte, er gab den Befehl auf alles was sich rührt zu schießen. Einmal kam ein junger Russe auf einem Fahrrad daher auf den wir unverzüglich feuerten. Wir verbrachten in dieser Stellung die Nacht und wurden anderen tags wieder zurückbeordert, wobei unser Kamerad DOMKE, nachdem wir wieder vom Eselstein beschossen wurden, gefallen ist. Unser MG war defekt geworden, es konnte nur mehr Einzelfeuer geschossen werden, eine Ersatzwaffe gab es nicht.

Erneut hatten wir einen Spähtrupp zu machen, diesmal lagen wir in der Abenddämmerung hinter einem kleinen Hügel unterhalb der Baufelsen. Als sich über uns auf einem schmalen Felssteig zwei Russen sorglos in Richtung Gipfel bewegten. Es ging wie auf dem Übungsgelände, Gruppe Stellung – Feuer – vorbei das Ganze. Durch die Schießerei wurden die Kameraden mit ihren sMG über Maria Schutz aufmerksam, sie hielten uns wohl für Russen und eröffneten das Feuer auf uns. Zum Glück feuerten sie zu hoch, es kam mir wie eine Ewigkeit vor, bis endlich die von unser Gruppenführer abgefeuerte weiße Leuchtkugel hochstieg und die Ballerei eingestellt wurde. Ein Gefühl wie Weihnachten, von den eigenen Leuten beharckt zu werden.

Nach uns ging eine andere Gruppe vor, kamen aber bald zurück. Sie waren beim Queren des Forstweges beschossen worden und sie hatten einen Toten und einen Verwundeten zurückgelassen. Sie waren in Panik weggerannt. Wir machten uns auf den Weg und ich fand den verletzten

Kameraden der Bauchschüsse hatte. Ich konnte ihn aus dem Schussbereich ziehen und nahm ihn auf den Rücken. Die anderen bemühten sich um den Gefallenen. Als ich den Weg zurück stolperte erbrach sich der Verletzte über meiner Schulter und wurde immer schwerer. Ich musste eine Pause einlegen. Ich lehnte den Verletzten an den Hang, dabei sah ich, dass der Mann auf meinem Rücken verstorben war. Ich kannte weder seinen Namen, noch zu welcher Einheit er gehörte.

Wieder in unserer Stellung am Waldrand beim Bärenwirt sahen wir Russen auf Maria Schutz zugehen. Sie griffen tatsächlich die Ortschaft an konnten auch eindringen. Wurden aber von den dort liegenden Truppen zurück getrieben.

Dann kam ein Einsatz den ich nicht vergessen werde. Eine stärkere Gruppe setzte sich unter Führung von unserem Kompanieführer Untersturmführer WELTZER, in Richtung Eselstein in Bewegung. Es war eine Passage zwischen Eselstein und Bauberg ausgespäht worden, wo wir uns auf die Nordseite der Baufelsen schleichen konnten, ohne bemerkt zu werden. Dort hatte sich eine kleine Gruppe der Russen in den Felsen oberhalb von Schottwien eingenistet, die sollten wir ausheben. Es ging ohne Zwischenfall voran. Dann robbten wir an den Boden gepresst Meter für Meter weiter voran. Ich war der Linksaußen würde man im Fußball sagen und ich kroch am Abhang entlang, als es unter mir Geräusche gab, wie wenn sich im herumliegenden Laub jemand nähern würde. Ich ließ eine Eierhandgranate den Hand hinunter kollern und es war fortan Ruhe. Dann kam der Befehl: „Seitengewehr pflanzt auf", der Zugführer Oberscharführer ERNST stand aufrecht hinter einem mikrigen Bäumchen und blicke angestrengt nach vorn. Durch das Einklicken unserer Seitengewehre aufmerksam geworden, feuerten die Russen. Sie trafen unseren Zugführer, in den Kopf. Es gab bei uns zunächst Verwirrung. Unser Zugführer wurde von zwei Kameraden zurückgebracht. Worauf ein Scharführer die Initiative ergriff und das Kommando übernahm. Mittlerweile war Ruhe eingekehrt. Aber wir wussten nun wie nahe wir dran waren. Wir robbten noch einige Meter vor, dann das Kommando: „Handgranaten fertig machen und Handgranatenwurf", nach den Detonationen wie gelernt auf und drauf, die Russischen Stellungen nahmen wir ohne Verluste. Nun igelten wir uns in den von den Russen ausgehobenen Löchern ein. Wo das Funkgerät herkam, weiß ich nicht, ich hatte es vorher nie gesehen. Der Scharführer hantierte an dem Gerät herum, zu diesem Zweck hatte er es auf den Felsenrand gestellt. Er hatte eine Verbindung hergestellt. Von hier aus konnte man das ganze Gebiet bis zum Sonnwendstein hervorragend einsehen, was wohl auch der Grund war weshalb wir hier ausharren sollten.

Es dauerte nicht lange und wir wurden von Granatwerfern beschossen, dabei erhielt das Tournisterfunkgerät einen Treffer, vermutlich ein Splitter, der das Gerät schwer beschädigte. Unser Scharführer hantierte an dem Kasten herum und vergaß dabei jegliche Vorsicht. Er erhob sich immer mehr aus der Deckung. Es fiel ein einzelner Schuss und der Scharführer rutsche getroffen in die Deckung herunter, er war sofort tot. Ein Unterscharführer räumte seine Taschen aus, streifte ihm den Ehering vom Finger und verknotete seine Habseligkeiten in einem Taschentuch, das er in seine Uniformjacke steckte, um es beim Gefechtsstand abzugeben.

Nachdem wir nun von zwei Seiten mit Gewehrfeuer belegt wurden, war unsere Lage nicht sehr rosig, der zugesagten Verstärkung trauten wir nicht, sondern vielmehr glaubten wir aufgegeben zu sein. Unser Unterscharführer als Verantwortlicher entschied sofort, im Morgengrauen wollten wir uns durchschlagen. Es kam, als der Tag graute, leichter Nebel auf und wir schlichen auf leisen Sohlen jedes Geräusch vermeidend ohne dass ein Schuss fiel."

Wigant WELTZER:

„Ein Unterscharführer übernahm nun den Rest der Kompanie und erklärte dann auch sofort, dass unser Bleiben nunmehr sinnlos sei und wir somit heute Nacht den Ausbruch wagen wollten. Wir hatten Glück! Noch gegen Abend kam Nebel auf, was unsere Aktion begünstigte. Wir kamen alle heil durch die russichen Stellungen zurück. Allerdings sind wir im Nebel direkt auf ein russisches MG zugegangen. Wieder Glück, die Besatzung hatte die Ruhe zu einem Nickerchen ausgenutzt. Das kostete den Leuten das Leben."

Diesen Angriff und die Kämpfe am Eselstein hat auch Horst KAUDELKA noch gut in Erinnerung, er schreibt:

„Nach dem Angriff auf die Südbahn-Meierei wurden wir für einige Tage aus dem Verkehr gezogen, da mit uns nach dem Einsammeln der eigenen gefallenen Kameraden nichts anzufangen war.

Später wurden wir nachts zum Eselsteinrücken verlegt und gruben uns dort ein. Als Mitglied des Kompanietrupps hatte ich die Verbindung zwischen unser Einheit , die den nördlichen Teil besetzt hatte und eine österreichischen Gruppe aufrecht zu halten, die durch eine Senke ca 50 – 60 m von uns getrennt war und auf den südlichen Klippen direkt über

Schottwien Stellung bezogen hatten . Die Russen hatten uns da oben eingeschlossen, es kam keine Verpflegung und Munition mehr durch. Überdies zündeten die Russen das Unterholz und das Laub an, das Tag und Nacht vor sich hin schwellte, wobei uns der Rauch ziemlich zu schaffen machte. Den letzten Tag auf dem Eselstein verbrachte ich mit einem Österreicher in einem Loch, der als Scharfschütze sich ein Duell mit einem russischen Scharfschützen lieferte, der irgendwo saß. Ich konnte ihn nicht ausmachen. Aber in höchster Regelmäßigkeit flogen uns die Steinsplitter um die Ohren. Dann war wieder unser Mann an der Reihe. so ging das den ganzen Tag.

Am nächsten Tag machten wir einen Gegenangriff, der den Russen völlig überraschte. Sie hatten sich im tiefen Laub fast bis auf Wurfweite an uns heran gearbeitet. Überall tauchten sie aus dem Laub auf und rannten um ihr Leben. Ich bekam ein Explosivgeschoss auf meinen Spaten, der Schlag warf mich um. als ich mich von dem Schrecken erholt hatte, war alles schon vorbei. Wir waren aus der Einschließung heraus und taten uns an russichem Brot und Wodka gütlich, ausgehungert wie wir waren. Es fielen uns auch eine Menge Waffen in die Hände, MGs und MPis.

Wir führten dann noch einige kleinere Einsätze im Bereich des Eselsteines durch, ehe wir abgezogen und eines Nachts zum Kreuzberg verlegt wurden.

Nachts zum 14. April unternahm noch an einer anderen Stelle gleichfalls ein Zug einen Angriff auf den Eselstein-Gipfel. Auch dieser Angriff wurde von den Russen abgeschlagen, dabei sind Stosstruppführer Fahnenjunker PRUMS und 7 Mann gefallen, 6 Mann wurden zum Teil schwer verwundet und 1 Mann vermisst.

Die Angriffe zur Wiedergewinnung des ESELSTEINES wurden eingestellt. Bis zum Kriegsende gab es nur mehr Spähtrupptätigkeiten auf beiden Seiten sowie teilweise heftigen Beschuss durch schwere russische Waffen“.

Nicht alle Soldaten des KG 27 BOELCKE waren in den beiden Bataillonen – BOELCKE I und II.

Mit dem Zug von Hörsching über Bruck an der Mur bis Spital am Semmering trafen zuletzt die Angehörigen des fliegenden Personals der 1. und 3. Staffel am Semmeringpass ein.

Nachdem sie zuerst in Spital auf einer großen Wiese angetreten waren, in Gruppen eingeteilt und zu Fuß Richtung Semmering marschieren mussten.

Bei dieser Einheit war auch Feldwebel Josef SÖLKNER aus Tauplitz in der Steiermark. Nach einer Nacht, die diese Einheit im Hotel Panhans verbracht hatte, wurde sie um 04.00 Uhr geweckt und von Heeresunteroffizieren zum Eselstein gebracht, wo sie ab nun zum Bataillon SCHLIERF gehörten.

Diese Kompanie kam westlich des Eselsteingipfel auf einem Felsgrat zum Einsatz. darüber schreibt Feldwebel Walter LANGE aus der 3. Staffel:

„Kaum waren wir in unseren Stellungen auf einem Felsenkamm, als uns der Russe schon eingeschlossen hatte. Russische Scharfschützen waren auf dem Felsgrat des Eselsteingipfel postiert und machten uns schwer zu schaffen. So fiel direkt neben mir durch einen Scharfschützen Feldwebel Kurt HOFFMANN von der 1. Staffel des KG 27. Auch meine Kameraden, die Unteroffiziere Walten HUGENBRUCH und Karl VENVOUR aus Wien, beide von der 3. Staffel, sind dort durch Granatsplitter ums Leben gekommen.“

Sepp SÖLKNER erinnert sich noch, wie Walter HUGENBRUCH und er sich ein Deckungsloch nebeneinander gegraben hatten. Der Russe kam meistens mit Spähtrupps so auch eines Tages, sie ließen die 5 – 6 Mann auf ca 30 Schritte heran und erst dann schossen sie, worauf die Russen sofort im Wald verschwunden waren.

„Da es am Semmering bei einem Bäcker ohne Marken jeden Tag frisches Brot gab, durfte ein Mann immer zum Semmering gehen um Brot zu holen, wir jungen Kerle hatten doch immer Hunger. Dann war ich dran zum Brot holen, Walter blieb in der Stellung. Als ich zum Bärenwirt zurückkam, lagen neben der Straße drei Tote. Nachdem ich kurz hingeschaut hatte erstarrte ich, einer davon war doch mein Kamerad Walter HUGENBRUCH, die Gedärme hingen ihm heraus, ein Granatsplitter hatte ihm dem Magen aufgeschlitzt. Es war für mich ein schwerer Schock.

Eines Tages, nach Einbruch der Dunkelheit, kam ein Gebirgsjäger-Oberfeldwebel und befreite uns aus dieser Lage. Er brachte uns talwärts in den Haidbachgraben.“

Ein anderer Angehöriger dieser Luftwaffeneinheit, Unteroffizier Hans NALEZINSKI aus der III. Gruppe des KG 27, erinnert sich noch:

„Im Herbst 1944 verlegten wir von der Front nach Wels, wo wir auf Jäger Foke Wulf 190 umgeschult wurden. Infolge Feindeinwirkung wurden wir mit dem Titel „Luftwaffen – Felddivision“ ausgestattet und auf Eisenbahntransport gebracht. In Mürzzuschlag wurden wir ausgeladen.

Ich erinnere mich noch, dass wir am Semmering von rückwärts durch dic Fenster in das Hotel Panhans einrücken mussten, weil die Vorderfront unter Feindbeschuss lag.

Unsere Einweisung in die HKL am Eselstein – Bauberg – Lichtensteinpromenade erfolgte durch einen Leutnant der Infanterie der später fiel. Unter Kompanieführer war Hauptmann BENDIXEN, den ich bereits vom KG 27 her kannte

Die Angriffe der Russen auf unsere Stellungen wurden alle abgewiesen. Eines Nachts räumten wir unsere Stellungen, in Verabredung mit der Artillerie, die das Vorfeld und unsere eigenen Stellungen (das ließ sich artilleristisch nicht so trennen) mit Feuer eindeckte, um uns von den Gegner zu befreien, die sich schon recht nahe vor unseren Stellungen eingegraben hatten. Ich meldete mich dazu, im Morgengrauen zusammen mit zwei Kameraden als erste in unsere alten Stellungen einzusteigen, um zu prüfen, ob die Luft rein war – sie war es. Der Volkssturm wurde aufgefordert, um gegen entsprechende Schnapszuteilung die Gefallenen zusammenzusuchen und zu beerdigen.

Erinnern kann ich mich auch noch, dass Unteroffizier SCHELLHASE gefallen ist. Auch der Leutnant der Infanterie lag vor unserer Stellung. Sein abgerissener Arm neben ihm. Es hieß, der Leutnant sei beim Abfeuern der Panzerfaust zu hastig gewesen. In diesen Stellungen blieben wir bis zum Kriegsende.“

Nach Einstellung der Angriffe auf den ESELSTEINRÜCKEN ergab sich bis zum Kriegsende folgende Gliederung der Einheiten:

3. Kompanie – Untersturmführer Otto BERGER – Haidbachgraben – Gipswerk-Nordhang und Gipfel Bauberg.

2. Kompanie – Leutnant SEISER – Nachher Lw. Hauptmann BENDIXEN – Südhang Bauberg – Georgs Warte – Lichtensteinpromenade bis Bärenwirt.

1. Kompanie – Leutnant DEISS – Greis – Maria Schutz – Nordseite des Sonnwendstein bis zum Gipfel.

Bis Kriegsende bestand das Bataillon SCHLIERF hauptsächlich aus Gebirgsjägern der Admonter Unterführerschule, Luftwaffenangehörigen des KG 27 Boelcke, Landesschützen des Bataillon 851, 1 Zug von der 1. Geb. Div., sowie Angehörige des Volkssturmes und einige SS Soldaten.

Breitenstein

Nach Abschluss der Kämpfe im Gebiet SEMMERING – WOLFSBERGKOGEL – BREITENSTEIN trat in diesem Abschnitt etwas Ruhe ein. Der Russe war bis zur Straßenkreuzung Abzweigung KLAMM zurückgedrängt worden. GRUNWALD schreibt, dass die vom Russen am ESELSTEIN errichteten Stellungen mit den damals vorhandenen Kräften und Mitteln nicht eingenommen werden konnten. Anderseits musste es darauf ankommen, die eigenen Positionen nördlich des Passes, also im Gebiet des KREUZBERGES und KOBERMANNSBERGES, so zu stärken, dass sie unter Umständen auch starken russischen Angriffen hätten standhalten können. Durch das Einschieben neu hinzugekommener Verbände und Einheiten wurde der Abschnitt des SS Geb.Jg.A. u. E. Batl. 13 schmäler.

Stab d. Geb. Jg. A. u. E. Bataillon 13 in Breitenstein. L. nach R.: Heinz, Pichleritsch, Roesler, Hinz, Bendfeldt

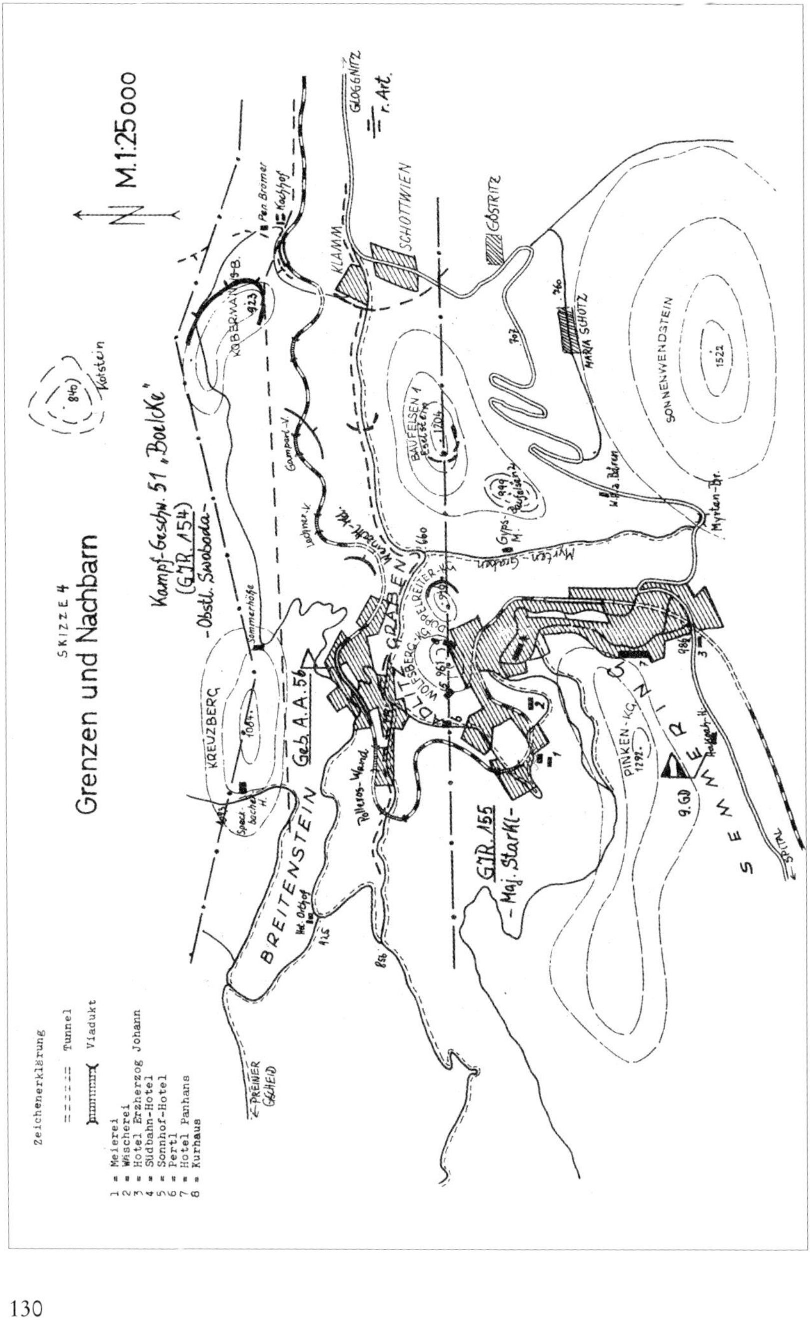

SKIZZE 4
Grenzen und Nachbarn
M1:25000
Kampf-Geschw. 51 „Boelcke“
(GJR. 154)
-Obstl. Swoboda-
Geb. A.A. 56
GJR. 155
-Maj. Starkl-
9. GD
r. Art.
KREUZBERG
BREITENSTEIN
SONNENWENDSTEIN
1522
SCHOTTWIEN
KLAMM
GÖSTRITZ
MARIA SCHUTZ
GLOGGNITZ
BAUFELSEN 1
1704
PINKEN-KG
1292
WOLFSBERG-KG
DOPPELREITER-KG
ADLITZ GRABEN
SEMMERING
Kotstein
840
Sommerhöhe
Polleros-Wand
Myrten-Graben
SPITAL
PREINER GSCHEID
Zeichenerklärung
Tunnel
Viadukt
1 = Meierei
2 = Wäscherei
3 = Hotel Erzherzog Johann
4 = Südbahn-Hotel
5 = Sonnhof-Hotel
6 = Pertl
7 = Hotel Panhans
8 = Kurhaus

Der **ADLITZGRABEN** war der rechte, der Kamm des **KREUZBERGES** und des **KOBERMANNSBERGES** linke Grenze.

Der Bataillonsgefechtstand befand sich in Breitenstein in der Präsidenten-Villa. Ein vorgeschobener Gefechtsstand lag oben auf der SOMMERHÖHE. Dorthin liefen die Fäden der Führung. Von hier war der gesamte Abschnitt zu überblicken.

Nach der Neuregelung der Einsatzabschnitte durch die Kampfgruppe war das SS Geb. Jg. A.u.E.Batl.13 Leoben wie folgt gegliedert und eingesetzt:
1. Kompanie – Untersturmführer Michael von OSWALD – Oberjunker ANWENDER -
Auftrag: **Sicherung der Eisenbahntunnels – Pfefferwand – bei Gamperl und Lechner.**
3. Kompanie – Obersturmführer Harry SINSKE
Auftrag: **Halten der rechten Flanke und der Kobermannsberghöhe.**
4. Kompanie – Untersturmführer EWINGER
Auftrag: **Halten der linken Flanke des Kobermannsberges.**
5. Kompanie – Untersturmführer MICHELE
Auftrag: SMG-Zug **Pfeffer-Wand** u. **Gamperl-Tunnel**
Granatwerfer – Züge **Küberl – Bauernhof u. Wächterhaus 157**
Unterstützung des Abwehrkampfes (schwere Kompanie)

Karl KONRATH SS Geb.Jg. erinnert sich:

„In einem Schuppen unweit er Straße zwischen Spital und Steinhaus verbrachte unsere 1. Kompanie die Nacht. In den frühen Morgenstunden rüstete die Kompanie zum Aufbruch. In letzter Minute wurde ich zur Bildung eines Trosses abkommandiert. Zusammen mit dem Spieß, Waffenwart, Furier und dem Kompanieschreiber nahmen wir Quartier im Gasthaus und Metzgerei DELITZ. Etwa 14 Tage lang kochte ich die Warmverpflegung für die Kompanie bis sich ein richtiger Koch fand. Zusammen mit dem Kameraden RIEDEL schob ich nachts Wache am Fahrzeugpark, jeder 4 Stunden. Tagsüber half ich dem Bataillonsführer.

Anfang April kam unser Kompaniechef Obersturmführer BERGER verwundet zu uns nach Spital und berichtete von den großen Verlusten der Kompanie. Einen Tag später erreichte uns das Gepäck der Gefallenen 30 bis 40 Mann welches wir nach persönlichen Sachen durchsuchten. Die Tournister waren voll von Marketenderwaren, die aus dem Hotel „Erzherzog Johann“ stammten, die Kameraden, kaum 16 bis 18 Jahre alt konnten sich leider nur wenige Tage daran erfreuen.

Die Kompanie war mit Neueinberufenen aufgefüllt, die am Alarmtag erst wenige Tage bei der Truppe waren, nachdem sie vor den anrückenden Russen ihrer Einberufung Folge geleistet hatten. Der Tot ereilte sie zum Teil nachdem sie 8 Tage vorher noch zu Hause waren.

Dann verlegten wir zum Kreuzberg. Dem Kompanietrupp zugeteilt lagen wir in zwei Bergbauerngehöften (Baumgartner) unterhalb der Speckbacherhütte. Außer fast ständigen Artilleriebeschuss fanden bei uns keine Kampfhandlungen statt. Gekämpft wurde im Raum Kobermannsberg. Sehr genau erinnere ich mich an den Kampflärm, der regelmäßig gegen 03.00 bis 04.00 Uhr einsetzte, wenn die Russen die übermüdeten jungen Soldaten zu überrumpeln versuchten. Der Kampflärm war einmal so stark das ich den Chef weckte, da ich einen Durchbruch vermutete, was sich aber nicht bestätigte. Das vielfache Echo des Kampflärms war beeindruckend.

Die letzten Tage vor der Kapitulation verbrachte ich am Bataillons Gefechtsstand in der Präsidenten Villa in Breitenstein.

Am 7. Mai 1945 erreichte uns der Spieß mit einem LKW Marketenderware, die er aber erst in der neuen Stellung ausgeben wollte, in die er vorausfahren wollte. Man hat ihn samt der Ware nicht mehr gesehen, auch in keinem Gefangenenlager. Unsere 1. Kompanie ist als einzige völlig unversorgt in die Gefangenschaft gekommen, wo wir 4 Tage ohne Verpflegung in Sumpf und Regen da standen, während andere Kompanien mit Tross und Küche sich noch tagelang verpflegen konnten."

Hans MEIXNER, 3. Kompanie SINSKE, 3. Zug:

„Zurück in das Waldstück oberhalb des Adlitzgrabens. Bei einem Halt kommt uns ein Zivilist entgegen und ist erfreut, dass er uns sieht, wie ist das möglich, deutsche Soldaten, gestern waren die Russen hier. Er erzählt, dass er in der Nähe einen Betrieb hat, dort wohnt er, seine Frau und die Schwägerin, beide wurden gestern von den Russen vergewaltigt, wir bekommen eine ordentliche Wut. Auf die Frage warum er nicht weg ist, es ist doch niemand mehr hier, sagt er, er hat sich den Betrieb (Farbgrube – Ocker Gewinnung) so mühsam aufgebaut, dass er nicht aufgeben will, sonst ist alles hin. Wir sollen mitkommen uns das ansehen. OLSCHOK gibt uns die Zustimmung, wir gehen mit. Es ist ein eigenartiger Bau, eher Keller, ein Wohnkeller, dahinter ein Stollen, bei einem Fenster steckt eine weiße Fahne, drinnen sind zwei Frauen, die weinen. Als sie uns sehen schenken sie uns aus Freude darüber, dass deutsche Soldaten hier sind, einen Topf voll Grammelschmalz, gut gemeint, aber das hat Folgen. Wir müssen zurück. Die Kompanie bleibt hier in der Nähe. Wieder einmal eingraben. Das Grammelschmalz ist unser ganzes Glück, ich kann mich gar nicht erinnern, wann ich das letzte mal so was gegessen habe, liegt Jahre zurück.

Von unten ist Gefechtslärm zu hören. Die Nacht war ruhig und kalt wie immer, manche haben sich Pullover organisiert, ohne Mantel, ohne Zeltplane, immer am kalten Boden, dazu noch das Grammelfett, das hält mein Darm nicht aus, ich bekomme Durchfall.

Die Adlitzgräben von Klamm

Am Morgen ziehen wir wieder in den Adlitzgraben, hier sind wir den ersten Spähtrupp gelaufen. Wir nähern uns vorsichtig den ersten Häusern, kein Widerstand, Kampfspuren von gestern. Alles ist von den Russen wüst durchsucht worden. Beim letzten großen Haus liegen russische Munition, einige Gewehre, ein zusammengeknüpftes Leintuch, darin ein halbes vorderes Schwein und viel Brot. Russisches Kommissbrot ist viel weißer und sehr gut. Wir bleiben hier, suchen den steilen Hang rechts hinauf ab. Keine Feindberührung. Die Straße durch den Adlitzgraben ist sehr schmal und sehr schwer einsehbar, hinter einem Brückerl liegt ein

he da, hier ist das gelbe Haus auf der Sommerhöhe, wo die alten Damen geflüchtet sind. Wir beschließen erst zur Feldküche in der Speckbacher Hütte zu gehen und am Rückweg schauen wir nach, ob wir Unterwäsche oder etwas Warmes zum Anziehen finden.

Der Koch füllt unsere Behälter. Karabiner um den Hals und zurück geht es. Beim gelben Haus stellen wir beide Essenbehälter aufeinander und steigen bei einem Seitenfenster ins Haus. Innen sehr gepflegt, offene Treppe, wir suchen nach Wäsche, Herrenunterwäsche ist keine zu finden. Ich nehme mir einen Packen Taschentücher. Theo einen weißen ärmellosen Pullover, besser als nichts. Gerade ziehe ich meine Hose herunter, um ein Taschentuch zwischen die wunden Arschbacken zu klemmen, da hören wir draußen Leute reden. Der erste Schreck Russen, aber Gott sei Dank wir hören deutsche Worte. Wir haben die grünen Fensterläden von innen wieder zugelehnt, aber ein Gewehrlauf schaut herein und wirft den Balken ruckartig zurück. Wer ist da drinnen? Wir melden uns, rauskommen ! Draußen ist ein Unteroffizier mit einer Gruppe Gebirgsjäger. Was wir da drinnen machen, wir erklären, daß wir Wäsche suchen. Der Unteroffizier sagt, das ist Plünderung im Deutschen Reichsgebiet. Blitzschnell kreisen meine Gedanken um den Toten Jungen mit dem Zigarettenpinkerl, werden wir jetzt unser Leben aushauchen wegen ein paar Taschentücher, dreimal verlangt er unsere Soldbücher, ich höre ihn gar nicht, ich bin im Geist schon erschossen. Er schreibt unsere Daten auf und sagt er wird uns melden und jetzt sollen wir verschwinden, sonst hängen uns unsere Kameraden, wenn wir nichts zu futtern bringen.

Der Rückweg ist schwer, die Kanister eine Zentnerlast, wir sprechen nichts, es ist als wäre alle Welt gegen uns. Alle haben organisiert, meistens Alkohol und Essen, wir tun es einmal, suchen bewusst das Haus wo die alten Damen zum Chef sagten, bedienen sie sich, wenn sie etwas brauchen und dafür können sie uns jetzt umlegen.

Oder was wäre, wenn man uns die Essenkanister gestohlen hätte. Niedergeschlagen wie in Trance kommen wir an. Wir sprechen mit niemand.

Inzwischen sind Pioniere gekommen, sie haben Bäume gefällt und sind gerade dabei, Minen zu legen, die werden mit Stolperdrähten verbunden. Eine solche Sperre errichten sie im Adlitzgraben bei einer kleinen Brücke und am Fahrweg zum Pfefferbauern. Es hebt unser Sicherheitsgefühl, weil man endlich nicht so schnell überrannt werden kann. In der Nacht schießt der Posten bei der Adlitzgraben Sperre einen einzelnen

Russen nieder, der bleibt wimmernd liegen. Am Morgen jammert er noch immer. Helfen kann ihm niemand, es ist ja alles verdrahtet. Irgendwer gibt ihm den Gnadenschuss.

Ich höre ganz oben am steilen Hang verdächtige Geräusche, wir melden es von einem zum anderen weiter, da kommt unser Oberscharführer mit einer handvoll Leute und sagt, ihr bleibt auf Posten, wir schauen nach. Sie steigen den Hang zum Pfefferfelsen hinauf und kurze Zeit darauf ist MP Feuer zu hören, es war ein feindlicher Spähtrupp, meine Ohren hatten sich nicht getäuscht.

Das Ganze was bis jetzt geschah, war ein gegenseitiges Abtasten, von unserer Seite, sowie aus russischer Sicht, der Adlitzgraben ist unsere Begrenzung, ich habe das letzte Loch, anfänglich hatten wir keine Ahnung wo hinten und vorne ist, wo genau der Iwan liegt, jetzt wissen wir es.

Im Zuge der Umgruppierung durch das Bataillon werden wir von der 1. Kompanie abgelöst, wir verlassen den Ablitzgraben Abschnitt und verlegen zum Kobermannsberg. Wir marschieren den Berg hinauf und kommen am Kompaniegefechtsstand vorbei, dort in der Nähe ist ein Nachrichtentrupp, von dem erfahren wir, dass in Berlin bereits gekämpft wird, das ist die erst Information seit Langem und die trifft uns gewaltig. Wir sind sehr betroffen und können es kaum fassen. Wir treffen einige Männer von einem Polizei Regiment. Ich spreche mit einem älteren Soldaten über die allgemeine Lage, er ist besser informiert als wir, er meint, jetzt kommt bald das Ende, es wird furchtbar werden.

Der Russe hat unsere Bewegungen gemerkt und stört mit Granatwerfer Feuer, wir sehen genau vor uns den Kirchturm und die Ruine Klamm. Auf einmal ein Rauschen über unseren Köpfen, das sind schwere Brocken, aber in die andere Richtung. Es gibt also noch eine eigene Artillerie. Optimismus kommt auf, wir werden dem Iwan schon zeigen, dass wir auch noch was haben. Aber es war nur eine kurze Freude. Nichts mehr von unserer Seite, aus, wahrscheinlich keine Munition. Nur der Iwan ist immer noch da.

Ich denke an meinen Bruder, bei unserem letzten Beisammensein. Er kam von Frankreich auf Urlaub und hat uns prophezeit, wir werden den Krieg verlieren. Wir haben doch hinten und vorne nichts mehr. Seine wichtigste militärische Aufgabe war, jahrelang bei einer Nachrichteneinheit in Frankreich Kupferkabeln auszugraben. Die Franzosen hatten dafür ein eigenes Wort, Buntmetalldiebe. Mein Bruder, der Pazifist hatte doch Recht behalten, er hatte den Polenfeldzug, den Rußlandfeldzug und das Ende vorausgesagt. Er ist in fünf Jahren nur Gefreiter geworden und das wollte er nicht. Meine Welt war anders, aber ich musste laufend Lehrgeld bezahlen und das nicht wenig. Aber trotzdem wollten wir nicht zur Kenntnis nehmen, dass das Ende nahte."

SCHMELZ Roland, SS Geb.Jg. 1. Kompanie:

„Bald darauf wurden wir nach Breitenstein beordert, das wir in einem Eilmarsch erreichten. Dort hat uns Obersturmführer SINSKE empfangen, ein Unterscharführer meldete 17 Mann. Der gute SINSKE fand für uns lobende Worte, von Tapferkeit hat er geredet, das EK wurde in Aussicht gestellt, auch Ruhe sollten wir bekommen. Nachdem wir Schimpf und Schade gewohnt waren, diese Worte der Anerkennung wohltuend für unsere Moral, die wirklich sehr schlecht war. Wir kamen bei der Weinzettelwand an und bekamen auch wirklich einen Tag Ruhe. Schon am nächsten Tag wurden wir durch einen Wald in ein kleineres Gefecht geführt, bei dem wir, das war die Sensation, ein russisches MG auf zwei Rädern erbeuteten. Wir trafen dann auf Luftwaffen Soldaten von Immelmann und Bölcke Geschwader, die da am Kreuzberg in Stellung lagen. Das Gefecht war im Raum des Kobermannsberges.

Beim LECHNER Viadukt war unsere letzte Stellung. Tagsüber durften man sich am besten nicht sehen lassen, denn von Klamm aus wurde sofort gezielt auf uns geschossen.. Auch vom Eselstein kam mache Kugel zu uns herübergeflogen.

Durch Zufall kam ich zum Tross, der in einer Villa in Breitenstein lag. Verpflegung war nach vorne zu bringen. Dazu diente eine Karrette und ein Pferd, das ich zu betreuen hatte. In der Nacht war Wache zu schieben. Eines Tages, ich war wieder einmal mit der Karrette und Pferd auf der Straße zum Viadukt unterwegs, als mich zwei Frauen übel beschimpften, auf meine Frage, warum sie denn so gegen mich aufgebracht seien, musste ich erfahren, sie hatten mich als SS Soldat ausgemacht und als sie merkten, dass ich wirklich ahnungslos war, erzählten sie mir, dass an dieser Stelle, sie zeigten auf einen Baum an dem die Rinde in Fetzen hing, eine Menge Einschüsse waren zu sehen. Hier seien zwei meiner Kameraden erschossen worden, weil sie Zivilkleider angezogen hätten. Die Frau die ihnen die Kleider gegeben, hätte zusehen müssen. Der Herrgott würde uns strafen. Ich war nicht abergläubig, trotzdem beschlich mich ein ungutes Gefühl.

Mit meiner Karrette ging es vom Weg herunter, weiter am Waldrand entlang zum Viadukt. Eine Stange wurde durch die Speichen der Räder gesteckt um so die Räder zu blockieren, das Gelände fiel steil ab und das Gras war zudem noch feucht. Beim Viadukt wurde angehalten, mit den Essenbehälter rannte man schnell unter der Brücke durch und sofort nach links weg. Nur einmal wurde mir ein Behälter durchschossen, ansonsten schafften wir es dem unverzüglich einsetzenden Beschuss zu entkommen.

Nachts schoben wir Wache um die Villa Marie. Wir, damit meine ich ein Kamerad der krank war und ein anderer mit einer Behinderung. Bei einer solchen Gelegenheit begab sich eine besondere Episode. Es war strikter Befehl. Wer auf die Parole nicht sofort Antwort gab, war niederzuschießen. So hörte ich eines nachts, es kam jemand die Treppen im Garten hoch, das Gelände vor dem Haus fiel ab. Ich stand schussbereit hinter einem Strauch und starrte in die Richtung aus der jemand bald kriechend, dann wieder ein Stück gebeugt, mit größter Mühe den Garten heraufkam. Schon von weitem erkannte ich unseren Hauptscharführer. Auf meinen Anruf rief er flehentlich, „Kamerad nicht schießen, ich hab die Parole vergessen". Immer wieder rief er, nicht schießen, er hatte die Hosen gestrichen voll. Erst als er merkte, dass ich so viel Nerven besaß, ihn herkommen zu lassen, beruhigte er sich. Er war sich wohl bewusst gerade noch einmal davon gekommen zu sein. Zu wie eine Haubitze bedankte er sich mehrmals für meine Aufmerksamkeit. Am nächsten Tag lud er mich zu sich ein. Ich habe den Termin wahrgenommen, obwohl ich nicht sicher war, was auf mich zukommen würde, denn ich hatte mich ja nicht dem Befehl gemäß verhalten. Es hätte mich nicht gewundert, wenn mir ein Wachevergehen angehängt worden wäre. Dem war nicht so, vielmehr bewirtete er mich maßvoll mit Kognak, er gab mir reichlich Zigaretten mit auf den Weg. Dem Dialekt nach war er aus der Kölner Gegend.

Bei einer anderen Gelegenheit rief ich einen Untersturmführer an, mit der Parole gab es kein Problem, er verwickelte mich in ein Gespräch, dabei erkannte er an meinem Dialekt natürlich sofort den Schwaben. Als er noch hörte, dass ich vom Bodensee sei, ging sein Herz auf, er kam von Radolfszell, sprach jedoch keinen süddeutschen Dialekt. Auch von ihm wurde ich auf seine Bude eingeladen, er informierte mich, dass in Konstanz vor Tagen die Franzosen einmarschiert seien, demnach müsste auch meine Heimatstadt besetzt sein. Er vertraute mir weiterhin an, dass der Krieg jeden Tag zu Ende gehen kann, es könne sich wirklich nur noch um

Tage drehen. Ich musste ihm versprechen, seine Äußerungen ja auch für mich zu behalten. Mir war die Brisanz seiner Informationen klar. Da der Führer laut Tagesbefehl gefallen war und Dönitz der neue Oberbefehlshaber sei, verdüsterte sich mein Bild das ich von der Lage hatte, auf den absoluten Tiefpunkt. Jetzt wusste ich, es galt über die Zeit zu kommen.

So wehrte ich mich vehement, als eines Tages ein Fahnenjunker auftauchte, er war unser Kompanieführer geworden, beim Tross apostrophierte er mich als abkömmlich. Auch der Spieß wollte mich behalten, es half alles nichts. Ich erhielt den Befehl zu packen und mit zur Kompanie zu kommen. Es war eine Stellung in der die russischen Scharfschützen vermutlich vom Turm in Klamm herüberschossen. Es empfahl sich tagsüber nicht zu rühren.

Der Zugsgefechtsstand war in einem Bahnwärterhaus. Von hier ab hatten Pioniere die Geleise vermint, hieß es. Wir gingen nur Nachts mit einer Draisine, die wir zum Bahnhof Breitenstein schoben, zu Fuß zum Troß. Zurück konnten wir fahren, aber am Tunnelausgang bzw. stätestens vor dem Bahnwärterhaus war stopp, wollte man nicht in die Luft fliegen.

Dann kam der letzte Tag, aber wir wussten es noch nicht. Mit einem Kameraden schob ich die Lore wieder einmal nach Breitenstein. Am Bahnhof Breitenstein angekommen erwartete uns ein Melder, der uns die Order gab, alles liegen zu lassen und sofort zum Tross zu gehen um dort weitere Befehle zu erhalten.

Ich erhielt den Befehl: „Du gehst sofort zum Kompanieführer und meldest, der Tross ist zum Abmarsch bereit. Er wartet auf die Kompanie und geht geschlossen mit ihr zurück!“ Ich machte mich in der Dunkelheit auf den Weg, dabei kam ich an einer Werferstellung vorbei, hier herrschte helle Aufregung, die hatten Befehl alles Gerät zu vernichten, lediglich Handfeuerwaffen zu behalten. Sie waren dabei das Material in den Schützenlöchern zu vergraben. Auch ich verstand die Welt nicht mehr. Der Tag begann, als ich beim Kompaniegefechtsstand ankam. Der Kompanieführer war gerade dabei auf ein Pferd zu steigen, das ich vorher nie gesehen hatte. Er hörte sich meine Meldung an und befahl mir, meine Gruppe zu verständigen. Aber die Leute waren nicht mehr da. Ich war plötzlich allein. So machte ich mich eilends auf den Weg zurück um zu unseren Leuten zu kommen.

Beim Tross mühte sich der Koch, die Feldküche die voll mit Nudeln und Fleisch war und von einem Pferd gezogen werden sollte, in Gang zu bringen, aber das Pferd konnte das schwere Gefährt nicht das steile Stück vom Hof der Villa auf die Straße bringen. Zudem der Gute auch noch das ganze Geschirr des Hauses aufgeladen hatte. Er hatte die Situation wohl noch nicht begriffen, dass es galt nur das Leben zu retten. Es gesellte sich noch unser Kompaniesanitäter zu mir, ich hatte den die ganze Zeit nicht gesehen. Er war uns als Gefreiter der Wehrmacht zugeteilt worden. Wir machten uns auf den Weg, jemand hatte gesagt Marschziel sei Maria Zell. Als wir am Ortsrand von Breitenstein, die Straße geht in mehreren Kehren bergab, ankamen, hielt ein PKW in dem unsere Offiziere saßen. Wir erhielten den Befehl uns neben der Straße einzugraben um den Rückzug zu decken. Mein Begleiter machte sich auch sogleich an die Arbeit, während ich den PKW beobachtete der eine Staubfahne hinter sich lassend davon fuhr. Als der Wagen in der nächsten Kurve verschwunden war bedeute ich meinem Begleiter, dass er allein den Rückzug decken müsse, den ich würde weiter gehen. Wir marschierten zusammen weiter. Es ging über das PREINER Gschaid – MÜRZSTEG nach Maria Zell, wo wir gegen Mitternacht waren. Unterwegs hatten wir von anderen Soldaten erfahren, dass der Krieg aus sei und es gelte die Enns zu erreichen, der Fluss sei die Demarkationslinie."

REICHENPFADER, SS Geb.-Jg. Batl.13, 5 Kompanie, 2. Zug, 1. Gruppe:

„Ich war bei der schweren Kompanie, unser Chef war Untersturmführer MICHELE, Zugführer Oberscharführer BÖSENBERG, Gruppenführer Unterscharführer HILLEBRAND. Unser erster Einsatz war am Wolfsbergkogel in der Nähe des Hotels Sonnhof.

Dann kamen wir nach Breitenstein. Zuerst auf die Weinzettl Wand, dort war es verhältnismäßig ruhig. Als wir dann auf die Pfeffer Wand vorrückten, wurden wir vom

Deutscher Granatwerfer 8 cm

Kreuzberg schwer unter Feuer genommen und mussten bis zur Dunkelheit im Wald ausharren. Wir waren dann mit einem SMG vorne auf der Pfefferwand und kontrollierten die Adlitzgrabenstraße. Am Fuße der Pfeffer Wand, im Wald war ein lMG in Stellung. Links ober der Bahn vor dem Tunnel waren 2 SMG von unserem Zug.

In Feuerstellung

Hinter dem Wächterhaus 157 auf dem Abhang waren die Granatwerfer Stellungen. Unser Zugsgefechtsstand war im Wächterhaus, der Kompanie Gefechtstand war in der Pension Marie untergebracht. Wir wurden immer wieder von der russischen Artillerie, Granatwerfer und MG beschossen, so dass wir die Pfeffer Wand nur bei Dunkelheit verlassen konnten.

2 Mann von unserer Kompanie wurden wegen Fahnenflucht in Breitenstein erschossen.

Am 7. Mai um 05.00 Uhr früh räumten wir unsere Stellungen und gingen über Prein zurück."

KRACH Otto, SS Geb.Jg. Btl.13, 3. Kompanie:

„Wegen meiner Erfrierungen kam ich erst am 15. April 1945 wieder zum Btl. nach Breitenstein. Ich kam zur Nachschubbasis in der Speckbacher Hütte. Ich half dem Koch STEIDEL und begleitete als Schutz die Essenfahrer. In der Zwischenzeit ordnete ich das Gepäck er Gefallenen.

Am 8. Mai war ich mit Kamerad FLAMM, einem Wiener mit dem Kaffee unterwegs zum Kompaniegefechtsstand. Da kamen uns schon Gruppen von Kameraden aus den Stellungen entgegen. Der dortige Spieß

Namens STYRA fragte uns, ob wir verrückt seien? Ich sagte ihm wir seinen hier auf Befehl mit dem Kaffee, was sollen wir machen? Er aber rannte weg. Wir stellten den Kaffee im Hause ab und gingen mit den leeren Mulis zurück zur Speckbacher Hütte. Dort erfuhren wir das Ende des Krieges.

Der Rückzug ging hier unter Aufsicht von Unterscharführer MATZ und ich fuhr die Feldküche mit Kaffee ins Tal bis Kapellen und weiter nach Liezen. Dort gaben wir alles ab, auch Ross und Wagen. Zu Fuß ging es bei Nacht über die Selztalbrücke zum Amerikaner."

KOBERMANNSBERG 923 m

Nachdem Obersturmfüher SINSKE mit seiner 3. Kompanie Breitenstein zurückerobert hatte, stieß er weiter in Richtung **KLAMM – KOBERMANNSBERG** vor, immer noch in Erfüllung seines in Prein erhaltenen Auftrages.

Obersturmführer Harry SINSKE:

„Ich gliederte meine Kompanie neu um und drang nach Osten Richtung Kobermann vor um wieder Fühlung mit den Russen zu bekommen. In Höhe des Lechnergraben bis zur Adlitzgrabenstraße. Die Häuser um das Gasthaus STRANZ und die Gipsmühle im Haidbachgraben waren Niemandsland. Ein zurückgelassener Pferdewagen mit unbrauchbarem Material wurde vorgefunden. Auch eine Erkundung entlang des Adlitzgrabens bis zum Gamperlgraben ergab meistens Spähtrupps beider Seiten. Einmal erhielten wir bei einer gut einzusehenden Stelle der Pfefferwand, vermutlich aus den Häusern zwischen Bahn und Wand, gezieltes Gewehrfeuer. Sicherlich von einem Feldposten der Russen, der sich, so war zu schließen, auf die Linie Schottwien – Klamm – Kobermannsberg zurückgezogen haben musste. Auf den Höhen beiderseits des Adlitzgrabens, so ergab meine Aufklärung, befand er sich jedenfalls nicht.

Auf einer freien Fläche zwischen Punkt 875 und Kobermann erhielten wir Feuer aus Richtung Klamm. Wir besetzten nunmehr den Kobermannsberg, der von Südosten bis Punkt 923 ansteigt. Die Villa Manner an der linken Grenze wurde später von meiner Kompanie eingenommen. Dabei wurde auch ein Gefangener eingebracht. Zur Zeit der Besetzung des Kobermannes kam meine Kompanie endlich wieder zum Bataillon zurück.

Meine Kompanie hielt den Kobermannabschnitt bis zum 8. Mai 1945 und wurde nur zweimal für kurze Zeit herausgezogen. Einmal für 3 bis 4 Tage Ruhe in den Häusern zwischen Punkt 1014 und der Sommerhöhe, wo sie zum Stellungsbau der 2. Linie eingesetzt wurde und einmal für einen Angriff auf Klamm entlang der Bahnlinie. Dieser Angriff kam aber nicht zum Tragen.

Die Kobermannstellung wurde zum Brennpunkt im Abschnitt des Bataillons. Vom Südosthang des Berges konnte man tief in das vom Russen besetzte Gebiet einsehen und die in Gloggnitz in Stellung gegangene russische Artillerie lag wie auf dem Präsentierteller vor uns. Dort hatte auch Hauptmann KREIS von der Geb.Art.Schule Dachstein eine B-Stelle und leitete von Zeit zu Zeit, von uns gesichert, das Feuer auf die russischen Artilleriestellungen.

So war der Kobermannsberg den Russen ein Dorn im Auge und Angriff auf Angriff rollte auf unsere Stellungen. Immer mit Schwerpunkt auf die Mitte unserer Stellungen, sicher um dort durchzubrechen und unsere Stellungen links und rechts aufzurollen. Doch vorbildlich unterstützt durch Geb.Art. unter der Feuerleitung vom Hauptmann KREIS und un-

Oberst Raithel mit Melder am Kreuzberg - Blick gegen Eng und Gahns

Oberst Raithel am Kreuzberg - Blick zur Ruine Klamm

Oberst Raithel u. SS Untersturmführer Michael v. Oswald

serer Granatwerfer, leider schossen diese oft zu kurz und hatten viele Blindgänger. Trotzdem wurde die Stellung bis zur Kapitulation gehalten

Einbrüche wurden immer von mir mit einigen Unterführern und ein paar Mann des Kompanietrupps bereinigt."

Die von Obersturmführer SINSKE erwähnte Ablöse erfolgte durch Untersturmführer EWINGER am 10. April. und durch Untersturmführer von OSWALD zwischen 15. und 25. April, ein genaues Datum ist nicht mehr feststellbar.

Untersturmführer Michael von OSWALD berichtet darüber:

„Ich übernahm die Kompanie am Kobermann. Die Russen griffen dort in volltrunkenem Zustand jeden Morgen und Abend an. Dass wir diese Stellung halten konnten, verdanken wir ganz maßgeblich Hauptmann WEINZIERL von der Geb.Art., der jedesmal, wenn er vom Angriff der Russen verständigt wurde, seine Sprenggranaten mit höchster Präzision 50 bis 100 m vor der Nase meiner Vorposten 10 m über den Boden zur Explosion brachte. Nicht ein Schuss ging in den Tagen, die mir eine Ewigkeit waren, zu kurz. Die mir unterstellte Kompanie bestand aus lauter Helden und sie starben auch alle den Heldentod oder wenn sie Glück hatten, wurden sie verwundet. Zweimal in ca 1 Woche erhielt ich Ersatz und auch diesen ging es nicht besser. Der Hohlweg hinter der Kobermann-Höhe war voll mit toten Russen und die nächsten stürmten über diese Toten, solange der Hohlweg noch geringe Deckung bot. Zum Teil waren die Russen nur mit Spaten bewaffnet. Nachdem meine Kompanie gänzlich aufgerieben war, wurden wir durch die 3. Kompanie unter Obersturmführer SINSKE abgelöst."

EWINGER Heinrich, SS Untersturmführer, Kompaniechef 4. Kompanie:

Am 10. April 1945 werden wir in der Nacht in die Stellungen eingewiesen. Die Kompanie besetzt den Adlitzgraben um einen eventuellen Vorstoß der Russen zu stoppen.

11. April die 3. Kompanie unter Führung von Ostuf. SINSKE greift den Ort und die Ruine KLAMM an, die bereits von den Sowjets besetzt war, entlang der Bahn an. Wegen starker Verluste muss sich die Kompanie auf Befehl des Kommandeurs GRUNWALD zurück ziehen, weil der Russe im Wald ist und freies Schussfeld hat. Bei diesem Angriff verlor ich eine Gruppe, welche zur Aufklärung südlich der Bahn eingesetzt war und von der ich nichts mehr sah und hörte, trotz eifriger Nachforschungen.

Ruine u. Kirche Klamm

Zur gleichen Zeit greifen die Russen meine Frontlinie an. Es entwickelt sich ein heftiger Kampf und meine Männer bestehen die erste Feuertaufe, sie kämpfen mit großer Tapferkeit.

Nach dem Rückzug der 3. Kompanie baut der Russe eine MG Stellung zwischen Ruine Klamm und unserer Stellung auf. Sie wird von uns unter Führung von Untersturmführer Michael von OSWALD zum Schweigen gebracht. Unsere Waldstellung ist nicht zusammen hängend und so gehe ich am Abend des 11. April mit 2 Mann und suche die Verbindung herzustellen. Dabei komme ich an dem dortigen Bauernhaus vorbei und rufe leise den Namen des Zugführers. Da keine Antwort kommt, gehen wir weiter bis wir in dem russischen MG Nest landen. Da alle verwundet waren, jammern sie und rufen: „Panje, Panje". Da ich nicht wissen konnte, ob daneben weitere Russen sind, ziehe ich mich zuerst zurück.

Am nächsten Tag dem 12. April versuche ich mit den Männern, das MG zu holen. Durch gezieltes Feuer der Russen vom Wald aus, muss auch ich zurück. In der kommenden Nacht gelingt es Untersturmführer OSWALD das MG zu holen. Der Russe hat nichts unternommen um seine Leute zu bergen, sie sind elend umgekommen.

Dann lösen wir die Kompanie SINSKE am Kobermannsberg ab, die für einige Tage in Ruhestellung gehen kann.

Der Russe greift fast täglich 1–2 mal, auch in der Nacht an. Besonders bei Sturm und Wetter, denn da kann man die Geräusche im Wald sehr schlecht unterscheiden. Da ist äußerste Aufmerksamkeit notwendig, aber zur Ehre meiner Männer kann ich sagen, sie schlagen sich mit größter Entschlossenheit, sie halten allen Angriffen stand.

Wenn der Angriffsdruck zu stark wird, befehle ich mit 2–3 Panzerfäusten gezielt dazwischen zu halten, das bringt dann für kurze Zeit eine gewisse Erleichterung. Die Verluste halten sich in Grenzen, zweimal erhalte ich etwas Verstärkung durch Neuzugänge.

Nach einigen Tagen löst uns die Kompanie SINSKE wieder ab und ich beziehe mit meiner Kompanie Stellungen vom linken Flügel der Kompanie SINSKE bis zum rechten Flügel des KG 27 Boelke. Eines Tages gelingt es den Sowjets, an der Nahtstelle zur Luftwaffe bis an unsere Stellungen vorzudringen. Ein Zug der Luftwaffe geht zurück, ich fange sie mit meiner Kompanie Reserve auf und teile sie gleich zur Abwehr unter meine Männer auf. Zuerst leisten wir gemeinsam Widerstand. Etwas später kommt ein Untersturmführer von der 3. Kompanie mit zwei Gruppen und nach guter Vorbereitung durch unsere Artillerie, können wir die alten Stellungen der Luftwaffe wieder besetzen. Die Männer der Luftwaffe blieben einige Tage bei uns, es sind sehr brave und willige Männer und es entwickelt sich ein sehr gutes Verhältnis untereinander.

Ein Angriff auf den gegenüberliegenden Kotstein, durch die Luftwaffe misslingt, da sie keine Erdkampferfahrung haben. Dem Bataillonskommandeur schlage ich vor, mit meinen Männern den Kotstein zu stürmen, da sie inzwischen genügend Kampferfahrung haben. Der Vorschlag wurde abgelehnt, weil wir bereits genug geblutet haben.

Am 5. Mai wurde meine Kompanie wieder abgelöst und ich bekam den Befehl, in etwa 2 – 3 km weiter rückwärts eine neue Hauptkampflinie aufzubauen und bis 7. Mai 1945 Vollzugsmeldung zu machen. Wir arbeiten mit allen Mitteln und am 7. Mai 1945 abends ist die neue Linie fertig. Da erreicht mich der Befehl, unter Zurücklassung eines verantwortlichen Führers, zum Kommandeur nach Breitenstein zu kommen.

Alle Kompanie Führer sind versammelt. Nach Mitternacht kommt der Kommandeur und teilt uns mit, Deutschland hat kapituliert.

Unsere letzte Aufgabe ist es, den Männer mitzuteilen und für die Zeit von 4 – 5 Stunden unseren Anweisungen noch zu gehorchen, denn der Russe will in einer umfassenden Bewegung die 6. Armee und ihre angeschlossenen Teile, zu der auch unser Bataillon gehört gefangen zu nehmen. Dies wollten und mussten wir vereiteln durch entsprechende Ausweichbewegungen.

Wer bis zum 10. Mai 1945 den Fluss Enns erreicht und überschreitet ist beim Amerikaner. Wer den Fluss nicht erreicht kommt in russische Gefangenschaft.

Die 3. Kompanie muss sich dann auf Befehl des Bataillonskommandanten Hauptsturmführer GRUNWALD zurückziehen. Der Russe sitzt im Wald und hat freies Schussfeld vor sich. Die 3. Kompanie hat bereits empfindliche Verluste. Der Angriff auf KLAMM ist gescheitert und wird nicht wiederholt.

Die Versorgung der Kompanie durch den sehr umsichtigen Hauptscharfüher GORAM klappt vorzüglich. Er ist jeden Morgen zwischen 3 und 4 Uhr mit der Verpflegung zur Stelle, ob der Russe schießt oder nicht. Es wird dann das nötigste besprochen. Dann zieht er mit seinen Männern und Tragtieren wieder ab.

Hans MEISNER:

„Ein Pechvogel wie ich es bin, bekam ich am Kobermannsberg wieder das vorderste Loch. Vor meinem Loch ein Abhang mit Jungfichten, dicht bewachsen, recht von mir auch ein Abhang mit Fichten genau so hinter mir, es war das Ende eines Kammes, also der Gipfel des Kobermannsberges. Anschluss habe ich nach rückwärts.

Es wurde ein SMG in Stellung gebracht, da im Kirchturm oder in der Ruine Klamm ein russischer Ari Beobachter vermutet wurde.

Vor uns im Dickicht tut sich immer was. Ich schaue gespannt ins Dickicht, plötzlich habe ich ein eigenartiges Gefühl in mir, ich drehe mich blitzschnell um und drücke ab, hinter mir waren zwei Russen auf ein paar Schritte heran gekrochen, sie ergriffen die Flucht, es dauerte bis ich wieder durch geladen hatte, der Schreck sitzt mir tief in den Knochen. Mein Kamerad Theo hat das gar nicht registriert, gespannt schaut er ins Dickicht nach vorne und beginnt zu schießen, ich schieße ebenfalls, obwohl ich nichts erkennen kann. Nach einiger Zeit tritt wieder Beruhigung ein. Theo fragt mich, was war da los, ich sage ihm, zwei Russen, keine fünf Schritte hinter uns. Er sagt, zwei oder drei haben sich direkt von vorne auf uns zugearbeitet. nochmal gut gegangen. Wir wissen dass, das kein Angriff war. Wann werden sie richtig kommen ? Diese Frage hängt wie ein Damoklesschwert über uns. Wir kommen fast nicht zum Schlafen, einer hat Angst der andere schläft ein. Nächsten Tag ist das gleiche vor uns, keine Ruhe, aber hinten auch nicht. Ich kann mich nicht beherrschen, stehe auf und erbleiche, ein ganzes Dutzend oder noch mehr Russen, vielleicht ca 50m unterhalb des Kammes, ich gebe Handzeichen zum nächsten Loch, nach kurzer Zeit kommt der Gruppenführer, ich melde kurz und leise meine Beobachtung. Wir sehen beide nach, aber niemand ist mehr unten. Er sagt Mensch warum hast du da nicht rein gehalten, ich sage ihm mit was denn? Mit dem Karabiner K 98? Da verrate ich höchstens mein Loch, dann bin ich im Arsch bei der Anzahl. Wenn ich Handgranaten gehabt hätte, wäre was zu machen gewesen, daraufhin kommt später unser Zugführer Oberscharführer OLSCHOCK, ich berichte das Ganze nochmals, er belobigt mich und sagt, richtig verhalten und ich glaube von da an hat uns irgendwas verbunden. Am gleichen oder nächsten Tag kommt er mit einem Wurfbecher für den K 98 und einer ganzen Kiste Granaten, zur besseren Verteidigung sagt er.

Am nächsten Tag ist der Iwan wieder da, er ist mit seinen Granatwerfern gut eingeschossen, dann arbeiten sie sich heran. Theo schießt, ich mit den Gewehrgranaten direkt und indirekt, nicht eine Detonationen, immer wieder einen neuen Ladestreifen nach dem anderen, Scheiße das Ding funktioniert nicht und wieder kommt mein Zugführer daher gekrochen, ich sage ihm, das Ding funktioniert nicht, lauter Blindgänger: Er fragt, hast schon eine Gewehrgranate geworfen ? Nein. Er schraubt den Verschluss ab, drinnen ist eine Seidenfadenschlinge, er zieht ab und wirft – nichts, wieder ein Blindgänger. Wahrscheinlich Sabotage, er sagt ich bringe dir was und weg ist er. Mein Gewehr ist stark verrußt und sollte dringend gereinigt werden, aber wann ? Dazu ist jetzt nicht zu denken. Unser Zugführer kommt wieder und bringt mir eine ungarische Maschinenpistole. Sowie drei Magazine. Es ist schön wie er sich um uns kümmert. Er erklärt mir die Waffe, Laden, Magazinwechsel, Einstellung Dauer – oder Einzelfeuer. Munition ist knapp. Ich beschließe mit Theo nicht alles zu verschießen, ein paar Kugeln behalten wir für uns, falls uns der Iwan kassiert.

Mit der Mpi geht es einfacher als mit dem Karabiner. Theo und ich sind einer Meinung, kassieren lassen wir uns nicht. Wir haben auch einmal ein Gerücht gehört, zwei Mann sind desertiert und wurden erwischt, dass bedeutet den sicheren Tod. Ob der Gebirgsjäger uns gemeldet hat, geht es uns immer wieder durch den Kopf.

Doch am nächsten Tag soll sich alles ändern.

Es ist nur ab und zu Gefechtslärm und ich bin gerade nach hinten gekrochen um meine Notdurft zu erledigen, der Dünnpfiff ist noch immer da. Da fängt der Iwan wieder mit dem Granatwerferfeuer an. Ich habe gerade die Hose oben, ein fürchterlicher Knall, der Luftdruck verschlägt mir die Ohren total, so dass ich meine Stimme nur von der Ferne höre. Mein Kamerad Theo liegt schneeweiß im Gesicht da und ein Blutstrom schießt aus der Halsschlagader. Ich halte ihm die Wunde zu und so schießt das Blut aus dem Mund. Ich drehe ihn zur Seite, damit er nicht in seinem Blut erstickt und schreie nach dem Sanitäter. Der kommt relativ schnell, aber Theo glaube ich, ist schon verstorben. Ich kann nicht auftreten, aber sonst scheint alles in Takt zu sein. Ich werde zum Kompanie Gefechtstand gebracht, in den Keller hinunter, dort liegen noch ein paar Verwundete. Vermutlich unser Spieß nimmt meine Daten auf. Ich hatte bis jetzt mit ihm nicht zu tun, er bringt Zigaretten, ich rauche nicht und gebe sie meinem Nebenmann. Sie haben Theo nicht gebracht, also ist er tot und mir hat der Durchfall das Leben gerettet.

Mir ist so als hätte ich einen Bruder verloren, seit dem Abmarsch in Judenburg waren wir immer beisammen, wie oft hat er mich nachts gestoßen, Hans nicht einschlafen und umgekehrt ich ihn, wir haben alles geteilt, nicht nur den Spaten und jetzt soll er nicht mehr sein.

Es soll laut Tagebuchnotiz der 28. April 1945 sein, aber ich erinnere mich, dass das Gerücht im Umlauf war, der Führer ist tot, es müsste also der 1. Mai sein. Das habe ich aber erst später im Lazarett Mürzzuschlag erfahren.

Am Morgen werden wir mit einem Ochsenkarren von einem alten Bauern zu einem Hauptverbandsplatz gebracht. Ein kleines ebenerdiges Haus mit Rotkreuzfahne. Ein alter kleiner freundlicher Herr im weißen Kittel, ich glaube kein Militärarzt. Das erste Bett nach langer Zeit, sechs Betten stehen in einem Raum, herrlich. Auf einmal beginnt einer zu jammern, aber auf russisch, alle horchen auf. Ein verwundeter Iwan hier. Die Leute regen sich auf, der Iwan muss raus. Es sind lauter Wehrmachtssoldaten, wohlgemerkt, kein SS Angehöriger außer mir ist da. Alle noch mal – der Iwan muss raus, sonst legen wir ihn um. Der alte gutmütige Arzt sagt, lasst ihn doch in Ruhe sterben, der kommt mit seinem doppelten Lungendurchschuss sowieso nicht durch. Dann soll er draußen krepieren sagten sie und machten Anstalten ihn zu lynchen. Da wurde der Doktor böse aber er gab nach, der Russe wurde aus dem Zimmer geholt. Der Arzt sagte im Hinausgehen, warum müssen sich Menschen so hassen.

Nächsten Tag komme ich in ein größeres Feldlazarett, das in einer Villa (Hotel Post) Untergebracht ist. Wir lagen in der Halle am Fußboden. In einem Seitenzimmer ist der Operationssaal. Mein Fuß wird versorgt, Splitter im Knie, Schienbein und Ferse, dann holt uns ein Sanka ab. Weiter geht's nach Mürzzuschlag, in eine Schule, da ist ein Luftwaffen Lazarett untergebracht, wir liegen im Turnsaal am Boden. Es geht uns gut und wir werden gut versorgt und gepflegt.

Hans WESSELS, Unterscharführer im Werfer – Zug der 5. Kompanie befehligte die Werfer am Kreuzberg beim KÜBERL – Bauernhof, sein Bericht:

„Meine Werfer – Gruppe war im Bauernhaus Küberl untergebracht. Einige Tage, bevor wir dahin kamen, hatten wir das Gelände erkundet und festgestellt, dass sich ca. 50 Frauen und Kinder im Bauernhaus befanden, die aus KLAMM und SCHOTTWIEN dorthin geflüchtet waren. Uns ist es dann auch gelungen sie zurückzubringen.

Allerdings die Bäurin mit ihren Kindern wollte unbedingt auf dem Hof bleiben. Sie hatte einen großen Berhardinerhund, der wohl eine große Sicherheit für sie bedeutete.

Ich selbst lag mehrere Male am Kobermannsberg als VB und habe auch mit meiner Gruppe Feuerunterstützung gegeben. Der Kober-

Unterscharführer Hans Wessels, Zugführer d. Granatwerferzuges

Deutscher Granatwerfer

mannsberg war eine sehr unruhige Stelle. Oft in der Nacht oder auch im Morgengrauen kamen die Russen immer wieder hochgeklettert und es hat harte Handgranaten Duelle gegeben.

Eines Tages kam Untersturmführer MICHELE und erklärte, dass er die Feuerleitung mal übernehmen wollte, Richtung Kreuzberg, jedenfalls nach der Payerbacher Seite, sollte das Feuer geleitet werden und wir hatten ungefähr eine seitlich rausgeschobene B-Stelle und damit war ja auch die Feuerleitung recht schwierig. Wir selbst als Unterführer hatten schon öfters von dort aus geschossen und kannten den Rummel und haben auch gut gezieltes Feuer geführt, aber Unterscharführer MICHELE hatte da wohl Schwierigkeiten und ich war zu dem Zeitpunkt als Stellungs Unteroffizier eingesetzt und darauf angewiesen, was er mir sagte. Aber das stimmte nicht, das wusste ich aus Erfahrungswerten und da habe ich eigene Werte eingegeben, also was nicht ganz richtig war, aber damit ist das Feuer ungefähr dort angekommen, wo es auch hin sollte. Natürlich ein gezieltes Feuer war es nicht und daher ergab es sich auch, dass Untersturmführer MICHELE das Feuer abbrach und zu mir in die Stellung kam und mir einen richtigen Anpfiff verpasste und dabei gleichzeitig erklärte, ich werde sofort abgelöst und hätte mich mit meiner Ausrüstung auf dem Kompanie Gefechtsstand zu melden, also er war äußerst ungehalten. Was mir nicht in den Kopf wollte, dass er mir Vorwürfe machte, wenn es ihm nicht gelungen war, eine anständige Feuerleitung zu übernehmen. Komischer weise, wie ich auf dem Gefechtsstand ankam, war Untersturmführer MICHELE wie ausgewechselt. Er war die Freundlichkeit selber und erklärte mit also, es wäre nicht so gemeint gewesen, sondern es wäre ein ganz anderer Sachverhalt, der vorige Kompanietruppführer entspräche nicht seinen Vorstellungen, hätte auch seinen Dienst nicht ordnungsgemäß ausgeführt und er bittet mich die Leitung des Kompanie Trupps zu übernehmen. Also bezog ich Quartier in der Villa, wo der Gefechtsstand war und habe die Aufgaben des Kompanietruppführer wahrgenommen. Das hat acht oder vierzehn Tage gedauert. Die Zusammenarbeit mit dem Bataillons Gefechtsstand war ausgezeichnet, mit Obersturmführer ROESLER und auch mit dem Bataillons Schreiber Richard BENDFELD habe ich mich gut verstanden.

Während dieser Tage klappte der Nachschub im allgemeinen relativ gut, es ist immer wieder gelungen, ausreichend Verpflegung und Munition heranzubringen. Natürlich war die Verpflegung alles andere als üppig und unsere jungen Kerle und auch wir selber hatten ewig Kohldampf. Kurz und gut ist es mir einmal gelungen, von einem Bauern in der Nähe unserer Unterkunft ein junges Rind zu erwerben. Wir hatten als Marketenderware nur noch Zigaretten, die wir selber wenig oder gar nicht rauchten und dann auch etwas Kaffee und noch so ein paar kleine Dinge, dann haben wir noch zusammen gelegt und hatten noch 100 Mark aufgebracht und mit diesen Handelsobjekten bin ich zum Bauern gegangen und habe es fertig gebracht, dieses junge Rind zu erwerben. So war unser Feldküchenspeiseplan wesentlich aufgebessert worden.

Am 7. Mai hörten wir vom Bataillons Gefechtsstand, dass es auf die Kapitulation zuging. In der Nacht wurden alle Zugführer zum Gefechtsstand beordert und kriegten den Auftrag, alles zum Rückzug vorzubereiten. Auch wurde der Befehl ausgegeben alle Waffen unzerstört in den Stellungen zu belassen. Das hat uns nicht in den Kopf gewollt und meine Zugführer Kollegen und ich waren uns einig, wir haben dem Chef nichts davon gesagt, dass wir den Russen nochmals eine herzhafte Abschiedsvorstellung liefern wollten, zumal wir gerade an dem Abend noch 600 Schuss Munition bekommen hatten.

Gegen Morgengrauen wurde dann der Rückzug angeordnet und gegen 08.00 Uhr waren wir schon auf dem Rückmarsch."

KOTSTEIN 840 m

Links vom Kobermannsberg, durch eine Mulde getrennt, in der sich die Bauernhöfe GRUBER und STEINHÖFLER befinden, erhebt sich der KOTSTEIN. Er ist bereits vom Russen besetzt.

Über die dort stattfindenden Kämpfe berichtet Oberleutnant LUGER von der Geb.Art Schule Dachstein in seinem Tagebuch:

7. 4. 45. – Ich mache mit dem Batterietrupp Stellungswechsel nach Breitenstein – Sanatorium. Mit Volkssturmmann Hans MALGER und

Oberleutnant Andreas Luger

Gefreiten MAYER zur Erkundung gegen Wirtshaus KREUZBERG. Dort mit Hauptmann KREIS und dem Chef der 3. Kompanie zusammengetroffen. Auf dem Kamm zurück nach Breitenstein. B-Stellen Erkundung – Übernachtung im Sommerhof Breitenstein Nord.

8. 4. 45. – Die Infanterie des linken Abschnittes ist sehr schwach. Landesschützen und Genesende aus den Standorten und Lazaretten Payerbach, Reichenau, Edlach und Breitenstein sind stützpunktartig verteilt. Sie können sich nicht gefechtsmäßig verhalten und wissen über den Verlauf der russichen vorderen Linien selten richtig Bescheid. Gut ist die 3. SS Kompanie vom Bataillon GRUNWALD, die oben am Kamm in Stellung liegt.

Obst. Raithel mit Stab vor Angriff auf Kotstein 840 m

Mit Hauptmann KREISS erkunde ich Richtung Payerbach – Stojer – Höhe – Kotstein. Dort treffen wir deutsche Frauen die zu den Russen überlaufen wollen „um Essen zu holen“, obwohl sie nach ihren Aussagen täglich vergewaltigt würden. Abends beobachte ich allein vom Kobermannsberg. Übernachtete in der Villa SEEMANN.

9. 4. 45. – Unteroffizier KOHLHAMMER, Stabsgefreiter SAMULOWITZ sowie Volkssturmmann DROSCH zum Kobermann als VB.

Ich gehe mit Volkssturmmann MALGER Richtung Kotstein. Leitung sollte mir nachgelegt werden. Der Funktrupp ist bei KOHLHAMMER am Kobermannsberg.

Angriff eines russischen Bataillons vom Kotstein. Die Genesendenkompanie konnte den Angriff nicht aufhalten. Ich hole unseren Funktrupp in Richtung Kotstein – russischer Infanterieangriff aus der Mulde Richtung Kobermannsberg von uns infanteristisch abgewehrt. Nach Herstellung der Funkverbindung unsere Stellung auch artilleristisch verteidigt. Ich schieße von der Villa Manner aus. Zwei MG setzte ich zur Abwehr des auf den Südhang aus Gegend Klamm in unseren Rücken erfolgenden russischen Angriffs ein. (Gef. MAYER und Volkssturmmann STÖCKL). Der Angriff wird erfolgreich abgewehrt. Hans MALGER, der prächtige junge Arbeiter aus Kapfenberg, ist leider gefallen (Granatwerfer).

Nach Bereinigung der Lage erhalte ich Befehl zum Stellungswechsel auf die Weinzettelwand. Im Gefechtsstand MICHELE 2 Stunden geschlafen.

10. 4. 45. – B-Stelle Weinzettel-Wand bezogen

11. 4. 45.- Laufend russische Angriffe auf Kobermannsberg (überschwere Werfer) – nachts russische Batterien in Aue, im Schall- Lichtmessverfahren aufgeklärt – Einschießen Straßenkreuzung Aue – Batterien ausgeschaltet.

Russischen Beobachter im Kirchturm Klamm (Schalloch) entdeckt – durch 3 Schuss außer Gefecht gesetzt (Volltreffer im Turmdach und Schalloch).

13. 4. 45. – Im Sanatorium Breitenstein geschlafen.

15. 4. 45. – Kampf um den Eselstein (rechts von uns) – geht verloren.

16. 4. 45. – Abends im Gefechtsstand Michele.

17. 4. 45. – Zwei SS Männer wurden von ihrer eigenen Kompanie hingerichtet. Sie sollen versucht haben, in Zivilkleidung zu desertieren.

Zerstörte russ. Geschütze in Aue

Da die meisten Bewohner ihre Heimat bzw. den Kreuzberg nicht verlassen hatten, gerieten auch sie mitten in das Kampfgeschehen und es gab auch unter der Zivilbevölkerung Verluste.

Otto GRUBER, Altbauer am Kreuzberg Nr. 25, erinnerte sich noch an diese Tage:

„Am Ostersonntag sahen wir vom Kreuzberg aus, wie die Russen in lockerer Schützenkette von Schlöglmühl in Richtung Payerbach vorgingen, wobei vereinzelt Karabinerschüsse zu hören waren.

Erst am 8. April kam ein russischer Spähtrupp durch den Schachengraben bis zum Gehöft STEINHÖFLER, das ca 200 m unterhalb unseres Hofes liegt. Dort war bereits durch den Kübgraben ein anderer Spähtrupp eingetroffen. Die Russen erhielten sofort von den oberhalb der Kreuzbergstraße in Stellung gegangenen deutschen Truppen MG- und Gewehrfeuer.

Nun trafen bei STEINHÖFLER immer mehr russische Soldaten ein und errichteten in der Küche einen Gefechtsstand. Die Russen begannen nun sich in dem zwischen unseren Gehöften befindlichen, mit Sträuchern bewachsenen Feldrain einzugraben. An einem Punkt lagen sich die feindlichen Gegner nur ca 20 gegenüber. Es begannen nun schwere Kämpfe sowie mehrmals am Tag Granatwerferduelle zwischen den in SCHMIDS-

DORF befindlichen russischen Werfer und den am Kreuzberg beim Küberl Bauern stationierten deutschen Werfer der SS Geb.Jg. Wir kamen fast nicht mehr aus dem Keller heraus. Zuerst waren die Russen in der Übermacht und drückten die deutschen Soldaten gegen den Sattel hinter dem Kobermannsberg. Erst als die SS die Luftwaffensoldaten unterstützten, konnten sie die Russen bis in die Mulde zwischen Kobermannsberg und Kotstein zurückschlagen.

Die Luftwaffensoldaten versuchten dann den Kotstein zu erobern, was jedoch nicht gelang.

Am 10. April 1945 gegen 21.30 Uhr bemerkte ich, dass unsere Tenne brannte, es gelang uns das Feuer zu löschen. Ein bei uns im Haus befindlicher Mann namens SCHREMSER lief aus dem Keller über die Wiese zum Gehöft STEINHÖFLER. Kaum hatte er die Wiese betreten wurde er sofort von einem deutschen MG beschossen. Da er sich jedoch fallen ließ und tot stellte wurde der Beschuss eingestellt und er konnte kriechend den Steinhöfler – Hof erreichen. Da wir durch den andauernden Beschuss durch schwere russische Werfer nicht schlafen konnten, sah ich des öfteren aus dem Haus. Am 11. April 1945 um 01.30 Uhr sah ich dann, dass der Stadl bereits in hellen Flammen stand. Als wir das Feuer löschen wollten, erhielten wir von den deutschen Linien sofort MG-Feuer, daraufhin konnte ich nur mehr die Kühe und Ochsen losbinden und ins Freie jagen. Schweine und Hühner verbrannten. Unser Hof brannte bis auf die Grundmauern nieder. Angeblich hatte der deutsche Kommandant den Befehl zum Abbrennen unseres Gehöfts gegeben, da er zwischen den Fronten gelegen.

Wir flüchteten alle zu meinem Nachbarn STEINHÖFLER und konnten dessen Hof auch ohne Schaden erreichen.

Eines Tages befahl der russische Kommandant, SCHREMSER soll im Zimmer von STEINHÖFLER ein Loch in die Mauer stemmen, damit das russische MG von dort die deutschen Stellungen besser beschießen kann. Kaum hatte SCHREMSER zu Stemmen begonnen, als die deutschen Granatwerfer mit zwei Schüssen genau die Stelle oberhalb des Daches trafen und SCHREMSER auf den Boden geworfen wurde.

SCHREMSER kam in die Küche gelaufen und sagte zu mir und zu den anwesenden Russen: „Ein Glück, dass ich noch lebe." In diesem Augenblick detonierte ein Granatwerfergeschoss vor dem Küchenfenster und SCHREMSER wurde durch einen zum Fenster hereinfliegenden Splitter getroffen und war sofort tot.

Ich musste dann noch mit einigen alten Männern die verwundeten Russen in Zeltplanen nach KÜB tragen und auf dem Rückweg die Verpflegung der Russen mitnehmen. Waren wir mit dem Essen in der russischen HKL eingetroffen, so mussten zuerst wir eine Portion essen, damit die Russen sahen, dass das Essen nicht vergiftet war.

Bei diesen täglichen Verwundetentransporten nach KÜB lernte ich die Mentalität der Russen gegenüber ihren eigenen Landsleuten kennen – wir transportierten u.a. einen schwerverwundeten russischen Soldaten zu Tal, als uns beim Ortsanfang von KÜB ein russischer Unterarzt entgegenkam. Nachdem er sich den Verwundeten angesehen hatte, befahl er uns, ihn sitzend an eine Hausmauer gelehnt zurückzulassen. Dieser arme Kerl sah uns noch am nächsten Tag aus traurigen Augen an. Er muss wohl bald darauf verstorben sein, doch solange wir an ihm vorbei mussten, war es jedesmal ein fürchterlicher Anblick.

Am 15. April 1945 mussten wir den KREUZBERG räumen, da die Russen einen deutschen Großangriff befürchteten. An diesem Tag brannte auch die Manner Villa ab.

Als ich nach Kriegsende nach Hause kam fand ich in der Umgebung meines Hofes 5 deutsche und 18 russische gefallene Soldaten, die ich an Ort und Stelle begrub".

Der nicht mehr Kriegsdienst taugliche Sohn des Althammer- Bauern, der damals zu Haus war, erinnerte sich noch:

„Die Russen waren bereits einige Tage in KLAMM. Ihren Gefechtsstand hatten sie in der Ruine Klamm. Eine russische Ratsch-Bumm (Pakgeschütz) war am Weg Richtung Kreuzberg noch im Wald bei der Halberstadt Villa in Stellung gegangen. Die SS Geb.Jg. errichteten ihren Kompaniegefechtsstand in der mittleren der drei Kreuzbergvillen. Unser Hof befand sich im Niemandsland. Am Tag waren die deutschen Truppen auf unserem Hof, nachts die Russen. Im Hohlweg, der von unserem Gehöft zu den drei Villen führt, war ein deutscher Vorposten.

Die SS Geb.Jg. unternahmen des öfteren Spähtrupps nach Klamm. Bei einem solchen Unternehmen mit ca. 20 Mann kam es auf dem am Fuße des Kobermannsberges gelegenen HALBERSTATT HOFES mit den Russen zu einem Nachtgefecht, dabei wurde von den dorthin geflüchteten Zivilisten die alte Frau HALBERSTADT erschossen. Der HALBERSTATTHOF brannte bis auf die Grundmauern nieder.

Eines Nachts gingen zwei SS Geb.Jg. mit einem MG 42 vor unserem Hof Richtung Klamm in Stellung. Kurz darauf kam aus dieser Richtung ein 12 Mann starker russischer Spähtrupp und lief genau in das deutsche MG-Feuer. Die Russen hatten keine Chance und sind alle gefallen. Tagsüber machten die zwei SS Geb.Jg. Stellungswechsel und gingen mit ihrem MG in unserer Scheune in Stellung. Nach einigen Tagen wurden die beiden MG-Schützen, durch russische Baumschützen, die sich auf den Bäumen oberhalb unseres Gehöftes versteckt hatten, durch Bauchschüsse schwer verwundet."

Die damals 14-jährige Hansi WALLNER, die mit ihren Eltern und Geschwistern in einem Bauernhaus direkt unter dem Kobemannsberg wohnte, schrieb darüber in ihren Tagebuch:

„Am **4. April 1945** kamen die ersten Russen in unser Haus. Erste Durchsuchung nach deutschen Soldaten. Sie waren sehr nett.

10. April – Am Morgen Einquartierung der Russen. In der Küche wird ein Telefon aufgestellt. Der Kapitano kontrolliert unsere Papiere. Wieder Hausdurchsuchung nach deutschen Soldaten. Den ganzen Tag hindurch starke Schießereien, so dass wir das Haus nicht verlassen können. Schwere Kämpfe zwischen russischen und deutschen Truppen am Kobermannsberg. Gegen Abend kamen die ersten russischen Verwundeten. Bei uns in der Veranda wurden sie von einem Sanitäter verbunden. Am Abend starker Artilleriebeschuss auf Halberstatt.

11. April – vormittags wurden russische Schwerverwundete gebracht. Brände an den linken Felswänden von Schottwien. Bei uns im Haus reißen die Russen die Lichtleitungen und Antennen herunter. Durchsuchen nochmals das Haus nach einem geheimen Telefon. Wir dürfen wegen Spionageverdacht das Haus nicht verlassen. Mein Bruder Karl wird von den Russen bewacht.

12. April – um 01.00 Uhr gehen die Russen zurück. Um 15.30 Uhr begann der bis jetzt schwerste Kampf um den Kobermannsberg. Unser Haus lag zwischen den deutschen und russischen Truppen. Die Kämpfe der Infanterie wurden von Werfer und Artillerie unterstützt. Bei unserem Haus gingen alle Fenster kaputt. Das Dach wurde schwer beschädigt.

Eine Gewehrkugel flog bis in Wagners Wohnung. Der Nachbarhof HALBERSTADT geriet, während ein erbitterter Nahkampf tobte, in Brand. Die im Keller befindlichen Zivilisten mussten ins Freie flüchten, dabei wurde Frau HALBERSTADT von einer Kugel tödlich getroffen.

In den folgenden Tagen starke Schießereien am Kobermannsberg und am Eselstein.

15. April – gegen Abend wurde Frau Halberstadt von Erich Brettner und Horvath neben dem Haus begraben, nachdem sie zwei Tage dort gelegen ist, wo die Kugel sie traf.

24. April – am Vormittag wurde uns eine schreckliche Mitteilung gemacht. Um 11.00 Uhr kamen 3 Russen, darunter ein Dolmetscher und sagten uns, wir müssten binnen 2 Stunden das Haus verlassen, da wir nach Gloggnitz evakuiert werden. Wer nicht geht wird erschossen. Vater richtet zwei Wagen her, wo wir die wichtigsten Sachen darauf gaben. Gerade als wir aufgeladen hatten, schlug beim WERNER- Haus eine Granate ein und tötete Herrn und Frau DOLLINGER, die gerade das Haus verlassen wollten. Das Pflichtmädchen Dorli wurde schwer verwundet. Die Kinder, der 4- jährige Junge und das 2- jährige Mädchen kamen mit dem Leben davon.

Um 13.00 Uhr verließen wir, nachdem wir schon 3 Wochen ununterbrochen in der unmittelbaren Kampfzone gelebt hatten, unser Haus und zogen über den Eichberg nach Gloggnitz."

Diese Tagebuchaufzeichnungen decken sich mit denen der damals 16-jährigen Hermine WAGNER, die mit ihren Eltern bei Wallner gewohnt hat und mit ihnen von Klamm nach Eichberg gezogen ist.

Rückblickend kann zu diesem Abschnitt gesagt werden, es gab selten einen Tag oder eine Nacht ohne Kampfhandlungen. Der Russe muss durch sein ständiges Anrennen entsetzliche Verluste erlitten haben. Aber auch die deutschen Verluste waren, wie aus den Aufzeichnungen der Kompanieführer ersichtlich ist beträchtlich.

KÄMPFE am FRÖSCHNITZ- und FEISTRITZSATTEL

Nachdem Hauptmann DICKERMANN mit seinen Gebirgsjägern vom Sonnwendstein bis zum Fröschnitzsattel mehrere Stützpunkte angelegt hatte, erhielt er nun die verschiedensten Einheiten zugeführt, um eine durchlaufende Front aufbauen zu können.

WILLOV Oberleutnant Kompaniechef der 5. Kompanie z.b.V. Gren.Ers.u.Ausb.Btl. 44. Grenadier Division „Hoch u. Deutschmeister":

5. April 1945 mit meiner Kompanie Angriff auf den Harderkogel, wobei die Kompanie mehrere Gefallene und Verwundete hatte, darunter auch den Oberfeldwebel Karl TISCHLER. Der dann am 6. April 1945 am Hauptverbandsplatz seinen schweren Verwundungen (Beckenschuss) erlegen ist. (Schreiben des Kp. Chefs an die Ehefrau des Gefallenen).

Feistritz-Sattel 1287 m

Am **8. April 1945** am frühen Vormittag wurde von der 1. oder 3. Batterie der Geb.Art., die im Fröschnitzgraben in Stellung lag, eine auf einer Wiese, am oberen Ortsausgang von Trattenbach in Bereitstellung gehende russische Einheit samt ihren Tross durch massiertes Artilleriefeuer vernichtet.

Eine andere Einheit war die Fliegerhorstkompanie E 218/VII unter dem Kommando von Luftwaffenoberleutnant Karl DITTRICH. Diese Einheit, ca 90 Mann stark, war am 6. April in Zeltweg aufgestellt und am 7. April 1945 mit Autobussen nach Spital am Semmering gebracht worden. Außer der Alarmkompanie fuhr auch der Stab der E 218/VII unter Führung von Luftwaffen Hauptmann HAPKE mit.

Über die folgenden Kampftage schrieb Oberleutnant DITTRICH in seinem Kriegstagebuch:

„**8. April 1945** – Sonntag um 13.00 Uhr Abfahrt mit Autobussen in den Fröschnitzgraben bei Steinhaus. Von dort Eilmarsch die steile Holzbahntrasse auf etwa 1000 m Höhe.

Am Ende des Schrägaufzuges Meldung im Gefechtsstand eines Geb. Jg. Bataillon. Der Kommandeur begrüßt mich und bringt zum Ausdruck, dass er schon seit Stunden auf mein Eintreffen wartet. Meine Einheit müsse sofort zum Einsatz mit der Aufgabe, vom Fröschnitzsattel aus die Höhe 1386 zu stürmen und ein MG-Nest zu bekämpfen.

Der Kommandeur gibt mir einen Unteroffizier mit, der mich in meine Stellung einweisen soll.

Am Rollbahngleis entlang gehen wir nach vorne, Richtung Fröschnitzsattel, hinter mir in Reihe die Kompanie. Gegen Feindeinsicht sind wir durch dichten Baumwuchs geschützt. Es begegnet uns ein Rollwagen, auf dem 12 gefallene Gebirgsjäger kreuzweise aufeinander geschichtet, liegen. Sie kommen von dort, wohin ich meine Soldaten führe. Eine makabere Eröffnungszene für das Kommende.

Wir beziehen unsere Ausgangsstellung am Waldrand. Den 3. Zug belasse ich als Rückendeckung, während ich mit dem 1. Zug vorsichtig vorgehe um möglichst lange unbemerkt in Feindnähe zu kommen. Der 2. Zug folgt links in halber Höhe, um mir Flankenschutz zu bieten. Um 16.00 Uhr bekommen wir Feindberührung. Das MG neben mir schießt gut und auch die übrigen Männer, die mit mir die Höhe erstürmt haben, halten sich recht tapfer. 20 Minuten dauert dieser Zauber, dann herrscht tiefes Schweigen im Wald.

Wir stoßen nach und stellen fest, dass die Russen, die hier eine beherrschende Stellung bezogen hatten, verschwunden sind. Schleifspuren weisen auf den Abtransport von Toten oder Verwundeten hin. Meine Kompanie hatte keine Verluste. Wir ziehen uns in unsere Ausgangsposition zurück. Der Aufenthalt im dicht verschneiten Wald ist bitter kalt. Zum ersten Mal in meinem Leben höre ich meine Zähne vor Kälte klappern.

9. April – der Morgen ist noch immer eisig kalt, als ich am frühen Nachmittag den Befehl erhalte, der lautet: An der Bahntrasse vorarbeiten und den Feistritzsattel besetzen! Ich setze mich mit dem 2. Zug an die Spitze der Kompanie. In Reihe tasten wir uns neben dem Gleis langsam vorwärts und verlassen den Weg zeitweilig dann, wenn Feindeinsicht gegeben ist. Nach etwa 2 Stunden erreichen wir das Haus auf dem Feistritzsattel. Unterwegs keine Feindberührung. Erst als ich mit einigen Männern zum Gasthaus gehen will, werden wir mit Einzelfeuer beschossen. Unser MG erwidert das Feuer. Nach wenigen Minuten schweigt der Russe. Das Gasthaus ist verlassen, man merkt aber, dass es vor kurzem noch irgendwie besetzt war. Wer die letzten waren, weiß ich nicht. Neben Resten von deutschen Zeitschriften sehen wir russische Patronenhülsen. Wir machen einen Blick in das Nebengebäude. Dort liegt auf dem Tisch ein halb ausgeschlachtetes Rind. Die Schlachtung dürfte erst vor wenigen Stunden erfolgt sein.

Die Feldwachen sind eingeteilt. In der Gaststube werden Heulager hergerichtet.

10. April – um 03.00 Uhr werden wir von einem Kradfahrer heraus getrommelt. Sofortiger Aufbruch zum Sonnwendstein. Im Eilmarsch geht es über den Fröschnitzsattel, wo ich mich beim Batl. Kommandeur abmelde und schon wieder wird gedrängt so rasch als möglich den Sonnwendstein zu erreichen."

Karlheinz PIXIS, LW Kompanie Dittrich, schreibt darüber:

„In Zeltweg Zusammenstellung des Einsatzbataillons HAPKE, von dort Transport nach Spital und weiter nach Steinhaus am Semmering.

Dort hat der Zug zu dem ich gehörte, es müsste der 1. Zug gewesen sein, in einer Scheune übernachtet.

Ich wurde am 8. April durch einen Vorgesetzten mit 3 bis 6 Hitlerjungen aus Steinhaus auf einen rechts vom Fröschnitzgraben liegenden Berg (Arzberg 1241 m) geschickt. Wir stiegen ca 2 – 3 Stunden auf und beobachteten dort am Waldrand das vor uns liegende Gelände. Nachdem wir dort eine

Nacht zubrachten und wir nichts mehr hörten, entschloss ich mich, wieder nach Steinhaus hinunter zu steigen und neue Anweisungen einzuholen.

Als ich unten ankam, hieß es, ihre Einheit ist schon längst hinten ins Tal abgefahren. Meistens im Dauerlauf rannte ich dann in den Fröschnitzgraben um meine Einheit wieder zu erreichen.

Sehr beeindruckt hat mich, als ich sah, dass ein deutscher Soldat mir entgegen kam, seine Hand hochhielt, an der ein Finger abgeschossen war und über das ganze Gesicht strahlte, wohl weil er der Front nun meinte entkommen zu sein.

Erschreckt hat mich, als ich sah, wie zwei deutsche Soldaten auf einen Wagen der Holzbahn, kreuz und quer aufgeschichtet wie Holzscheite ca 12 bis 16 gefrorene Leichen von deutschen Landsern in Richtung Steinhaus schoben.

Ich fragte immer wieder nach der „Kompanie Dittrich". Bei der Holzverladestation, beim Schrägaufzug traf ich dann einen Feldwebel oder Oberfeldwebel. Der gab mir den Auftrag mit ein paar Italienern Verpflegung und Kaffee nach oben zur Kompanie zu bringen. Es ging einen sehr steilen Weg neben der seilgezogenen Holzbahn nach oben. Zum Teil lag tiefer Schnee und ich weiß noch (ich war der einzige Bewaffnete in der Gruppe), dass ich mich ziemlich aufregte, als die Italiener offensichtlich immer wieder absichtlich in den tiefen Schnee hinein rutschten und dabei jedes Mal von dem Kaffee ausschwappen ließen um die Last leichter zu machen. Ich schrie die Burschen an, sie taten aber als verstünden sie nicht deutsch und ich weiß, dass ich mir überlegte, ob ich nicht vielleicht einen Schuss in die Luft abgeben sollte, um mir Respekt zu verschaffen. Irgendwie kamen wir dann doch oben an bei einer Gebirgsjägereinheit.

Durch einen Offizier wurde ich zu einer Gruppe eingeteilt, die einen Höhenrücken nehmen sollte, von dem aus wir beschossen wurden. Wir sollten uns über eine Lichtung vorarbeiten. Die Lichtung war lediglich mit Baumstümpfen von relativ frisch gefällten Bäumen durchsetzt. Dies war für uns die einzige Deckung.

Ganz oben an der Hangkante standen kleinere Tannen oder Fichten, durch die immer wieder Geschossgarben schlugen und außerdem einige Holzstöße hinter denen hervor auf uns geschossen wurde. Ich habe mich deshalb mit einigen Kameraden, seitlich im Hochwald, immer schön hinter den Bäumen in Deckung, hochgearbeitet und zwischendurch mit meinem Fallschirmjäger Sturmgewehr versucht sorgfältig auf die Lücken in den Holzstößen zu schießen. Als wir ziemlich nah an den Holzstößen dran waren, hatte sich der Feind offensichtlich zurückgezogen.

Wir nahmen die Hinterseite der Holzstöße in Augenschein, da lag Gepäck, Tornister etc. von Russen und deutschen Gebirgsjägern, darunter auch der Ausweis eines jungen Gebirgsjägers aus Schweinfurt. In einem Forsthaus am Feistritzsattel, in welches wir hinein schauten, hatten vorher wohl die Russen gehaust. Wir haben dann im schneebedeckten Wald übernachtet. Dabei kratzten wir unter den Fichtenbäumen den Schnee weg und legten dann Fichtenzweige auf die frei gewordene Stelle unter den Bäumchen. Auf diesen übernachteten wir in Haufen zusammengedrängt, ohne ausreichender Ausrüstung und wechselten immer wieder, damit die außen liegenden Kameraden nicht erfroren. Dann verlegten wir zum Sonnwendstein."

FRÖSCHNITZ SATTEL 1273 m – FANKELBAUERN HÖHE

Das 1. Bataillon des KG 27 wurde in Steinhaus am Semmering ausgeladen und durch das Fröschnitztal auf den **FRÖSCHNITZSATTEL** verlegt, wo es auf dem bewaldeten Höhenzug unterhalb des **HARDERKOGELS** gegen TRATTENBACH Stellung bezog.

Mitte April übernahm dieses Bataillon III./Geb. Jg. Rgt. 155 Hauptmann Heinz BECKER.

Hauptmann der Pz. Truppe BECKER schrieb:

Das Bataillon bestand aus hoch dekorierten Unteroffizieren des KG 27, die als Schützen eingesetzt wurden. Kompanie- und Zugsführer waren größtenteils Gebirgsjäger. Ein bunt zusammengewürfelter Haufen, von dem Oberst RAITHEL zu Recht feststellte, dass er keine Erfahrungen im infanteristischen Einsatz hatte, woher sollte sie auch kommen. Die wenigen Gebirgsjäger waren das Rückgrat der Truppe, die Flieger zeigten bemerkenswerten Einsatzwillen.

Walter FÖRSTER, Fliegerunteroffizier, Bordfunker der Besatzung Oblt. MUNKER der 1. Staffel der I / KG 27 BOELCKE, führte am Semmering eine SMG- Gruppe und er schreibt über diese Tage im Erdeinsatz:

„Am 20. 4. 1945 kam ich dann zum Einsatz. Ich gehörte jetzt zur 4. Kompanie des Geb.Jg.Batl. 136. Unser Kompanieführer war ein Leutnant der Reserve, von Beruf Lehrer aus Kärnten.

Am Abend des 19.4. hörten wir noch aus dem Radio den Aufruf von Göbbels anläßlich des „Führergeburtstages" am nächsten Tag.

Es ging dann mit der Kompanie in Stellung. Wir marschierten von Steinhaus in die Berge mehrere km südlich des SONNWENDSTEIN. Wir marschierten bis in eine Höhe von 1300 m. Für uns Flieger eine ungewohnte Strapaze. Besonders für die MG-Schützen 1 und 2, der eine mit dem schweren MG 42 und der andere mit der 35 Pfund schweren Lafette.

Zugfüher unserer MG war ein Oberfeldwebel der Besatzung Major Quedenau, Hohmann oder Hörmann?

Nach dem Marsch kamen wir oben in der Stellung bei der Geb.Jg. Kompanie an. Wir bezogen Erdbunker und hörten, dass es am nächsten Morgen einen Sturmangriff auf die Straße TRATTENBACH – FEISTRITZSATTEL geben sollte. Auf dieser rollte der russische Nachschub nach Südwesten. Angeblich wollte der Russe über die Straße den Semmering abschneiden. Diese Straße sollte von der Kompanie unbedingt genommen werden. Wir mit unseren SMGs sollten diese erst als lMG mit Dreibein einsetzen und dann eine neue Stellung beziehen und als sMG auf Lafette die Sicherung übernehmen.

In den Morgenstunden, es war schon hell, begann der Angriff. Es ging immer bergab und wir kamen schnell voran. Ich mit meinem Gewehr und auch die anderen in meinem Abschnitt stießen auf keinen Widerstand. Wir liefen mehr als wir gingen und stolperten oft über Wurzeln. Nördlich von uns schoß ein russisches MG. Die Russen waren offensichtlich überrascht. Ich habe keinen einzigen russischen Soldaten gesehen. Wir kamen dann an den Waldrand und mussten über ein mit Gebüsch besetztes Wiesengelände.

Wir drangen immer in Deckung der Büsche weiter vor, als jetzt plötzlich russisches Feuer einsetzte. Ich stellte fest, dass von meinem MG 2 Mann fehlten. Nach kurzem Warten ging ich aber mit den Schützen 1,2 und 3 weiter vor. Der Waldrand und das Wiesengelände wurden von den Russen mit einem tollen Granatwerferfeuer belegt. Wir gelangten am Ende der Wiese in einen Hohlweg, indem wir Schutz vor dem Feuer suchten. Bis hierher war nur eine Gruppe Gebirgsjäger und ich mit meinem MG gekommen. Als das Feuer nachließ stellten wir fest, dass etwa 300 m unter uns die Straße lag, die wir nehmen sollten. Das Gelände zwischen uns und der Straße war zum Teil mit Bäumen bewachsen.

Wir bauten unser MG als lMG auf und warteten. Von hinten kam nichts mehr. Offensichtlich war der Angriff im russischen Granatwerferfeuer steckengeblieben. Die ganze Luft roch nach Pulver. Wir hatten weder Anschluss nach links oder rechts und auch nicht nach hinten. Wir waren praktisch auf uns allein angewiesen.

Den ganzen Tag über tat sich von unserer Seite nichts. Von unserer Kompanie stieß niemand mehr zu uns vor. Wir lagen mehrere 100 m vor der Kompanie. Wenn sich bei uns etwas bewegte, wurde sofort vom Russen geschossen. Es waren besonders Scharfschützen, die irgendwo in den Bäumen saßen. Auch ein Pak-Geschütz nahm uns unter Feuer. Nachdem wir es ausgemacht hatten, haben wir es vermutlich mit einer MG-Salve erledigt, denn dort rührte sich nichts mehr. Am Nachmittag plötzlich Verkehr auf der Straße. Es kamen einige russische Panjewagen (Pferdewagen) daher. Wegen der Straßenbiegung und einem Gehöftes konnten wir jedoch diese Fahrzeuge nicht immer sehen. Als sie wieder auftauchten, wurden sie von unserem MG unter Feuer genommen. Es sollten immer nur kurze Feuerstöße abgegeben werden. Nachdem der Schütze 1 ein Fahrzeug getroffen hatte, schoss er den ganzen Gurt leer. Dabei hat es ihn selbst erwischt. Er wurde von einem russischen Scharfschützen getroffen.

Er erhielt einen Kopfschuss und war sofort tot. Ich hatte etwa 5 m neben ihm gelegen und das Ziel durch das Fernglas beobachtet. Später haben wir dann versucht, in dem vor unserem Hohlweg befindlichen mit Buschwerk und dicken Bäumen bewachsenen Gelände einen geeigneten Platz zu finden, wo wir unser MG in Stellung bringen konnten. Wir mussten ja annehmen, dass der Russe zu einem Gegenangriff gegen uns antrat, zumal er ja wusste, dass wir dort völlig abgeschnitten lagen. Außerdem müssen vorher die Russen selbst in der Stellung gewesen sein, denn wir fanden dort auch zurückgelassenes Brot. Die Russen kannten sich im Gelände offensichtlich besser aus als wir, da wir von den Russen genau beobachtet und sofort unter Feuer genommen wurden, wenn wir aus der Deckung traten.

Mit dem Oberjäger der Gebirgsjäger beriet ich die Situation und wir kamen überein, dass er einen Melder nach hinten zur Kompanie schickt, ob wir uns nach Einbruch der Dunkelheit zur Kompanie zurückziehen könnten. Während der Stellungssuche wurde auch noch der MG-Schütze 2 von einem Splitter am Bein verwundet. Er wurde von einem Sanitäter der Gebirgsjäger versorgt und nach hinten gebracht. Ebenso wurde unser toter Schütze 1 zurückgebracht.

Nach Einbruch der Dunkelheit setzten wir uns dann nach hinten zur Kompanie ab, da zu befürchten war, dass uns die Russen während der Nacht mit einem Stoßtrupp kassierten.

Die Kompanie trafen wir im Waldgebiet an, sie hatte sich in einem Hohlweg eingegraben. Auch wir haben uns so gut es ging für die Nacht dort eingegraben. Am nächsten Tag bezogen wir weiter oberhalb mit den 2 MGs feste Stellungen an einem Waldweg der durch den Hang führte. Der Hang war mit Baumgruppen, Tannen und Fichten bewachsen und hatte auch Lichtungen, sodass wir die Straße einsehen konnten, von der wir jetzt ca 1000 m entfernt lagen. Die sMGs wurden auf Lafette eingebaut. Wir sollten, wenn sich auf der Straße etwas tat, die Straße beschießen. Für die Gewehrbesatzungen hoben wir Bunker aus. Doch sobald wir die Straße mit MG-Feuer bestrichen, wurden wir kurz darauf meist mit Granatwerfern belegt, Wir mussten in unseren Bunkern Zuflucht suchen.

An einem Tag, es muss Ende April gewesen sein, als der Russe mit Ari und Granatwerfer den Bereich der Kompanie beschoss. Kurze Zeit später wurde eine ganze Anzahl Toter weggetragen. Darunter war auch ein Unteroffizier Schreiber im Gruppengeschäftszimmer des I./KG 27. Übrigens habe ich noch nach Tagen unseren Schützen 1, Obergefreiter ULRICH aus Aue im Erzgebirge, mit anderen Toten auf einer Lichtung in unserer Nähe liegen gesehen, als wir auf die Essenträger warteten. Die Toten waren inzwischen eingeschneit, da es um den 1. Mai 1945 geschneit hatte.

Am Morgen des 30. April 1945 bekam die Luftwaffenkompanie mit ihren Führer Luftwaffen Hauptmann ROLOFF in Steinhaus den Einsatzbefehl zur sofortigen Verlegung an die Front. In das Gebiet FRÖSCHNITZSATTEL – FANKELBAUERNHÖHE, um die dort seit 3 Wochen eingesetzten Kameraden abzulösen.

Die Kompanie bestand aus Kampffliegern des KG 27 Boelcke. In der Kompanie gab es nur den Gebirgsjäger Leutnant TÖNIG und den Fahnenjunker- Unteroffizier Walter VOGT aus der Kriegsschule Wiener Neustadt. Die beiden versuchten in 14 Tagen diese Fliegerkompanie so gut als möglich infanteristisch auszubilden und ihnen den Gebirgs- und Erdkampf beizubringen.

VOGT Walter Fahnenjunker:

„Nach dem ich die Kämpfe in der Burg Wr. Neustadt und dem Bombenangriff in Baden glücklich überlebt hatte, kam ich laut Befehl nach Melk.

Fahnenjunker Walter Vogt

Am 9. April wurde ich zur Führerreserve der VI. Armee nach Deutsch-Feistritz bei Graz abgeordert. Von dort hatte ich einen Kurierauftrag nach Graz zu erfüllen. Nach meiner Rückkehr aus Graz wurde ich zur Kampfgruppe Semmering kommandiert. Ich hatte dabei das Glück, zu einer Kompanie versetzt zu werden, die gerade in der Ortschaft Steinhaus zur Ausbildung stationiert war. Diese Kompanie bestand zum größten Teil aus ehemaligen Kampffliegern des Kampfgeschwaders 27, „Boelcke“, die wegen Benzinmangel nicht mehr fliegen konnten und zur Infanterie versetzt waren.

In dieser Kompanie waren nur Luftwaffensoldaten, ich war der einzige Infanterist und bekam vom Chef der Kompanie, Luftwaffen Hauptmann ROLOFF, den Auftrag, seine Flieger während der Ruhe so gut als möglich infanteristisch auszubilden. Ich glaubte zunächst, der schweren Aufgabe nicht gewachsen zu sein, bestand doch das Gros der Einheit aus Feldwebeln und Unteroffizieren, fast alle im Luftkrieg bestens bewährte Soldaten, ja zum Teil sogar Träger des „Deutschen Kreuzes in Gold”. Ich hatte jedoch nicht mit der Einsatzbereitschaft und dem Willen, sowie der wahrhaft großen Kameradschaft dieser prächtigen Soldaten gerechnet, die sich ohne Ausnahme von mir unterrichten und führen ließen.

Hauptmann ROLOFF ließ mir auch alle erdenklichen Freiheiten zuteil werden. Ich wurde außerdem als einziger Fahnenjunker Unteroffizier zum Zugführer ernannt, bis meiner Kompanie der Gebirgsjäger Leutnant TÖNIG zugeteilt wurde, der dann infolge seines Dienstgrades meinen Zug übernahm und ich den Nachbarzug des Flieger Leutnants KRALL mit einer Sonderaufgabe zugeordert wurde.

In den 14 Tagen der Ausbildung in Steinhaus haben wir, TÖNIG und ich, der im Gebirgs- bzw. Erdkampf vollkommen unerfahrenen Kompanie doch allerhand beibringen können.

MG- u. Granatwerferausbildung der Luftwaffensoldaten

Nun war es als soweit. Wir hatten alle Hände voll zu tun, bis wir gefechtsbereit zum Abmarsch antreten konnten.

Es war ein schneidend kalter Tag und es schneite ununterbrochen. In den Bergen vor uns hallten dumpf die feindlichen Artillerieabschüsse und Granateinschläge. Ein dichter Schneeschleier hüllte uns ein, doch wir marschierten monoton bergauf. Es herrschte eine Stimmung unter uns, die der des Wetters voll und ganz angepasst war. Nach etwa 3 – 4 stündigen Anmarsch von Steinhaus durch den Fröschnitzgraben hatten wir die Stellungen in 1300 Meter Höhe erreicht.

Beim Anblick dieser vom Kampf gezeichneten Kameraden, die wir ablösten, rutschten manchen von unseren Fliegersoldaten das Herz in die Hose. Verdreckt, vollständig durchnässt, mit bärtigen, hohlwangigen Gesichtern und von den ungeheuren Anstrengungen rot umrandeten Augen, so sahen die Kameraden aus die wir nun abzulösen hatten und deren Schicksal wir übernehmen mussten.

Nun wie sahen die Stellungen aus, die wir besetzen sollten. Gewöhnliche Erdlöcher, ohne jeden Schirm und Schutz, fast kniehoher Schnee, dichter Wald und auf dem gegenüberliegenden Gelände des Fröschnitzsattel befand sich der Russe mit Elitetruppen und sibirischen Scharfschützen.

Unsere Erdlöcher waren steinhart gefroren, ein eisiger Schneesturm hüllte uns ein und ließ unsere Gliedmaßen schier erfrieren. Wir waren waffenmäßig zwar bestens, aber bekleidungsmäßig katastrophal ausgerüstet.

Trotz des Schneegestöbers gelang es Hauptmann ROLOFF unter Mithilfe der Offiziere, die Züge und Gruppen in die Stellungen entsprechend ihrer Stärke einzuweisen. Mir taten die armen Kerle bitter leid, denn ein solches waren sie nicht gewohnt, während es ja für mich nichts Neues mehr war nach all den noch schlimmeren Winterschlachten in Russland.

Ein Kompaniegefechtsstand und drei Zuggefechtsstände in sehr primitiven Zustand waren vorhanden.

Als stellvertretender Zugsführer des 1. Zuges, den Leutnant KRALL führte, bezog ich mit diesem und zwei Meldern den Zugsgefechtsstand. Der Kompanieabschnitt war dermaßen groß, dass z.b. mein Zug allein 400 Meter Stellungssystem, soweit man überhaupt davon sprechen konnte, mit einem Höhenunterschied von 150 Metern, zu besetzen hatte.

Um 23.00 Uhr traf ein Melder bei mir ein, der mir folgenden Befehl von Hauptmann ROLOFF übermittelte: „Unteroffizier VOGT hat sich sofort mit Stahlhelm beim Bataillonskommandeur in dessen Gefechtsstand zu melden.“

Ich war höchst erstaunt und konnte mir beim besten Willen nicht vorstellen, was man dort von mir wollte.

Ich machte mich auf den Weg, stockdunkle Nacht, kniehoher Schnee eine Orientierung und ein Vorwärtskommen war fast unmöglich, zumal ich nicht genau wusste, wo sich überhaupt der Gefechtsstand des Bataillons befand. Zwei Stunden irrte ich durch den von Gewehrschüssen durchpeitschten Wald Mutterseelen allein umher, bis ich endlich gegen 01.00 Uhr am Bataillonsgefechtsstand eintraf.

Dort traf ich zu meiner großen Freude einen Kriegsschulkameraden, der ebenfalls hierher befohlen worden war.

Hauptmann BECKER, der Bataillonskommandant des III. Bataillons des Gebirgsjäger Regiments 155, ein ruhiger und sehr feiner Offizier, nahm unsere Meldung entgegen und eröffnete uns folgenden Befehl: „Auf Weisung des Heerespersonalamtes hat der Kommandeur der 9. Gebirgsdivision, Oberst RAITHEL; die Fahnenjunker-Unteroffiziere Walter VOGT und Gerhard N (der Name ist mir nicht mehr erinnerlich), mit Rückwirkung vom 01. April 1945 zu Leutnanten der Reserve befördert.

Nach den sehr herzlichen Glückwünschen des Kommandeurs, des Adjutanten und des Ordonanzoffizier traten wir den Rückweg an. Es war eine große Überraschung für mich, mit einer Beförderung hatte ich nicht gerechnet. Als ich mich beim Kompaniechef Hauptmann ROLOFF zurückmeldete, wusste der schon Bescheid und gratulierte mir herzlich.

Meine Beförderung hatte auch eine Stellenveränderung zur Folge. Der Tiroler Gebirgsjäger Leutnant TÖNIG, der bisher den 2. Zug führte, wurde zum Regimentsstab versetzt und ich übernahm dessen Zug mit gleichzeitiger Funktion als stellvertretender Kompanieführer.

Ein Verlassen der Schützenlöcher war untertags vollkommen ausgeschlossen, da die Russen tagsüber unaufhörlich unsere Stellungen mit schwerem Artilleriefeuer und Granatwerferfeuer abstreuten. Da wir mitten im Wald lagen, war die Zahl der Baumkrepierer groß. Tag und Nacht hausten die Soldaten in diesen gefrorenen und vereisten Schützenlöchern, ohne jegliche warme Winterkleidung. Schlaf gab es kaum, die Verpflegung war schmal, warmes Essen war ein fast nie in Erfüllung gehender Wunschtraum.

Trotzdem harrten die Männer aus und ich konnte mich auf sie jederzeit verlassen. Wie großartig war immer wieder der freiwillige Einsatz der beiden Gruppenführer BOTHA und SCHMIDT.

Am Regimentsstand des Geb. Jg. Rg. 155 lernte ich den Kommandeur Major STARKL und dessen Adjutanten, den Ritterkreuzträger Oberleutnant Sepp ABEL, kennen.

Am Abend des 6. Mai 1945 bekam mein Zug ein Scherenfernrohr zugeteilt, mit dem wir den Russen im wahrsten Sinne des Wortes fast in die Kochtöpfe schauen konnten.

Am 7. Mai hatten wir auf Befehl des Bataillons einen Aufklärungsspähtrupp in das Vorgelände der Nachbarkompanie durchzuführen, da dort verdächtige Bewegungen wahrgenommen worden sind.

Mit zwei Feldwebeln und einem Unteroffizier startete ich, nachdem wir Rangabzeichen, Auszeichnungen und Papiere abgelegt hatten das Unternehmen. Der Spähtrupp verlief ohne Zwischenfälle. Das Vorgelände war feindfrei.

In der Nacht vom 7. auf den 8. Mai, es war 01.00 Uhr und ich wollte mich gerade eine Stunde ausruhen, da wurde ich vom Eintreten eines Melders der Kompanie aufgeschreckt und vernahm dessen Meldung, dass ich meinen Zug an Oberfeldwebel LUX zu übergeben hätte und sofort den beim Kompaniegefechtsstand stationierten Reservezug übernehmen sollte. Hauptmann ROLOFF eröffnete mir, dass ich mich mit dem Reservezug beim Bataillonsgefechtsstand melden solle und dort nähere Befehle erhalten würde.

Es dauerte einige Minuten bis der Reservezug abmarschbereit angetreten war und mir Oberfeldwebel HUBRICH meldete: „Reservezug 4: 30 Mann gefechtsbereit angetreten". Mit dem Kommando „ohne Tritt Marsch", ging es durch die rabenschwarze Nacht zum Bataillonsgefechtsstand, wo mich Leutnant FISCHER bereits erwartete.

Ich erwartete nun einen Befehl zu irgend einem Stoßtruppunternehmen, doch Leutnant FISCHER flüsterte mir zu, dass der Krieg aus sei und die deutsche Armee bedingungslos vor den Alliierten kapituliert hätte. Mir lief es eiskalt den Rücken hinunter, meine Leute ahnten noch nichts.

Es herrschte bereits ein heilloses Durcheinander am Bataillonsgefechtsstand. Hauptmann BECKER begrüßte mich mit den Worten: „Herr VOGT, der Krieg ist aus".

Nun hieß es handeln, um auf irgend eine Art der russischen Kriegsgefangenschaft auf schnellstem Weg zu entgehen.

Mit gemischten Gefühlen begab ich mich zu meinem in einer geschützten Mulde rastenden Zug und eröffnete ihnen das Ende des Krieges und die totale Kapitulation.

Ich machte meinen Leuten klar, dass es jetzt darauf ankommt, Ruhe zu bewahren um nicht in sowjetische Gefangenschaft zu geraten. Meine Kameraden antworteten mir: „Herr Leutnant, wir vertrauen Ihnen, führen Sie uns hier heraus. Sie werden schon als alter fronterfahrener Infanterist das Richtige tun."

Dem mittels Flugblättern abgeworfenen Aufruf des sowjetischen Marschall TOLBUCHIN mit der Zusicherung einer ehrenhaften Behandlung der deutschen Soldaten in russischer Kriegsgefangenschaft wollte von uns keiner Glauben schenken.

Nachdem wir uns aller hinderlich und nun unnötig gewordenen Gegenstände wie Stahlhelm und Gasmaske entledigt hatten, Waffen und Munition nahmen wir mit, traten wir den letzten Marsch Richtung Steinhaus – Spital an. Wir schafften es bis vor Salzburg zu den Amerikanern."

Kämpfe um den Sonnwendstein 1523 m

Lw. Oblt. Karl Dittrich

Der Volkssturm Semmering hatte bereits im März 1945 auf dem 1523 m hohen Sonnwendstein Stellungen ausgehoben. Hauptmann DICKERMANN beorderte am 10. April 1945 die Luftwaffenkompanie unter Lw. Oblt. Karl DITTRICH zum Sonnwendstein.

Lw. Schütze PIXIS:

„Anschließend zogen wir am Weinweg entlang, im tiefen Schnee, Richtung Sonnwendstein. Beschuss hatten wir auf dem Marsch Richtung Sonnwendstein nicht, wir hörten nur immer Artillerie-, Gewehr- und MG-Feuer von rechts.

Als wir am Sonnwendstein am 10. April 1945 beim Alpenhaus Engleder ankamen, wurde ich durch einen Gebirgsjäger in ein Schützenloch ca 50 – 80 Meter westlich der Kapelle, auf der Spitze des Sonnwendstein beordert.

Auftrag: Den davor liegenden Hang Richtung Semmering – Maria Schutz überwachen und verhindern, dass hier Russen nach oben kämen.

Dabei erinnere ich mich an einen Feldwebel oder Oberfeldwebel mit rötlich blondem Haar, wahrscheinlich Metzgermeister aus dem Raum Bochum – Dortmund. Er kümmerte sich um unsere Gruppe und in einer väterlichen Weise um mich, als den offensichtlich Jüngsten. Er soll dann am Sonnwendstein eine dort frei herumlaufende Kuh geschlachtet haben.

Auf diese Weise gab es plötzlich etwas Gulasch für unsere ausgehungerten Mägen. Ich bin ihm noch heute dankbar."

Doch lassen wir Oblt. DITTRICH weiter berichten:

„Es wird langsam Tag. Wir befinden uns auf dem sogenannten Weinweg der allmählich ansteigt und über Alpkogelhütte, Alpkogel und Dürrkogel vorbei unserem Ziel entgegen.

Wir treffen weder auf deutsche Soldaten noch haben wir Feindberührung. Knapp unter dem Gipfel des Erzkogels vorbei, erreichen wir gegen 10.45 Uhr den Sonnwendstein. Vor dem Alpengasthaus ENGLEDER werden wir von einem Geb. Jg. Uffz. erwartet, der uns anschließend auch gleich in die Stellungen einweist.

Die Züge gehen in Stellung. Der 1. Zug mit Lw. Ofw. WENDT auf den Gipfel des Sonnwendstein, unterhalb der Kapelle mit Sicht in die Steilhänge von Maria Schutz. Der 3. Zug mit Lw. Ofw. LITFIN in den Felsenstellungen des Steilhanges zum Göstritzgraben. Der 2. Zug mit Lw. Ofw. SONDERMANN unterhalb des Erzkogelgipfel. Die Unterkunft wird im HARTBERGER- Haus eingerichtet. Nachmittags melde ich mich bei Hauptmann Karl SCHURR, Batterieführer der in Steinhaus liegenden Gebirgsartillerie, der gleichzeitig als VB am Sonnwendstein seinen Gefechtsstand im ENGLEDER Haus hatte.

11. 4. Heute erfahre ich, dass wir zum Lw. Batl. DEPPE gehören. Hauptmann DEPPE besucht mich und teilt mir mit, dass mein Kompanietross zusammen mit dem Stab und Hauptmann HAPKE in Steinhaus liegt. Mittags kommen zum ersten Mal Tragtiere, geführt von österreichischen Volkssturmmännern und bringen in Kanistern warmes Essen und für 2 Tage auch kalte Abendverpflegung. Die 8 Artilleristen, die seit 2.4. auf dem Sonnwendstein sind, verpflegen sich in der Gasthausküche und kochen selbst.

Die Wirtsleute der beiden Schutzhütten ENGLEDER und HARTBERGER sind evakuiert.

Sonst befindet sich hier oben noch eine Lw-Relaisstation, die in der Kapelle untergebracht ist. Auf der kleinen Terrasse davor sind die Beobachter der Geb.Art., einer Granatwerferkompanie, sowie zeitweilig auch der Kampfgruppe Semmering tätig.

Die Aussicht auf diesem höchsten Punkt 1523 m, in unmittelbarer Nähe des Semmering ist nicht nur einmalig schön und eindrucksvoll, sondern bietet auch die militärische Beobachtung rundherum, vor allem aber

Art. Beobachter am Sonnwendstein Richtung Eselstein u. Schottwien

in die vom Feind besetzten Gebiete, wie Weinwegalm, Kummerbauerstadl, Großer und Kleiner Otter, Göstritzgraben im Osten und Schottwien, Ruine Klamm, Eselstein nordwestlich bzw. westlich von uns. In weiterer Entfernung haben wir den Blick auf das Stuhleck, den Hochwechsel, Schneeberg und Rax, um nur wenige zu nennen.

Die Feindlage ist, soweit ich sie von hier aus beurteilen kann, folgende:

Im Osten steht ausnahmslos der Russe. Gleich zu unseren Füßen, vom Göstritzgraben aufwärts zur Weinwegalm, zum Kummerbauerstadl und Otter, bauen sich die Sowjets ein. Von Hauptmann SCHURR erfahre ich, dass das ganze Gebiet, vom Hochwechsel über Trattenbach, Kirchberg vom Feind besetzt ist und seine Batterie zur Zeit die russischen Geschützstellungen bei Otterthal und Schlagl zu bekämpfen hat. Im Norden beobachten wir auf den Höhen bei Schottwien zeitweilig einige Russen. In Schottwien, das von der Kapelle tadellos einzusehen ist, lässt sich kaum eine Seele blicken.

Art. Beobachter am Sonnwendstein Richtung Kummerbauer und Schottwien

An einigen Häusern stellten wir rote Fahnen fest. Dass in den Adlitzgräben und auf den Eselstein gekämpft wird, weiß ich von Lt. HABRECHT, dem Beobachter der Granatwerfereinheit, was auch nicht zu überhören ist.

Über die eigene Lage weiß ich nur soviel, dass rechts von mir auf dem DÜRRKOGEL Lw. Lt. MAYERHOFER mit einer Alarmkompanie aus Luftwaffenangehörgen der Flugzeugführerschule A/B 14 Klagenfurt Stellung bezogen hat und anschließend beim Alpkogel noch eine weitere Alarmeinheit liegen soll.

13. 4. Gestern keine besonderen Vorkommnisse zu melden. Bis jetzt schien der Russe noch kein besonderes Interesse am Sonnwendstein gehabt zu haben, aber was bedeutet der fortgesetzte Stellungsbau jenseits des Göstritzgraben? Schon bei Tag, erst recht nachts sehr gut zu hören.

Heute meldet sich der Russe. Ein Artillerist, der auf dem Felsengrat hinter dem Englederhaus seinen Auslug hat, gibt über den Fernsprecher Alarm. Unbemerkt war es zwei Russen gelungen, vom Göstritzgraben schnurgerade bis etwa 10 m unter dem Grat ein Fernsprechkabel zu legen. Leider werden die Russen durch die Meldung aufgescheucht und hauen ab, mit sofort geworfener Handgranate nicht mehr zu erreichen. Ich lasse die Landungsstelle untersuchen und siehe da, neben dem Kabelende liegt ein Sack mit Munition für leichte Granatwerfer. Ich schicke einen Spähtrupp in den Göstritzgraben, der jedoch keine Spur mehr feststellt. Die untere Hälfte des Kabels war bereits eingezogen.

Die Absicht der Russen ist nun klar. Der Sonnwendstein mit Erzkogel, diese beiden die ganze Umgebung beherrschenden Punkte, müssen in ihre Hand. Was hätte eine Granatwerferstellung vor unserer Haustür anrichten können. Dem Göstritzgraben wird unsere besondere Aufmerksamkeit gewidmet.“

Da am Sonnwendstein in der Mulde zwischen Sonnwendsteingipfel und Erzkogel die Regimentsgrenze lag, dürfte der 1. Zug der Kompanie Dittrich dem Gebirgsjäger Regiment 144, Bataillon SCHLIERF unterstanden sein.

Lw. Schütze PIXIS:

„Am 14. April wurde ich zusammen mit einer Gruppe von vielleicht neun Mann, offenbar als eine Art Vorposten an den Waldrand, östlich von Maria Schutz, mit Sicht auf Göstritz und Gudenhof geschickt. Meine Uniform bestand aus Schnürschuhen, die mehr oder weniger weit vorne bei den Zehen offen standen, so dass der Schnee hinein fiel, eine Unterhose, Unterhemd, Uniform, Hose und Jacke, darüber ein normaler Luftwaffenmantel, darüber hing ich meine Zeltplane. Meine Bewaffnung bestand aus einem Fallschirmjäger – Sturmgewehr und mein Brotbeutel voll Munition, sowie eine Panzerfaust.

Die Gruppe bestand aus einem mir unbekannten Feldwebel oder Oberfeldwebel, einem jungen blonden Unteroffizier, einem Obergefreiten, der ca. 6-8 Jahre älter war als ich, aus unserer Luftwaffenkompanie mir selbst und weiteren fünf Soldaten unbekannter Zugehörigkeit.

Die uns versprochene Verpflegung kam nicht. Erst am 17. April am frühen Morgen kam ein Luftwaffen Feldwebel der einen Laib Brot dabei hatte und den Befehl überbrachte, uns schnellstens um den Sonnwendstein herum Richtung Semmering oder Steinhaus zurück zu ziehen. Der Russe habe inzwischen den Sonnwendstein und die Kapelle genommen.

Wir bewegten uns zunächst ein kurzes Stück Richtung Süd – Osten bis ca. 60 Meter vor einer Felswand mit einigen großen Felsbrocken davor. Von dort aus wurden wir mit Gewehrgranaten beschossen, worauf ich meine Panzerfaust gegen die Felswand abschoss.

Wir zogen uns dann durch den Wald zurück, teilweise auf einem Weg der parallel zum Hang in Richtung Westen verlief. Sahen dann ein Jagdschloss, bei diesem einige deutsche Soldaten und wie ich zu erkennen glaubte, auch einige Granatwerfer, Geschütze und Gewehrpyramiden.

Der Feldwebel, der uns geholt hatte, ging zum Liechtenstein Jagdschloss und bekam dort den Befehl, mit uns senkrecht hinauf zur Kapelle am Sonnwendstein zu steigen.

Wir gingen dann quer durch das äußerst steile, glitschige und teilweise mit ziemlich hohem Schnee bedeckte Waldgelände Richtung Kapelle auf dem Hang zur Sonnwendsteinspitze.

Nach einiger Zeit kamen wir an kaskadenartig verlaufenden Felsen. Stiegen über eine ca. 3-5 Meter hohe, ziemlich senkrechte Felspartie hinauf, dann kam eine steil nach schräg oben verlaufende bewuchs- freie Plattform.

Auf dieser schrägen Plattform befanden sich außer mir, der junge Luftwaffen Unteroffizier, der Luftwaffen Obergefreite und noch zwei weitere Soldaten. Ich war der letzte der Gruppe, drehte mich um und sah zurück.

Der Feldwebel schaute gerade über die Felskante herauf. Plötzlich gab es einen schmetterten Schlag. Ich selbst fiel schräg Hang abwärts auf den Rücken und wohl mit dem Hinterkopf auf einen Stein. Während des Hinfallens sah ich noch wie die vor mir bergauf steigenden Kameraden wie Hasen bei einer Treibjagd, den Hang ein Stück herunter rollten. Zugleich dachte ich noch ich falle um wie der „Sterbende Held von Ypern“.

Als ich wieder zu mir kam, konnte ich den Kopf nicht mehr heben und das rechte Bein nicht bewegen. Ich hatte einen Splitter im Oberbauch Richtung Herzbeutelspitze und Splitter im rechten Oberschenkel, im Knie und einen Splitter im rechten Unterarm.

In der linken Hand hatte ich plötzlich den Kopf der Handgranate, die ich im Koppel getragen hatte. Daraus rieselte rosa Pulver über mich und ein zerfetztes Metallteilchen, offenbar der zerschossene Zünder. Er war nicht explodiert.

Welche Granate und von wo sie gekommen ist konnten wir nicht feststellen. Nach einiger Zeit, ca 1 – 2 Stunden schafften mich die unter dem Felsen verbliebenen zwei oder drei Kameraden mühselig und für mich äußerst schmerzvoll, wieder über den Felsen hinunter, legten mich zu dessen Füßen auf den Boden und verbanden mich notdürftig. Der Feldwebel war bei der Explosion vom Felsen geschleudert worden und hatte sich das Kreuz verstaucht, konnte dann doch zurücklaufen um Hilfe zu holen. Die Kameraden, die sich mit mir auf der Schräge befunden hatten, waren alle tot.

Der Feldwebel kam zurück und brachte einige Leute mit. Zwei davon schafften mich dann an der Flanke des Sonnwendstein hoch, was äußerst schwierig und für mich schmerzvoll war. Sie zerrten mich mittels einer Zeltplane den Berg hinauf. Als wir oben angekommen waren schleiften sie mich über die zum Teil mit Steinen bedeckte Grasnarbe zum Englederhaus. Den Beiden gab ich dann noch meinen teils durchschossenen Zigarettenvorrat. Mit einem Panjefuhrwerk (russisches Pferdefuhrwerk) wurde ich vom Alpenhaus Engleder zum Verbandsplatz in das Hotel Post am Semmering gebracht. Dort wurde ich dann wohl mehr oder weniger provisorisch versorgt und lag die Nacht über dort auf einer Strohschütte neben anderen Verwundeten. Ich hatte da wohl schon starkes Wundfieber. In meiner Fieberphantasie bildete ich mir ein, die Kleiderkammer läge auf meinen verletzten Bein und die Russen kämen um mich zu massakrieren.

Am nächsten Morgen vermute ich, wurde ich mit einem Sanka nach Sommerau, in das Feldlazarett gebracht. Hier wurden mir die meisten Splitter heraus operiert. In der ersten Zeit danach muss ich immer wieder besinnungslos gewesen sein.

Ich war dann in den Lazaretten Zell am See, Saalfelden und zum Schluss, bis zur Entlassung Mitte August 1945, im Stift Bischofshofen.“

Lw. Oblt. DITTRICH:

„15. 4. Heute erkunde ich im Alleingang das Vorfeld des 1. Zuges unterhalb der Kapelle und komme bis zu den ersten Häusern von Maria Schutz. Keine Menschenseele. Keine Rauchfahne aus den Hauskaminen. Die Fensterläden waren geschlossen. Also auch hier Niemandsland? Trotzdem gehe ich auf der Straße nur so weit, bis ich die Kirche mit Vorplatz einsehen kann. Auch dort keine Bewegung. Ich kehre um und erreiche durch den Myrtengraben wieder meinen Gefechtsstand.

Ausgerechnet während meiner Abwesenheit war der Kommandeur der Kampfgruppe Semmering, Oberst Heribert RAITHEL, auf dem Sonnwendstein.

16. 4. Ich bin gerade beim 1. Zug, als gegen 11.00 Uhr beim 3. Zug heftiges Gewehrfeuer losgeht. In wenigen Minuten bin ich dort. Inzwischen kamen auf dem Hang zwischen den beiden Zügen die ersten Granatwerfereinschläge an. Das HARTBERGER- Haus wird teilweise zerstört. Die ersten Verwundeten schreien nach dem Sanitäter. Von den Felsenstellungen meines 3. Zuges aus bekämpfe ich mit Gewehr und MG den Feindeinbruch. Gegen 11.30 Uhr ist der Spuk vorbei. Ofw. LITFIN stösst anschließend mit einigen Männern nach. Der Russe läßt 4 Gefallene zurück. Schleifspuren deuten auf abtransportierte Verwundete hin. Leider sind auch bei uns 4 Verwundete gemeldet, die es beim Beschuss des HARTBERGER- Hauses erwischt hat.

In den ersten Nachmittagstunden schicke ich einen Spähtrupp aus der Stellung des 3. Zuges hinunter in Richtung nördlicher Göstritzgraben. Der Obergefreite Hans AMSTEIN fällt bei dieser Aufklärung durch Herzschuss. Der Spähtrupp meldet sonst keine Feindberührung mehr. Irgendwie ist der zurückkehrende Trupp von den Russen eingesehen worden, was heftiges Ari-Feuer auf die Stellungen des 3. Zuges zur Folge hat. Wieder einige Leicht- und Schwerverwundete. Heute werden insgesamt 1 Toter und 9 Verwundete meiner Kompanie ins Feldlazarett zum Semmering (Hotel Post) abtransportiert. Ein hoher Blutzoll, den meine Alarmeinheit zu entrichten hat. Hauptmann HAPKE sagt sofort personellen Ersatz zu.

17. 4. Es herrscht Hochdruckwetter, am Sonnwendstein ist es empfindlich kalt. Ich bekomme Ersatz aus dem Kfz-Personal der Horstkompanie. Der Verwundete Ofw. LITFIN wird durch Ofw. SCHRAMM ersetzt.

Es ist 11.00 Uhr, ich bin beim ersten Zug, wie am Vortag, um den Stellungsbau zu überwachen, als am Erzkogel beim 2. Zug heftiges Gewehrfeuer einsetzt. Ich laufe zum Gefechtsstand, wo ich Hauptmann SCHURR antreffe, wie er gerade einige seiner Leute sammelt. Ich nehme 10 Mann meiner Einheit, die eben zum Essenempfang beim ENGLEDER Haus stehen, mit und stürme mit ihnen neben Hauptmann SCHURR und seinen Männern zum Erzkogel. Bevor wir die Stellungen meines 2. Zuges erreichen, setzt plötzlich starkes Granatwerferfeuer ein. Wir springen durch den Sperrgürtel und stellen fest, dass die Sowjets in unserer Erzkogel Stellung eingedrungen sind und meinen 2. Zug buchstäblich hinausgeworfen haben. Ich stelle aber auch zu meinem Entsetzen fest, dass meine Soldaten, die ich vom ENGLEDER Haus mitgenommen habe, nicht gefolgt sind. Ich führe als einziger einen Karabiner mit. Viel zu wenig, um den Russen an dieser Stelle lange in Schach halten zu können. Ich springe zur Ausgangsstellung, wo sich immer noch meine Männer aufhalten. Ich muss einsehen, dass ich sie nicht mit nach vorne nehmen kann und lasse mir das MG 15 geben. Einer soll mir wenigstens die Trommeln nachtragen, ich bitte fast darum. Mit dem MG bewaffnet, arbeite ich mich durch das Sperrfeuer wieder an die Seite von Hauptmann SCHURR vor und bringe das MG sofort in Anschlag. Der Obergefreite PRUMBS hat es als einziger gewagt, mir zu folgen und Trommeln nachzubringen.

Ich streue nicht mit dem MG, sondern jage gezielte Garben hinüber zu den Russen, die inzwischen auf ca 20 m hergekommen waren und sich in unseren Ein- und Zweimannlöchern verschanzt haben. Das MG Feuer bringt ihnen die beabsichtigte Verwirrung. Sie springen hinter Felsen und Bäumen mit viel Geschrei hin und her, nach vorne und wieder zurück, von ihren Führern immer wieder angefeuert.

Da ruft mir, der 2 m hinter mir liegende Oberwachtmeister der Ari zu: „Herr Oberleutnant, der Mann neben ihnen schießt nicht!“ Ein Blick zur Seite genügt mir, dass PRUMBS tot ist. Kopfschuss mitten in die Stirn. Ich glaube er war überhaupt nicht zum Schuss gekommen. Der brave Obergefreite!

Plötzlich hat das MG Ladehemmung und ich kann sie nicht beseitigen. Ich greife wieder zum Karabiner. Aber der gibt zu wenig Feuerkraft. Ich versuche es nochmals mit dem MG und siehe da, es funktioniert wieder. In der Eile hatte ich die neue Trommel verkehrt eingesetzt. Wir sehen die Gesichter der Russen, so nahe sind sie. Du oder ich! Nach dieser Parole müssen wir ohne Pardon feuern.“

Hauptmann SCHURR schreibt darüber:

„Um die Mittagszeit, wir wollten gerade auf meinem Hauptgefechtsstand im Engleder Haus das Mittagessen einnehmen, als plötzlich die Kugeln über das Haus pfiffen. Leutnant BAUER kam hereingestürmt und meldete, dass die Russen sich bereits nur mehr ca. 60 m entfernt von unserem Gefechtstand befinden und die Luftwaffe stiften gegangen sei.

Ich nahm alle anwesenden Soldaten mit und arbeitet mich von meiner B – Stelle zur Einbruchstelle vor. Wir waren mit Maschinenpistolen bewaffnet und hatten noch 5 Panzerfäuste mit. Von der Luftwaffe die hier als Infanterie eingesetzt war, war nichts mehr zu sehen, Oberleutnant DITTRICH mit einem Mann waren die einzigen Tapferen dieses Haufens. Wir lagen den Russen auf Rufweite gegenüber und hörten immer wieder ihre „Dawei und Hurrä“ Rufe. Nach dem Abfeuern der Panzerfäuste kam etwas Ruhe in das Kampfgeschehen, das ca. 3 Stunden lang andauerte.

Als der Russe gegen 15.00 Uhr, unter Hinterlassung von weit mehr Toten und Gerät, sich endlich zurückzog wollte ich mich zu meinem Gefechtstand begeben um über Funk der Division die Lage zu schildern, doch die Russen hatten bereits das Fernsprechkabel Richtung Semmering in unserem Rücken durchtrennt. Dabei feuerte ein im dichten Unterholz versteckter Russe mit seiner MPi auf mich, wodurch ich schwer verwundet und mit meinen anderen verwundeten Männern zum Semmering abtransportiert wurde. Diese Abwehrschlacht wurde ausschließlich von uns Artilleristen getragen, und ich wurde für diesen Einsatz am Semmering im Ehrenblatt des Heeres genannt und zum Ritterkreuz eingereicht“.

Nun wieder zu Oblt. DITTRICH:

„Drei Russen, die nur 15 m entfernt in einem Loch stehen, müssen dran glauben, in diesem Augenblick, wo sie, einer nach dem anderen, auf mich zielen.

Nahkampfstelle u. Durchbruch der Sowjets am 17. April 1945

Der Russe zieht sich zurück und räumt die Stellungen am Erzkogel. Er hinterlässt 16 Gefallene. Mein 2. Zug geht wieder in Stellung. Die Unteroffiziere FERBER und GRÖPPLER, die mit den Männern abseits gelegen hatten und zu meiner Unterstützung schließlich näher gekommen waren, sind tot, die Oberkörper von einer Granate aufgerissen. Zwei weitere Tote habe ich zu beklagen. Obergefreiter PLYSCHINSKI und ein Gefreiter vom 1. Zug wurden bei der Wachablöse unterhalb der Kapelle durch Granatsplitter getötet. Die Russen hatten an diesem Tag ihr Feuer auf den ganzen Höhenrücken vom Erzkogel bis zum Sonnwendsteingipfel gerichtet.

Der konzentrierte sowjetische Angriff auf den Sonnwendstein und heute auf den Erzkogel hatte zweifellos zum Ziel:
1. den Sonnwendstein in ihre Hand zu bekommen und
2. die steirische Abwehrfront vom Semmering aus aufzurollen.

18. 4. Für den verwundeten Hauptmann SCHURR kommt Oberleutnant Andreas LUGER. Durch Spähtrupps erfahre ich, dass das Steilgelände vom Göstritzgraben herauf zum Erzkogel noch vom Feind besetzt ist und schlage deshalb Oblt. LUGER vor, das Gelände durch Artilleriebeschuss zu säubern. Erstaunlich, die Batterie, die in den letzten Tagen nur sparsam schießen durfte, bekommt für diesen Zweck 50 Schuss genehmigt. Gerade wird mir gemeldet, daß Unteroffizier Max ALLGEIER vom 2. Zug tödlich getroffen wurde, anscheinend von einem sowjetischen Scharfschützen – Herzschuss.

Ich vereinbare mit Oblt. LUGER 13.00 Uhr als Beginn des Art. Beschusses und zwar mit Anfang unmittelbar unter dem Erzkogel- Gipfel. Meinen 2. Zug ziehe ich um 12.55 Uhr kurzfristig heraus, um die Männer zu schützen.

Mit Oblt. LUGER bin ich auf Beobachtung, etwa 200 m vom Erzkogel, von wo aus wir die Beschießung bis hinunter in den Göstritzgraben kontrollieren. Von den Russen selbst sehen wir nichts, da sie im schützenden Wald sind. Punkt 13.00 Uhr gibt LUGER den Feuerbefehl. Es wird ein Inferno mit 50 Baumkrepierern. Der Spuk dauert nur 45 Minuten.

Die Säuberung wird ein voller Erfolg. Unter Hinterlassung alle Waffen, Munition, Verpflegung, Sanitätsmaterial usw. stürzen die Russen von Baum zu Baum flüchtend hinunter in den Graben. Nach der Anzahl der erbeuteten Gewehr und Maschinenpistolen zu schließen waren vor unserer Stellung mindestens 150 Mann gelegen."

Dazu schreibt Oblt. LUGER von der Geb.Art. – VB am Sonnwendstein:

„Erkundigung für ein sehr schwieriges Schießen auf russische Ansammlung dicht vor unseren Stellungen. Es liegt hier Luftwaffenbodenpersonal. Die Leute haben wenig Ahnung vom infanteristischen Einsatz. Lw. Oblt. DITTRICH bemüht sich sehr, aber seine Leuten gehen halt nicht mit, sie krebsen.

Nachdem nun Oblt. DITTRICH seine Männer aus der Kammstellung seitlich abgezogen hatte, gebe ich den Feuerbefehl. In einem Schießen mit oberer Winkelgruppe kann ich nach kurzem Einschießen die starke russische Ansammlung im Steilhang direkt vor unseren Stellungen zerschlagen. Kein Streuschuss in der eigenen Stellung. Eine gute Leistung der Kanoniere.“

Wachtmeister Karl PÖLZL:

„Am 17. April setzt sich der Russe zu Mittag plötzlich mit einem starken Stoßtrupp auf dem beherrschen Sonnwendstein 1523 m fest. Der Kampflärm klingt auf einmal erschreckend nah und es herrscht beim Stab nicht geringe Aufregung. Der Feind kann nun den ganzen Abschnitt einsehen und weit ins Mürztal zurückschauen. Am Abend erst verebbt der Kampflärm und der Berg gehört, wenn auch nach bitteren Opfern wieder uns. Von der B-Stelle wurde Hauptmannn SCHURR schwer verwundet und Unteroffizier SCHWEIZER ist gefallen.

Über Nacht gibt es abermals viel Arbeit. Ein Trupp geht wieder auf die Pretulalpe. Tags darauf befielt der Chef allgemeines Bunkerbauen.

Am Abend des 19. April spricht Goebbels durch den Rundfunk in seltsam verschleierten Worten.

Hitlers Geburtstag steigt schön und klar herauf. Zu Mittag treten wir auf unserer Veranda an, Tagesbefehle werden verlesen, die uns immer noch Mut geben sollen. Gedankenvoll stehe ich und sehe hinaus auf die Berge. Weit hinten im Dürrgraben streben einige Soldaten dem Wald zu wie einem ungewissen Schicksal.

Dann wird die überlebende B – Stellen Besatzung vom Sonnwendstein ausgezeichnet. Der Kommandeur findet kernige Worte, ehe er den Männern die Eisernen Kreuze anheftet. Dann aber ziehen sie wieder nach vorne.

Tags darauf kommt wieder schweres Feuer über den Abschnitt. Russische Schlachtflieger brummen und werfen Splitterbomben über der Passhöhe.“

Oblt. DITTRICHS Tagebuch:

„**19. 4.** Oberleutnant GRÖGOR besichtigt die Kampfplätze der letzten zwei Tage. Ich erfahre durch ihn, dass er als Bataillonskommandeur eingesetzt sei und in der HUBERTUS Hütte, auf dem Weg zum Sonnwendstein gelegen, seinen Gefechtsstand habe. Er sagt Auffüllung meiner dezimierten Kompanie zu.

20. 4. Ich bekomme Ersatz aus verschiedenen fremden Einheiten. Auch treffen zwei Offiziere zu meiner Unterstützung ein: Lt. KÄMPCHEN und Lt. HACKL. Abends feiern wir einen Sieg. Außer den vorgenannten Offizieren auch Oblt. LUGER und Lt. MAYERHOFER von der Nachbarkompanie.

Durch die neuen Offiziere erfahre ich die militärische Lage. Die Rote Armee in Wien! Königsberg übergeben! Die Amerikaner mitten in Süddeutschland!

Steirische Ausgabe

Einzelverkaufspreis 6 Rpf.

Kleine Zeitung

Monatsbezug RM. 1.70, nur durch die Verwaltung, einschließlich 20 Rpf. Trägerlohn; bei Postbezug ¼jährlich RM. 5.10 einschließlich 54 Rpf. Postgebühr. Verlag und Schriftleitung: Graz, Stempfergasse Nr. 7 (Fernsprecher 83 000). Anzeigen: Graz, Steinzerhofgasse Nr. 2 (Fernsprecher 1190 und 2295). Vertrieb: Stempfergasse Nr. 7/I (Fernsprecher 83 000). Geschäftsstelle für Kärnten: Klagenfurt, Lidmanskygasse 2 (Fr. Klagenfurt 1031). Postscheckkonto Wien 83 114. Kein Bezugspreisnachlaß bei Ausfall der Lieferung infolge höherer Gewalt.

Nr. 106 | Sonntag, den 29. April 1945 | 42. Jahrgang

Wieder bewährten sich tapfere steirische Gebirgsjäger

So wird am Semmering gekämpft

Eine gefährliche Flankenbedrohung durch entschlossenes Eingreifen einer Kampfgruppe ausgeschaltet

Von Kriegsberichter Leutnant Helmut Črous

PK. Die Straßen des Semmering sind leer geworden. Wo einige Wochen zuvor noch Verwundete und Genesende die ersten Strahlen der Frühlingssonne genossen, eilen jetzt Melder, fahren Versorgungskolonnen mit Munition und Verpflegung. Eines ist geblieben: Die Vielzahl der Uniformen und der Dialekte. Nur darf man sie nicht mehr auf Hotelterrassen und Liegewiesen suchen. Draußen auf Höhen und Berghängen, in Felswänden, einsamen Gehöften und an Straßensperren liegen die Verteidiger des Semmering.

Landesschützen, Genesende und Leobener Volkssturmmänner waren die ersten [illegible], denen [illegible] Wehrmachtsteile ein Stelldichein gaben, SS-Gebirgsjäger, Offiziersbewerber und Lehrgangsteilnehmer eines Wehrkreis-Unterführerlehrganges, eine Artillerieschule und schließlich, neben vielen anderen, die Männer eines bekannten Jagdgeschwaders folgten. Zu ihnen stießen Volkssturmeinheiten, Durchreisende und Urlauber, ein wahrhaft buntes Bild, aber auch eines der Schicksalsgemeinschaft in dieser letzten, über alles entscheidenden Phase des Krieges. Alte und Junge, Soldaten aus allen Gauen des Reiches und Volksdeutsche aus dem Südostraum, Gebirgsjäger, Infanteristen, Kanoniere, Flieger, Panzersoldaten, Marineartilleristen und Volkssturmmänner stehen zusammen. Gemeinsam ist ihnen die Liebe zu dem herrlichen Stück Heimaterde, das sie verteidigen, gemeinsam ist ihnen der Feind und die Entschlossenheit, ihn zu vernichten, wo immer er seine Finger gegen den Semmering ausstreckt.

Wenn in den letzten Tagen nur noch örtliche Stoßtruppunternehmen vom Semmering gemeldet werden, so liegt das an diesen Männern, die den immer wieder vorstoßenden Bolschewisten im erbitterten Nahkampf um Höhen und Stellungen so schwere Verluste zugefügt haben, daß sie einer Atempause bedürfen. Die Seele des Widerstandes ist der Kommandeur einer Artillerieschule, Ritterkreuzträger Oberst Heribert Raithel, ein Bayer, der am Wörthersee seine Wahlheimat hat. Seiner Umsicht und Tatkraft ist es zu danken, daß die so mannigfach zusammengesetzte Kampfgruppe zu einer verschworenen Gemeinschaft zusammengewachsen ist. Von ihm weiß jeder Soldat, daß er immer da ist, wo es brennt, und daß er durch sein persönliches Beispiel, wenn nötig auch mit

Die Stunde des letzten Sturmes

Die Verteidiger der Reichshauptstadt sind uns leuchtendes Beispiel

Graz, 28. April.

„Einmal wird auch in diesem Kriege die Stunde des letzten Sturmes kommen. Dann wollen wir noch einmal stürmen, als ob es der erste wäre. Und stünde über diesem Sturm die Gewißheit, daß wir ihn nicht überleben, so würden wir doch mitstürmen. Denn es ist besser, mit blankem Gewissen zu sterben, als schuldbewußt durchs Leben zu gehen. Wer kämpft, der kämpft bis zuletzt, denn der Endkampf entscheidet. Wer die letzte Schlacht gewinnt, der gewinnt den Krieg. Also wollen wir zum letzten Streit noch einmal alle Leibes- und Seelenkraft zusammenreißen. Also wollen wir uns so einsetzen, daß sich alle vorausgegangenen Anstrengungen und Leistungen in diesem letzten Kampf noch einmal zusammenballen. Also werden wir den Gegner endgültig bezwingen. Aus der Stunde des letzten Sturmes wird sich des Reiches Herrlichkeit erheben wie die Sonne über der Welt!"

Die Stunde des letzten Sturmes, die Kleo Pleyer, der vor zwei Jahren im Osten gefallene Dichter und Kämpfer mit flammenden Worten vorausgesagt hat, ist nun gekommen. Es ist die Stunde des unerbittlichen „Entweder — Oder", deren Forderungen Reichsminister Dr. Goebbels im „Reich" auf eine klare und verpflichtende Formel gebracht hat: „Wir müssen alle, jeder für sich allein und ohne jedes Pathos, vor uns den Schwur ablegen, eher zu sterben als das Joch der Knechtschaft auf uns zu nehmen, lieber das Gewagteste zu wagen als zu resignieren und tausendmal eher und lieber bis zum letzten Atemzug zu kämpfen als ruhmlos zu kapitulieren. Nur so kann die Nation gerettet werden!" Noch einmal müssen wir alle Leibes- und Seelenkraft zusammenreißen. „Wir müssen", so hat Dr. Goebbels in der dramatischen Phase unserer Geschichte dem deutschen Volk zugerufen, „lernen, zu improvisieren und aus der Not eine Tugend zu machen. Ein paar beherzte Männer und Frauen können Wunder verrichten. Erwartet nicht immer nur Hilfe von oben, sondern seht, wo und wie ihr euch selbst helfen könnt, bis Hilfe von oben kommt."

Die Stunde des letzten Sturmes duldet keine Resignation, keine Schwäche, keine Halbheit, keine Defekte in unserer Haltung. Darum haben alle, die die Ehre ihres Volkes höher schätzen als ihr Leben, heute auf der Wacht zu stehen. „Es gilt, die Lethargie und Müdigkeit zu überwinden und der Passivität den Kampf anzusagen. Der Feind ist aufzuhalten, wenn wir alle uns ihm entgegenstemmen. Das geschieht nicht allein mit den Waffen, das hat auch mit der Gesinnung zu geschehen. Trifft der Feind auf eine Bevölkerung, die ihm gegenüber inaktiv bleibt, dann kann er weiterfahren; schreitet eine Bevölkerung gegen ihn zur Ab- und Gegenwehr, dann muß er verhalten. Wird das allgemeines Gesetz der Kriegführung,

(Fortsetzung auf Seite 2)

Ehre für die ganze deutsche Jugend

Axmann dritter lebender Träger des Goldenen Kreuzes des Deutschen Ordens

Berlin, 28. April. Der Führer hat, [illegible] kurz berichtet, dem Reichsjugendführer Artur Axmann in Anerkennung seiner einmaligen Verdienste um den Einsatz und die Führung der deutschen Jugend im Reich und jetzt im Kampf um Berlin das Goldene Kreuz des Deutschen Ordens und für seinen tapferen persönlichen Einsatz das Eiserne Kreuz 1. Klasse verliehen.

Axmann ist damit neben Gauleiter Hanke (Breslau) und Gauleiter Holz (Nürnberg) der dritte lebende Deutsche, der das Goldene Kreuz des Deutschen Ordens trägt. Mit dieser Auszeichnung hat der Führer zugleich die ganze deutsche Jugend geehrt, die mit Stolz seinen Namen trägt und sich in diesen schwersten Tagen des Reiches als seine treueste Gefolgschaft erweist. Der Führer überreichte Artur Axmann die hohe [illegible] mit den Worten: „Ohne Ihre Jungen wäre der Kampf nicht durchzuführen, nicht nur in Berlin, sondern in ganz Deutschland!" Reichsjugendführer Axmann antwortete: „Es sind Ihre Jungen, mein Führer!"

Ritter von Greim beim Führer

Besprechung über den Einsatz der fliegenden Verbände

Berlin, 28. April. Der Führer empfing in seinem Hauptquartier in Berlin den Oberbefehlshaber der Luftwaffe, Generalfeldmarschall Ritter von Greim, und hatte mit ihm eine längere Besprechung über den Einsatz der fliegenden Verbände und der Flakartillerie in diesen entscheidenden Stunden des deutschen Schicksalskampfes.

Gegen Ende April wird von Maria Schutz ein Zug Gebirgsjäger unter Führung von Geb.Jg. Lt. KIRCHNER auf den Sonnwendstein verlegt. Er teilt die Leute so auf den 3. Zug auf, dass in jedem Loch nun ein Luftwaffensoldat und ein Gebirgsjäger liegt und zur weiteren Absicherung wird in der Nacht eine Doppelpatrouille eingesetzt, welche die Aufgabe hat, die Stellungen und Lücken abzugehen und ein Einsickern der Russen zu verhindern.

Hubertushütte Batl. Gefechtsstand, Obtl. Gröpor

1. 5. Oberleutnant GRÖGOR verleiht EK II an einige meiner Männer, die sich am 8. und 16. 4. besonders ausgezeichnet haben. Meistens sind es ältere Jahrgänge. Gleichzeitig Bekanntgabe, dass wir seit heute als 1. Kompanie in das Gebirgsjäger Regiment 155 eingegliedert sind.

Kehren wir zurück zur **Alarmkompanie der Flugzeugführerschule Klagenfurt** und den Tagebuchaufzeichnungen:

Unsere Einheit verlegt gleichfalls am 10. April zum Sonnwendstein. Auf dem Erz- und Dürrkogel, sowie dem Dürrsattel graben wir Zweimannlöcher. Im Wald hinter der Mulde zwischen Dürrkogel und Dürrsattel liegt ein Holzbunker für den Kommandanten und dem Sanitäter.

Nach Osten fällt der Erzkogel zuerst waldlos und steinig ab. Zum Sonnwendstein Gipfel führt ein Steig, vorbei am Englederhaus. Oberhalb des Hauses am Grat liegt ein Artilleriebeobachter und leitet das Feuer der Batterie von Steinhaus. Dank dieser Batterie bleiben alle gegnerischen Angriffe liegen.

Die Nacht verbringe ich allein als Horchposten im Niemandsland 200m unterhalb unserer Stellungen. Es war nass, kalt und unheimlich. So kann ich am anderen Morgen keine feindlichen Bewegungen melden.

Mittwoch, 11. April – in unseren Stellungen ist es den ganzen Tag ruhig, allerdings wird rundherum immer geschossen. Nachts herrscht absolute Stille.

Donnerstag, 12. April – es ist ein schöner Morgen Frido und ich liegen auf Wache etwas vor unserem Bunker, es ist 11.00 Uhr und frühlingswarm.

Ein russischer Stoßtrupp steht plötzlich 10 m vor uns auf und fällt, 30 Mann versuchen nachzustoßen, bleiben aber stecken. Eine zufällig vorbeikommende Gebirgsjägergruppe unterstützt uns, zudem leitet der Ari-Beobachter das 10,5 cm Feuer präzis vor unsere Stellungen in die Angriffswelle. Das ganze ist schauderhaft und dauert 10 Minuten.

Wir hatten keine Verluste. Die gefallenen Russen konnten wir an diesem Tag nicht mehr beerdigen.

In der vorhergegangenen Nacht hatten wir keinen Horchposten nach unten geschickt, deshalb war die Überraschung möglich.

Der Russe hatte sich die ganze Nacht unten aufgehalten, den bei unserem Nachstoß fanden wir das verlassene Gepäck mit Proviant.

Freitag, 13. April – Ausbau der Stellungen und Vorbereitung gegen Überraschungen. Ansonst ist Ruhe.

Ein Teil meiner Kameraden macht einen Spähtrupp zum Schlaggraben, es sind auch noch Angehörige anderer Einheiten dabei. In der Dunkelheit kommen sie wieder und bringen einen 60- jährigen verwundeten Volkssturmmann zurück, er stirbt neben unserem Bunker.

In der Nacht knien wir in wieder in den Löchern und wachen. Ein Loch ist so breit, dass zwei Soldaten nebeneinander knien können, tiefer geht es wegen der Felsen nicht.

Auf der Rückseite kann der gerade Wachfreie zusammengekauert liegen, der Platz ist zum Schlafen gedacht, meistens schläft man aber nicht. In den vielen Nachtstunden erzählt man sich im Flüsterton von Zuhause, was man einmal machen will, wenn alles vorbei ist.

Man ahnt, dass das Ende des Krieges bald kommen wird, man gibt sich das Versprechen die Löcher nicht zu verlassen, bis die Amerikaner ganz nahe sind.

Samstag, 14. April – der erste Spähtrupp wird von den Russen abgefangen, es passiert an einer Waldlichtung. Hans SCHMITZ fällt und bleibt vorerst dort liegen. Wir müssen zurück und holen Verstärkung. Wieder unten angelangt postieren wir am Waldrand eine unmissverständliche Feuerkraft. Dann wird HANS geborgen, leider tot. In unserem Abschnitt bleibt es an diesem Tag ruhig.

Sonntag, 15. April – der Russe ändert seine Taktik. Hat er bisher immer versucht, den Erzkogel im Direktangriff zu nehmen, will er jetzt das Hauptziel „SONNWENDSTEIN" in seine Kontrolle bringen. Wie schon gesagt brechen alle russischen Angriffe im Artilleriefeuer zusammen, welches vom Beobachter auf dem Grat hervorragend geleitet wird.

Wegen andauernder Granatwerferbeschießung hat man diesen nun auf eine Tanne im östlich von der Bergspitze gelegenen Wald verlegt.

Wir verlassen den Erzkogel und bauen zum Schutz des Beobachters eine neue Stellung zwischen Erzkogel und Sonnwendstein.

Frido und ich beziehen etwas hinter dem Kammweg auf der zum Sonnwendstein gelegenen Seite Stellung. Zum Tiefeingraben fehlt die Zeit, zudem ist der Boden felsig.

Am selben Tatg ordnet Leutnant WEBER einen Spähtrupp ins östliche Gebiet der neuen Stellung an, wir werden abgeschlagen. Feldwebel SELL erleidet einen Kopfschuss, er ist ein schwerer Mann, zu viert tragen wir ihn zum Hauptverbandsplatz. Es geht über Stock und Stein. Er ist sehr unruhig, so dass wir ihn anbinden müssen. Unterwegs kommt uns ein alarmierter Arzt entgegen, die Morphiumspritze macht den Weitertransport möglich. Wir müssen feststellen, dass die ärztliche Versorgung noch gut funktioniert.

Anders ist es mit der Verpflegung. An der vorgelagerten Front gibt es keine Feldküchen. Unser Feldwebel und Navigationslehrer, er ist schon älter, sollte das warme Essen nach vorne bringen. Es gelingt fast nie, weil er durch Feindbeschuss gehindert wird oder weil der Muli die Kannen abwirft, oder wegen beidem. So bleibt nur fluchen und trockenes Brot, das Wasser nehmen wir von Rinnsalen oder Schneeresten.

Sonst bleibt es den Tag ruhig vor unseren Stellungen.

Montag, 16. April – in der Senke unterhalb des Erzkogels legen wir einen Baumstammbunker an er soll der Sanität und dem Kompaniechef dienen. Frido und ich liegen 150 m hangaufwärts zum Sonnwendstein unter einer Kiefer am MG.

Ruhe vor dem Sturm, grotesk und idylisch zugleich. Ein halbverhungerter Ochse weidet, vertrieben und verirrt, unterhalb von uns, was er finden kann ist mir nicht klar. Es wagt keiner von uns ihn zu erschießen, dieses harmlose Tier.

Fünf Gebirgsjäger bringen einen gefallenen Kameraden nahe von uns in die Senke. Das Grab kann nicht tief werden, es wird mit Steinen bedeckt, ein zusammengebundenes Kreuz und dann der Stahlhelm. Dann ein Gebet, sie hocken nieder und essen eine Kleinigkeit. Nach einer Gedenkminute ziehen sie weiter.

Unteroffizier FISCHER, der zum Tross eingeteilt war, kommt den Hang herauf, jetzt ist er bei den Telefonlern und verlegt Leitungen. Er trägt eine Kabelrolle auf dem Rücken und spult ab. Frido hat sich zum Austreten nach hinten abgesetzt, dann ein Granatwerfereinschlag, FISCHER wirft die Rolle ab und ward nicht mehr gesehen.

Der 16. April ging mit 2 Stunden Schlaf zu Ende.

Dienstag, 17. April – es wird der härteste Tag. Nachmittags greift der Russe mit starken Kräften den Sonnwendstein an. Sie stürmen den steilen und bewaldeten Hang vor uns herauf.

Eingeleitet wurde der Angriff mit einem massiven Granatwerferfeuer. Eine andere Luftwaffeneinheit bestehend aus Bodenpersonal, die sich hinter uns gesammelt hatten, stürmten mit uns den Wald. Der Granatwerferbeschuss hatte nun aufgehört, den beide Parteien lieferten sich im dichten Wald erbitterte Nahkämpfe. So mancher wird verwundet oder fällt. Vor mir wird einem Feldwebel, ich glaube er hies BALBA, der rechte Arm weggerissen, weil er in der Hast die Panzerfaust wie ein Gewehr abgefeuert hat, helfen kann ich nicht, er verblutet und stirbt ohne Beistand, denn jeder hat sich zu wehren. Schlimm sind nicht nur die Geschosse, sondern die vielen Stein- und Holzsplitter.

Die Russen räumen das Feld und ziehen sich zurück, es gelang ihnen nicht, den Sonnwendstein zu nehmen. Bei der Bergung der Verwundeten und Gefallenen sind wir nicht dabei, wir ziehen uns in unsere Stellungen zurück und halten abwechseln Wache, die ganze Nacht.

Mittwoch, 18. April – die Russen haben sich nicht bis in den Göstritzgraben zurückgezogen, dies stellte ein Spähtrupp fest. Wahrscheinlich werden sie es erneut versuchen, den Berg oder die Senke zu nehmen. Dies kündigen sie immer durch heftiges Werferfeuer an, das den ganzen Tag andauerte. Unsere Führung hat die Lage richtig eingeschätzt und erwidert die Werferaktivitäten mit einem gezielten Artillerieüberfall der 10.5 cm Batterie von Steinhaus.

Langsam kehrt, abgesehen vom Störfeuer der Russen, Ruhe ein.

Um 18.00 Uhr wird mein Fronteinsatz im 2. Weltkrieg durch eine russische Granate jäh beendet. Ich lag am MG, als es passierte. Frido war abseits, er übernahm sofort die Wache und verabschiedete sich. Ich konnte es nicht fassen und meinte, ich könnte nach kurzer Zeit wieder zurückkehren, aber im Bunker sagte Helmut LANG, dass der Granatsplitter sehr tief auf dem Knochen sitzt. (Helmut LANG war Student med. und unser Sani).

Es ist schon Nacht, zu Fuß gehe ich in Begleitung eines Kameraden zurück auf den Semmering. Unterwegs in einer Waldhütte werde ich nochmals von einem Arzt untersucht und ins Hotel Post, den Hauptverbandsplatz, eingewiesen. Wieder bin ich über die Funktionstüchtigkeit der Organisation auch hinter der Front angenehm überrascht. Der „Rückmarsch“ an einem Stock und auf dem Kameraden gestützt dauert Stunden, wir sprachen kein Wort und gingen leise. Es ist schon nachts 23.00 Uhr. In einem großen Saal, in dem sonst niemand liegt, (alle Verwundeten vom 18. waren schon abtransportiert) erhalte ich eine Wundstarrkrampf – und Schmerzspritzen.

Ich fühle mich sehr verlassen und fürchte mich, die Russen kämen, obwohl ich ja die Zuverlässigkeit meiner Kameraden vorne aus Erfahrung kenne. Mit dem Schlafen ist es bis in die frühen Morgenstunden nichts.

Donnerstag, 19. April – morgens im Sanka geht es über Steinhaus nach Sommerau. Ich überlege kurz, ob ich in Steinhaus wegen meines Rucksackes anhalten lassen soll, aber mir ist nicht darum, der Sani hätte ihn auch nicht finden können. So ging es weiter, um 16.00 Uhr war ich in Mitterndorf und am anderen Morgen in Bruck an der Mur.

Wann ich operiert worden bin, weiß ich nicht. Ich erinnere mich nur noch an einen großen OP Arzt und an einen scharfen Schnitt, das Erwachen auf einem Strohlager. Neben mir ein völlig verstörter, älterer Bauer aus dem Feistritztal, den die Russen durch einen Genickschuss töten wollten, was aber nicht gelang. Er blieb bei den Toten liegen und ging nach Einbruch der Dunkelheit zu den deutschen Linien.

Irgendwann geht es in einem Lazarett Viehwagen mit der Bahn nach Bad Ischl.

Im Gebiet des Sonnwendstein stellte der Russe seine Angriffe ein und betrieb nur mehr den Ausbau seiner Stellungen.“

Kämpfe im Gebiet Weinweg – Trattenbach

Nachdem die russischen Truppen mit zwei Stoßkeilen aus dem Feistritztal Richtung Gloggnitz in das Schwarzatal abgebogen waren, tastete sich ein anderer Truppenteil um den 7. April 1945 über **OTTERTHAL–TRATTENBACH** gegen den **FEISTRITZSATTEL** und die bewaldeten Höhen zwischen diesen und dem Sonnwendstein vor.

Samstag, den 7. April 1945 kamen keine deutschen Truppen mehr durch Trattenbach. Doch dann kamen bereits die sowjetischen Truppen. Nachdem sie alle Häuser nach deutschen Soldaten durchsucht hatten, klärte ein nicht mehr ganz nüchterner, berittener Spähtrupp Richtung Feistritzsattel auf. Gegen 16.00 Uhr trafen sie am Hof des Balthasar HAIDBAUER, der an der Straße zum Sattel liegt, ein. Setzten dem Altbauer die Mpi an die Brust und fragten: „Skolka km deutscher Soldat?“ Als der Altbauer nicht sofort antwortete wurden sie unwillig, worauf ihnen der Sohn Franz erklärte, in ca. 5 km. Daraufhin sprangen sie auf ihre Pferde und preschten im Galopp Richtung Feistritzsattel. Gleich darauf kam eine Kolonne mit Pferdewagen, die nun auf der Wiese nach der Ortschaft Trattenbach lagerten.

Der berittene Spähtrupp hatte das Alpengasthaus DISSAUER erreicht und wollte nun auch vom alten DISSAUER wissen, wo die Deutschen sind. Er wollte es ihnen erklären, sie aber zwangen ihn mitzugehen. Als sie auf der Sattelstraße zu einer Baumsperre kamen und auch schon die ersten Schüsse krachten, flüchtete er talwärts.

Als der alte DISSAUER seinen Hof erreichte war dort bereits ein ganzes Bataillon sowjetischer Soldaten, die mit seinem Futter ihre Pferde fütterten. Ein Offizier erklärte ihm, dass sie nur mehr die Nacht in ihrem Haus verbringen dürfen und am Morgen nach Trattenbach zurück müssen.

Nachdem der sowjetische Spähtrupp dem alten HAIDBAUER die Uhr abgenommen hatte, forderte er seinen Sohn Franz auf die neuen Fahrräder zu verstecken. Dabei bemerkte er in einem Gebüsch einen deutschen Soldaten, der die sowjetischen Truppenbewegungen beobachtete und ihm zu verstehen gab, sich nichts anmerken zu lassen und schnell zu verschwinden.

Dann begann ein einzelnes deutsches Geschütz, vermutlich aus der Fröschnitz sich langsam einzuschießen. Die Einschläge lagen über dem Bach Richtung Trattenbach und auf den umliegenden Feldern. Als es dunkel wurde und von sowjetischen Truppen nur so wimmelte, begannen diese auch noch zu saufen.

Da sie einen Spion in der Ortschaft Trattenbach vermuteten wurden alle Burschen zusammengetrieben und verhört. Anschließend führte man sie Richtung Otterthal und verbot ihnen nach Trattenbach zurückzukehren.

Sonntag, den 8. April 1945, schönes warmes Frühlingswetter, beim DISSAUER durfte jeder einen Rucksack mitnehmen, sonst nichts. Alles auch die Tiere mussten sie zurücklassen. Der Abschied fiel ihnen nicht leicht, ein letzter Blick in den Stall, dann machten sie sich auf den Weg nach Trattenbach. Es war noch früher Morgen, die Straße entlang kamen ihnen immer wieder sowjetische Soldaten entgegen, die sich links und rechts der Straße vorsichtig vorarbeiteten, während sie mitten auf der Fahrbahn ahnungslos dahinmarschierten.

Bis es plötzlich krachte und die Splitter nur so durch Gegend surrten. Bei der Einmündung des Ottenbaches in den Trattenbach war dann Endstation für die Flüchtlinge, es gab kein Weiterkommen mehr und so suchte man Unterschlupf im Bauernhof HAIDBAUER:

Der Beschuss steigerte sich zu einem Inferno, man getraute sich nicht mehr hinauszugehen, sondern verkroch sich in einem Kellerwinkel, wo man hoffte, dass keine Granate durchschlagen würde. Da ein Durchkommen nach Trattenbach unmöglich war, wichen die Flüchtlinge in einer Feuerpause den Berg hinauf in die Leiten zum RENNHOFER Bauern aus, wo sich bis zu 30 Personen befanden.

Aus den Erlebnissen des damals 14-jährigen Franz HAIDBAUER:

Am Abend waren die Buben vor den angesoffenen Russen in den Obstgarten geflüchtet und hatten dort geschlafen. Durch die Granateinschläge und den Lärm wurden sie geweckt und konnten nun hinter dem Obstbäumen gedeckt liegend alles genau beobachten. Zuerst schlug am unteren Ende der Wiese eine Granate ein und am oberen Ende, gleich darauf lief eine Feuerwalze über die gesamte Wiese und Straße, der Haidbauerstadl ging in Flammen auf, Menschen riefen um Hilfe und nach ihrer Mutter, Pferde schrieen in ihrem Schmerz und ihrer Todesangst fürchterlich, es war ein scheußliches Sterben.

Als die Sonne aufging, gab es kein Lebenszeichen mehr. Die sowjetischen Soldaten, wenn sie nicht gefallen auf der Wiese lagen, waren weg. Da kauerten nun Franz und Max hinter den Bäumen und wussten nicht, was nun? Dabei hatte soeben ein wunderschöner Frühlingstag begonnen.

Gegen Mittag ritt ein sowjetischer Spähtrupp zum Haidbauern Hof , band seine Pferde an, holte Stroh und legte sich schlafen, es waren 4 Mann. Nachdem die sowjetischen Soldaten eingeschlafen waren schlichen sich die beiden Buben in den Hof, banden die Pferde los und sprengten im Galopp den Berg hinauf zum Rennhofer Hof. Vorher kamen sie noch bei zwei sowjetischen Posten vorbei, die aber beide so fest schliefen, dass sie überhaupt nichts bemerkten.

Am Rennhofer Hof befanden sich bereits ca. 40 Flüchtlinge, auch die Familie Haidbauer. Als nun der alte HAIDBAUER die Pferde sah, erklärte er den beiden sie müssten die Pferde sofort zurückgeben, denn sonst würden die Russen alle erschießen. So ritten Franz und Max wieder ins Tal hinunter. Am Haidbauer Hof waren nur mehr zwei Russen da, die keine Pferde hatten. Einer der beiden legte seine Mpi auf Franz an, der sich hinter dem Pferdehals ganz klein machte, um so gut als möglich in Deckung zu bleiben. Dabei sah er dann auch, dass Max PRIX vom Pferd gesprungen war und dieses ohne Reiter hinter seinem herlief. Er ritt bis zu den russischen Soldaten mit der angelegten Mpi. Der nahm sein Pferd am Halfter und wollte ihm mit dem Mpi-Schaft einen Schlag versetzen. In diesem Moment fing plötzlich ein deutsches MG zu feuern an, dessen Einschläge ganz in der Nähe lagen. Franz ließ sich zu Boden fallen und machte sich ganz klein. Die beiden Russen sprangen auf ihre Pferde und weg waren sie. Das deutsche MG dürfte ihm das Leben gerettet haben. Wie lang Franz dort lag, wusste er nicht, für ihn eine Ewigkeit.

Nun wurde beratschlagt wie es weitergehen sollte, da sie ja wieder allein waren. So gingen sie den Hang hinunter zum abgebrannten Haidbauer Stadel, wo noch einige Balken glosten. Davor lag ein toter Russe auf der Straße und in der angrenzenden Wiese lagen ca. 20 von den Granaten zerfetzte sowjetische Soldaten und Pferde. Menschen- und Pferdegliedmaßen lagen überall herum. Auch kam es ihnen vor, dass sich ein Gefallener noch bewegt hätte.

Es dauerte nicht lange und sie wurden von einem Gräberkommando angerufen, die ihnen gleich Krampen und Schaufeln in die Hand drückten, sie sollten die Gefallenen und die Pferde begraben. Nachdem sie bereits eine Stunde gegraben hatte ertönte in der Luft ein Pfeiffen und alle Russen waren weg. Diese Situation nützten sie aus, das Werkzeug weggeworfen und wie der Blitz rannten sie in das Bachbett, dieses entlang bis zur Einmündung des Ottenbaches. Ein Russe der sie flüchten gesehen hatte jagte ihnen noch ein Magazin seiner Mpi nach, so dass die abgeschossenen Zweige auf sie fielen. Sie selbst konnten nicht getroffen werden, da sie sich im toten Winkel befanden. Beim Ottenbach heraus und wieder den Berg hinauf zum Rennhofer Hof. Dort war das Haus versperrt und keine Menschenseele da, obwohl kurz vorher noch 40 Personen anwesend waren. So brachen sie das rückwärtige Fenster auf und stiegen ein. In der Küche am Tisch stand noch eine große Pfanne mit Sterz, auch Milch war noch da. Anscheinend hatten die Leute auf der Stelle das Haus verlassen müssen. Nachdem sie sich gestärkt hatten, legten sie sich im Freien in die Sonne und schliefen bald ein, obwohl es Ringsrum krachte.

In diesem Gebiet begannen nun bis zum 24. April 1945 eine Reihe verlustreicher Kämpfe.

Kumerbauerstadl 1079 m

Für die von Hauptmann DICKERMANN kommandierte Einheit begann nun eine schwere Zeit, über die Fahnenjunker Dr. MEDENWALD in seinen Tagebuchaufzeichnungen berichtet:

„Am **9. April** kamen viele Flüchtlinge über das Gebirge und kündigten das Nahen der Russen an.

Am **10. April** liefen wir einen Spähtrupp zum KUMMERBAUERSTADL und sollten, falls feindfrei, dort für 24 Stunden auf Gefechtsvorposten bleiben. Der Kummerbauerstadl war feindfrei. Wir wurden nach kurzer Zeit von einem Melder zur ALPKOGEL- Hütte zurückgeholt, da für den Abend ein Angriff der Kompanie auf TRATTENBACH vorgesehen war. Dieser Angriff stieß auf starken feindlichen Widerstand und wurde bei völliger Dunkelheit abgebrochen. Nach einem langen Marsch erreichten wir kurz vor Mitternacht den Alpkogel.

11. April – beim Morgengrauen geht es dem Feind entgegen. Unsere Absicht durchkreuzend greift russische Infanterie an und versucht den Pass zwischen DÜRR – und ALPKOGEL zu überschreiten und in den DÜRRGRABEN zu gelangen. Wir können den Angriff abwehren und stoßen nach.

12. April – eigener Angriff auf GEIERECK. Ausgangspunkt und Bereitstellung waren in der Nähe der WEINWEGALM. Wir hatten sehr

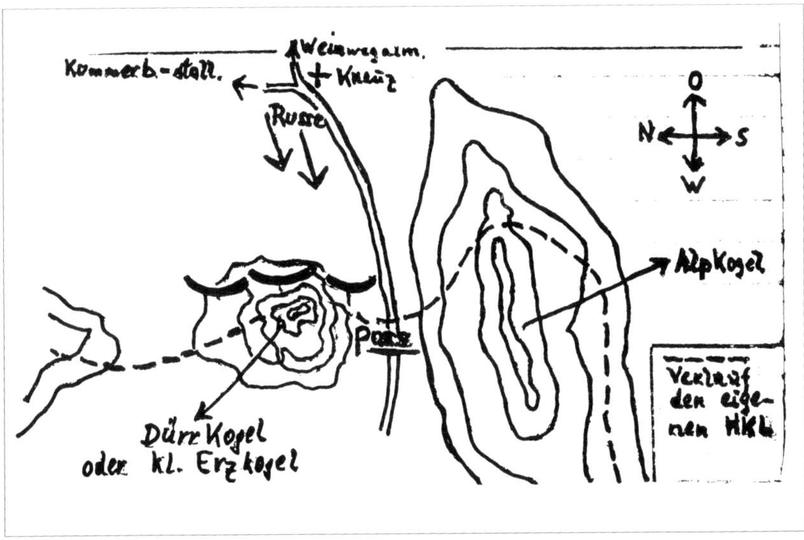

starke Verluste, hauptsächlich durch Granatwerfer. Von unserem Zug, 30 Mann stark, kamen nur 12 Mann zurück.

Die eigene Gruppe von 12 Mann hatte 4 Tote, 3 Verwundete und 2 Vermißte – nur 3 Mann kamen zurück".

Über diesen Angriff schreibt auch Geb.Jg. Gefreiter Hugo MITTERLEHNER der, der 1. Kompanie angehörte:

„12. April 1945 – ganzes Bataillon macht einen Angriff über **GEIERECK** gegen **TRATTENBACH** – Angriff wurde abgewiesen. Nach Beendigung der Kämpfe, Stärke der 1. Kompanie 47 Mann – 27 Ausfälle; 2. Kompanie – 30 Ausfälle; 3. Kompanie – 27 Ausfälle".

Die 1. Kompanie wurde herausgezogen und in den Raum ALPL verlegt, da der Russe im Feistritztal durchgebrochen war und die beiden Pässe **ALPL** und **SCHANZ** bedrohte.

Josef BERGER aus dem Talergraben, vor dem Feistritzsattel erinnert sich noch:

„Die Bewohner des Taler- und Kiengraben waren nicht evakuiert worden. Um den 4. April waren wir ganz am Berg oben mit Anbauarbeiten am Feld beschäftigt, als plötzlich zwei deutsche Soldaten in gebückter Haltung den Zaun entlang zu uns herunter kamen und fragten, wo denn die Russen seien. Wir wussten es nicht. Als später mein Vater in den Wald ging um dürre Holzstangen zu holen, kam er gleich wieder zurück und erklärte, dass wir nach Hause müssten, da bald geschossen würde. Der ganze Wald sei voller deutscher Truppen.

Am Samstag, den 7. April 1945 ist ein sowjetischer Späthtrupp vorbeigekommen. Als es schon dunkel wurde kamen 4–6 Russen und machten es sich in unserer Stube gemütlich und legten sich auf die Ofenbänke schlafen. Gegen Mitternacht fiel plötzlich ein Schuss, worauf die Russen ganz wild aufsprangen, da sie glaubten die Deutschen wären gekommen. Dann stellte sich heraus, dass bei einem Russen die Pistole losgegangen ist.

Auf unserem Hof war nun ein ständiges Kommen und Gehen von sowjetischen Soldaten. In den Morgenstunden eines Sonntags kamen unsere Nachbarn, die OFNER, sie waren aus ihrem Haus vertrieben worden und konnten nur das Notwendigste mitnehmen. Nachdem die Russen die Uhren, Eier und unsere Hühner mitgenommen hatten, verließen sie unseren Hof.

Nach dem Essen begannen die deutschen Geschütze aus dem Fröschnitzgraben mit Artillerie zu schießen. Sie belegten die Feistritzsattel Straße im Abstand von 30 Metern auf einer Gesamtlänge von ca. 1 km. Auch deutsche Granatwerfer schossen sich ein. Erst gegen 16.00 Uhr wurde es ruhiger und gegen 17.00 Uhr zogen sich die sowjetischen Truppen zurück. Dabei konnte man auf den Pferdewagen die Verwundeten mit ihren weißen Verbänden sehen. Man hörte das Jammern der Verwundeten und das Schreien der Pferdetreiber. Dieser Lärm dauerte bis in die Nachtstunden. In der Dämmerung leuchtete dann ein Feuerschein auf und man konnte ganz deutlich sehen, der FANKLBAUERNHOF brannte. Papiereste und die Asche flogen bis zu unserem Hof. Die deutschen Truppen hatten den ersten sowjetischen Angriff abgeschlagen.

Am nächsten Tag, die Nacht war ruhig, bemerkten wir, dass auch das BURGER Haus abgebrannt war. Es war nicht angezündet worden, sondern ging während der erbitterten Kämpfe zwischen den deutschen Truppen, die sich im Haus befanden und den angreifenden sowjetischen Truppen in Flammen auf, da es gänzlich aus Holz war.

Nachts kamen wieder sowjetische Truppen aus Richtung Trattenbach, aber sehr vorsichtig arbeiteten sie sich am Straßenrand vor. 10 Mann kamen auf unseren Hof und wir mussten die Stube und Kammer räumen. Es blieb uns nur die kleine Küche und der Stall, mit den Flüchtlingen waren wir 19 Personen. Diese russischen Soldaten waren sehr ruhig, plünderten nicht und holten ihr Essen von ihrer Feldküche.

Am Tag andauerndes Kommen und Gehen der sowjetischen Soldaten, sowie MG-Feuer und Granatwerferbeschuss. In der Nacht zum 11. April wird die Schießerei immer lauter und die deutschen Granatwerfer-Einschläge kommen immer näher. Erst gegen Morgen wurde es ruhiger. Dann kam ein sowjetischer Offizier und erklärte, dass wir weg müssten, denn: „Germansky schießt Brandgranaten!“ Die sowjetischen Soldaten hatten bereits begonnen Schützenlöcher und Bunker zu graben. Auf unsere Frage was wir mitnehmen dürften, erklärte uns der sowjetische Offizier alles, denn in ein paar Tagen sei der Krieg aus.

Diese sowjetische Einheit war sehr diszipliniert und benahm sich auch sehr anständig, es war eine reine Kampftruppe.“

Fahnenjunker MEDENWALD berichtet weiter:

„In der Nacht vom 12. auf den 13. April Stellungswechsel auf Höhe 1374 und 1342. Die neuen Stellungen mussten teilweise im hohen Schnee angelegt werden.

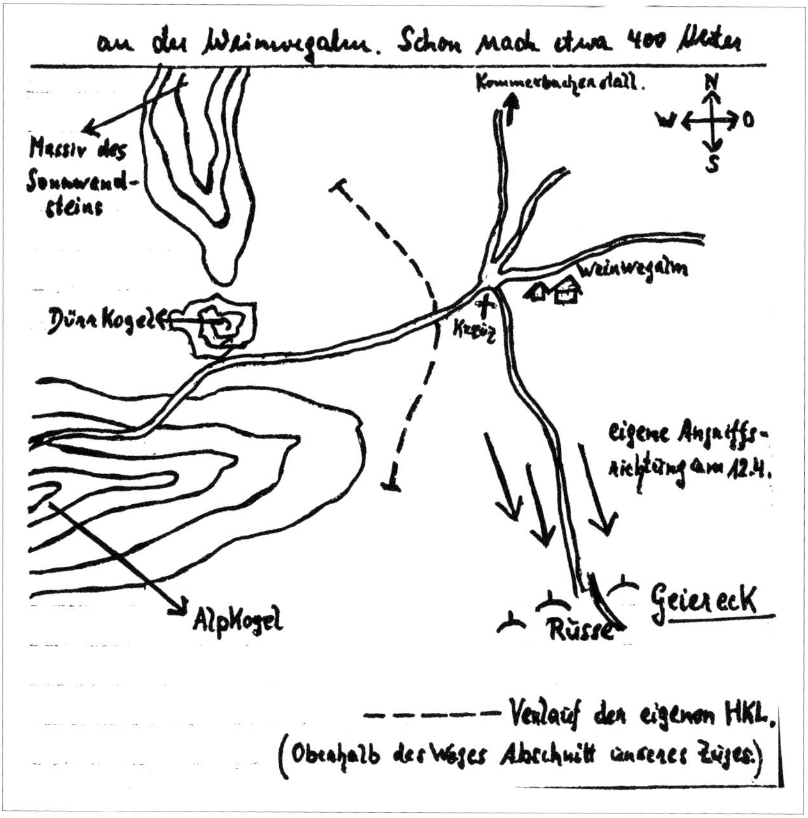

In der Nacht zum 15. April seitliche Verschiebung des Zuges auf Höhe 1342 **FANKELBAUERN Höhe.** Leutnant KRÄMER als neuer Zugsführer eingewiesen. Bunkerbau unter starkem russischen Artilleriefeuer. Trotz des starken Feuers nur 3 Ausfälle im Zug an diesem Tag.

16. April – Sehr starkes Artilleriefeuer auf unseren Stellungen – 7 Ausfälle in unserem Zug.

An den folgenden Tagen weniger starkes Artilleriefeuer, aber dafür verstärktes Granatwerferfeuer auf unseren Stellungen. Gegner schanzt sich 200 m vor uns ein und lässt uns keine Ruhe. Bei einem der vielen Spähtrupps, die ich führen muss, stoßen wir mit einem russischen Spähtrupp zusammen und haben Gott sei Dank keine Verluste.

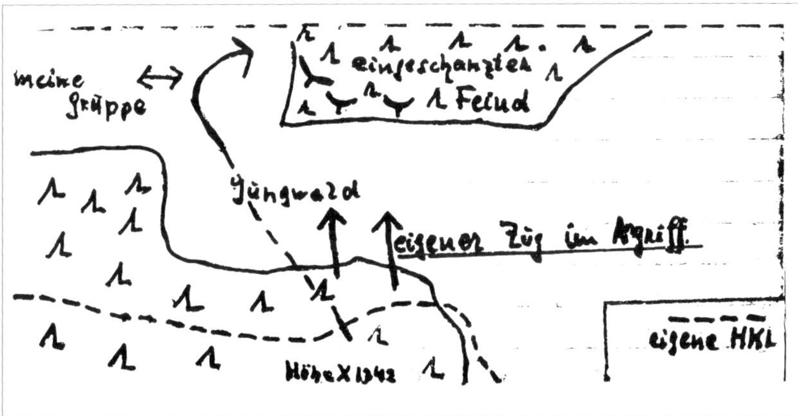

21. April – Angriff des Bataillons in Richtung Straße **TRATTENBACH–FEISTRITZSATTEL,** von der wir ca 1.200 m entfernt liegen. Um 12.00 Uhr beginnt unsere Artillerie zu schießen. Der Angriff beginnt um 12.10 Uhr. Ich liege an der linken Flanke des Bataillons. Trotz starken Widerstand verlassen die Russen bald fluchtartig ihre Stellungen. 200 m vor einem Kreuz (Christus abgeschlagen) igelt sich unser Zug ein. Feind arbeitet sich hierauf links von uns vor. Die Verluste der Kompanie – 8 Mann gefallen, 23 Verwundete.

23. April – Erneuter Angriff. Hierbei kehrt die gesamte Gruppe BEINICKE unseres Zuges nicht zurück. Wir zogen uns nach dem abgewiesenen Angriff zu dem Kreuz zurück. Unser an diesem Tag 31 Mann starker Zug hatte schwere Verluste, nur 13 Mann kehrten zurück. Leutnant KRÄMER wurde durch Armdurchschuss verwundet. Ich übernahm den Zug und zog ihn zurück. Der Rest des Zuges wurde noch am selben Tag durch die Reservegruppe auf 18 Mann mit 2 Maschinengewehren verstärkt.

Bei diesem Angriff war auch wieder die 1. Kompanie dabei. Sie ist am 18. April wieder zum Bataillon zurückgekehrt.

Nach Abbruch des Angriffes waren von der 1. Kompanie der Führer, Leutnant Walter NEUBACHER und 13 Mann gefallen sowie 12 Mann verwundet worden.

Abschließend nochmals Fahnenjunker MEDENWALD über diesen Kampfabschnitt:

„Vom 23. April bis 8. Mai lag mein Zug ohne Unterbrechung so in der Stellung, wie ich ihn eingewiesen hatte, wir bauten ständig unsere Stellungen aus und jeden Tag gab es neue Überraschungen. Einmal war es ein Granatwerferüberfall, dann ein Spähtrupp oder ein Verlust durch Scharfschützen, dann ein Feuerüberfall durch Infanteriewaffen bei Tag oder Nacht. Nachts kam der Russe bis auf 30 m an unsere Stellungen heran. Jeden Tag hatten wir ausnahmslos einige Ausfälle, so dass ich am 8. Mai einen vollkommen anderen Zug heraus führte, als ich ihn am 23. April eingewiesen hatte.

Am 18. April hatte der Russe erneut den Pass zwischen ALP- und DÜRRKOGEL angegriffen, wobei ihm ein tiefer Einbruch gelang. Dabei wurde Luftwaffenunteroffizier Josef HAAS überrannt. Er blieb gut getarnt in seinem, jetzt auf russischer Seite befindlichen Schützenloch verborgen.

Beim deutschen Gegenangriff am 20. 4. gegen 15.00 Uhr konnte er dann wieder aktiv in den Kampf eingreifen, wofür er noch am 27. April das EK II verliehen bekam.

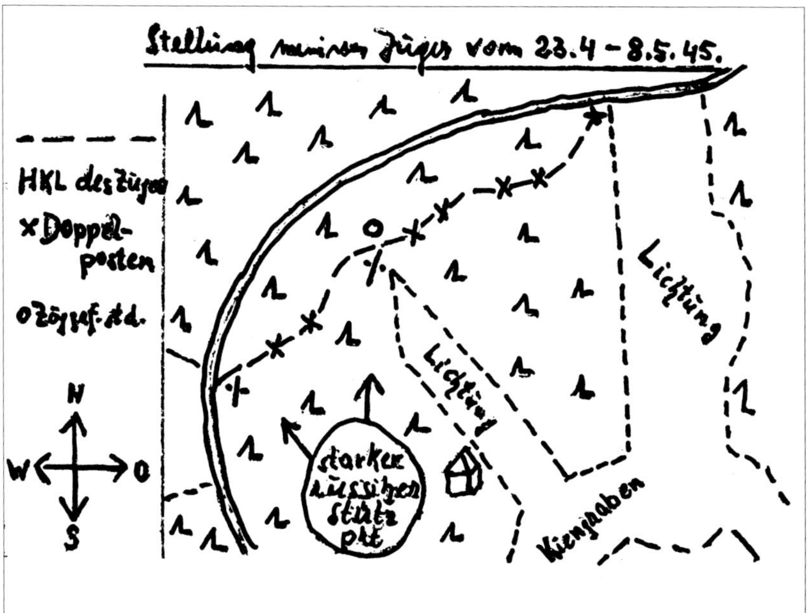

Ergänzend zu diesen Kämpfen in diesem ca 10 km langen Waldstück muss gesagt werden, dass es den Russen an keiner Stelle gelungen ist, die deutschen Truppen aus ihren Vorderhangstellungen zu werfen, gleichfalls gelang es den Deutschen nicht die Russen entscheidend zurückzuwerfen und sie mussten jeden Angriff mit schweren Verlusten bezahlen.

Noch am 29. April 1945 trafen Hauptmann HEINERT und BENEDIXEN vom KG 27 aus Hörsching kommend am Gefechtsstand der Kampfgruppe Semmering ein. Dort erfuhren sie, dass die Teile des Geschwaders nördlich und südlich des Semmerings eingesetzt sind.

Noch am Spätabend erfolgte der Aufstieg mit einem Melder durch den Dürrgraben bis zur Kammhöhe des Dürrkogel und dann Richtung Alpkogelhütte, wo Hauptmann HEINERT dem Bataillon DICKERMANN zugeteilt wurde, das vorwiegend aus bunt zusammengewürfelten jungen und alten Heeressoldaten aller Waffengattungen bestand.

Die Kompanie, der er zugeteilt wurde, lag in Vorderhangstellung an der Trattenbacher Alpe mit Blickrichtung KIENGRABEN.

Bis zum 8. Mai fanden in diesem Abschnitt keine eigentlichen Kämpfe mehr statt.

Fl. Hauptmann Hans Otto Heinert mit Unteroffizieren der KG 27

Kämpfe um Harderkogel 1523 m – Großen und Kleinen Pfaffen 1420 m

SS Kampfgruppe SCHOFFER:

13. April 1945 – der erwartete Absetzbefehl wird überbracht. Unsere Kameraden haben in Feistritz für uns eine Langholzlore bereitgestellt, mit der wir bei Dunkelheit RETTENEGG glücklich erreichen. Aber es geht gleich weiter.

Marsch zum nächsten Standort, dem PFAFFENSATTEL, wo eine Luftwaffeneinheit stationiert ist. Unterkunft knapp vor dem Sattel in einem Straßenwärterhaus.

17. April 1945 – SS Unterscharführer BERGER führt einen Spähtrupp zu den eingeschlossenen Verteidigern von RETTENEGG. Wir treffen Oberleutnant IHSSEN in einem verlassenen Wirtshaus vor dem Ort. Andauernder Granatwerferbeschuss durch die Russen.

Beim Zurückpirschen über den Zwieselbauer- und Rentbauernhof schließt sich ein russischer Gefangener freiwillig an. Er wird unser Hiwi. Seine Worte: „Wenn Stalin kommt ich kaputt!“

19. April 1945 – der Kommandeur der Kampfgruppe Semmering Oberst RAITHEL erläutert im Gasthof PFAFFENSATTEL persönlich unserem Spähtrupp SS Unterscharführer BLÖCHL, SS Sturmmann HÄUPTNER, SS Schützen ZEIBIG und KOPP, den Auftrag zur Aufklärung in Richtung FEISTRITZWALD.

Am Kardinal Nagl Steig beim großen Pfaffen stoßen wir auf eine Telefonleitung und machen im Tal des Pfaffenbaches beim Jagdhaus eine russische Granatwerferstellung aus. Ich schneide ein Stück Leitung heraus. Leider misslingt unsere Absicht Gefangene zu machen. Ein russischer Offizier der mit 4 Mann den Steilhang heraufkommt, richtet sich auf und schaut mir direkt ins Gesicht. Er hat seine Mpi griffbereit, jetzt heißt es du oder ich.

Die Schießerei, bei der die Russen den kürzeren ziehen bewirkt, dass wir uns schleunigst zurückziehen müssen.

Am 20. April bin ich noch immer mit BLÖCHL in dem Gebiet unterwegs. Der Russe ist jetzt aufmerksamer geworden. Wir laufen in eine Falle. Schüsse in unserem Rücken, wir entkommen mit viel Glück.

Oberst RAITHEL lässt sich wieder persönlich berichten. Wir bekommen von ihm eine 100er Packung Zigaretten und zwei Flaschen Schnaps.

21. April – wieder ein Spähtrupp, SS Oberscharführer von BECK schließt sich unserem Spähtrupp an. Zusammenstoß mit dem Russen bei einer Wegbiegung am Steilhang. BLÖCHL wird an der Hand verwundet.

23. April – Angriff auf das SATTELKREUZ. Sammeln am Jagdhaus HARDERKOGEL. Luftwaffe am linken Flügel weicht zurück. Wüste Ballerei ohne Ergebnis. Ich bleibe mit Unterscharführer HALBERTSCHLAGER zur Sicherung zurück.

Stoßtrupp mit Oberscharführer SCHOFFER auf eine Granatwerferstellung in einem Waldgehöft. Zu unserer Überraschung ist der Russe bereits Hals über Kopf weg. Ich stehe mit 2 Mann und einem MG 6 Stunden im Wald.

Am 24. April Ablösung und über Steinhaus nach Mürzzuschlag.

27. April – Ich führe eine zusammengewürfelte Infanterie Gruppe. 12 Männer, darunter zwei Flieger mit 2 MG 42, 2 Schnellfeuergewehre und einem Granatbecher. Stellung ist oberhalb von Steinhaus Richtung Rotte Pfaffen. Die Kompanie führt SS Oberscharführer von BECK. Russischer Artilleriebeschuss mit 17.5 cm, wir haben mehrere Ausfälle. Fahrzeuggeräusche auf der ca 200 m vor uns befindlichen Straße.

Am 29. April Ablösung und wieder zurück zum Pfaffensattel.

30. April–3. Mai – Aufstieg zum HARDERKOGEL. Wir übernehmen einen Abschnitt im Gelände zwischen Gebirgsjägern als linke Nachbarn im Hochwald und Honveds rechts von uns. Vor uns in einer Senke die Halterhütte. Schneedecke, es ist kalt, wir holen uns Heu aus einem Stadel im Niemandsland.

Wir bauen provisorische Unterstände. Grantwerfer Störfeuer und Stoßtruppgeplänckel. Als ich mit den Gebirgsjäger Verbindung aufnehmen will stehe ich plötzlich vor braunen Gestalten. Glücklicherweise sind sie auch überrascht und lassen sich verscheuchen. Ihre Verwundeten schleifen sie mit fort. Dann taut der Schnee auf. Gefallene Kameraden kommen zum Vorschein, die erst ein paar Tage hier liegen können.

Von unseren ungarischen Nachbarn erfahren wir vom Tod Mussolini. Unsere Essenträger melden den Tod des Führers, angeblich kämpfend in

Berlin und die Übertragung des Fahneneides auf Großadmiral DÖNITZ. Was soll es, wir bleiben am Feind.

In der Nacht soll ich mit SS Unterscharführer JOHANNSEN einen Spähtrupp laufen. Etwa eine Stunde vor seinem Eintreffen ein Granatvolltreffer auf unserem Notdach. Mir schwinden die Sinne. Ich komme mit einem Splitter im Oberschenkel davon aber mittlerweile ist mein Bein steif und blutverklebt. Mein MG-Schütze BERNHARD ist Tot, Splitter im Hals.

Vor Tagesanbruch schleppt mich Unterscharführer JOHANNSEN zum Forsthaus. Auf dem Weg dorthin entpuppt sich ein vermeintlicher Gebirgsjägerposten in der Dunkelheit als Iwan. Ich sehe ins Mündungsfeuer aus nächster Nähe und lasse mich ins Gebüsch fallen.

Der Russe haut ab. JOHANNSEN staucht die Gebirgsjäger zusammen die apathisch aber auch lebensgefährlich zusammensitzen.

Unser Hiwi (Hilfswilliger) trägt mich auf seinem breiten Rücken, den leeren Essenkanister auf der Brust, den steilen Pfad zum PFAFFENSATTEL. Er biegt nicht seitwärts ab zu seinen Leuten. Zuerst mit B- Krad, dann Sanka geht es über Mürzzuschlag zum Schloss LANGENWANG.

Luftwaffeneinheit ABK „Z“

Nach ihrem Eintreffen am Pfaffensattel unternahm die Kompanie von Lw. Lt. FLEISCHER vom Pfaffensattel aus mehrere Spähtrupps um festzustellen, wo sich der Russe überhaupt befand. Durchgeführt wurden diese Spähtrupps von den ehemaligen Fluglehrern bzw. Unteroffizieren der Kompanie. Solche Unternehmen wurden zum Feistritzsattel, zur Wolfgangkapelle und auch nach Trattenbach selbst durchgeführt, wobei beim Spähtrupp nach Trattenbach Lt. FLEISCHER und Oberfeldwebel RICHTER bei der Fabrik einen russichen Kommissar kassierten und ohne Verluste wieder zurück zu den eigenen Linien zurückkehrten.

Lt. Friedrich FLEISCHER schreibt über diese Einsätze:

„Meine Luftwaffeneinheit war in Ungarn als Ausbildungskommando eingesetzt. Wir schulten dort ungarische Flugzeugführer auf die Me 210 und Me 410 um. Um die Jahreswende 1944/45 wurden wir infolge von Kraftstoffmangel nach Zeltweg zum Abstellen der Flugzeuge verlegt. Die Einheit bestand aus deutschen Fluglehrern, deutschem und ungarischem Wartungspersonal sowie den ungarischen Flugschülern, meistens Offiziere. In Zeltweg erhielten wir von einer in Leoben stationierten SS Einheit eine Erdkampf- und Geländeausbildung. Als wir am 1. April zum Semmering abkommandiert wurden, war meine Einheit, Deutsche und Ungarn, insgesamt 116 Mann stark.

Fl. Leutnant Ing. Friedrich Fleischer

Lagebesprechung und Einweisung in die Lage am Pfaffensattel. Vorerst der Auftrag die Passstrasse zu sperren. Die Front verlief in einer Höhe von 1500 bis 1600 m.

Der Russe war vom Feistritzsattel aus nach und nach bis zum HARDER Kogel 1523 m, vorgedrungen und hatte damit eine beherrschende Höhe in seinem Besitz gebracht. Die Wiedergewinnung dieser Höhe war daher eine Notwendigkeit.

Fluglehrer des ABK „Z“ Feldwebel Walter Stolz

Fl. Feldwebel Walter Stolz mit ungarischen Flugschülern

Um den 27./28. April 1945 stürmte die Kompanie mit Unterstützung einer 8,8 cm Flak den Harderkogel, wobei 4 Mann verwundet und Obergefreiter THESEING sowie die Ungarn GÖRESÖNYI, TOTH und SZEPE als vermisst gemeldet wurden.

Der Russe zog sich zum Feistritzsattel und Feistritzbachtal zurück und nistete sich dort ein.

Meine Männer schlugen sich tapfer, ob nun die Flugzeugführer oder die Techniker so erfüllten sie hier brav ihre Pflicht.

Oberfeldwebel RICHTER; KÄFER sowie Feldwebel GUNTSCHE, RÖLLER, ULMER und BERGMANN taten als Zug- bzw. Gruppenführer vorbildlich ihre Pflicht.

Ein weiterer schwerer Einsatz war zwecks Sperrung der feindlichen Nachschublinien im Bereich der Großen Rax. Ich wusste es war ein schwerer Gang. So vorsichtig ich auch vorgehen ließ, blieben doch einige Kameraden am Feind. Es war mein letzter Einsatz.

Der Frontlauf war nun durchgehend vom HARDERKOGEL 1523 m – Großen PFAFFE 1555m – bis südlich HÖHE 1456. Zur Verstärkung unseres Abschnittes hatten wir am Kleinen Pfaffen eine 2 cm Kanone eingebaut, die vom ungarischen Waffenwart Obergefreiter Karl SCHMIDT bedient wurde. Das Schussfeld umfasste den ganzen Bereich der Großen Jägerwiese. Diese Kanone war unsere einzige schwere Waffe.

Am 27. April 1945 führten wir ein Stoßtruppunternehmen gegen die südlich von der Höhe 1559 gelegenen Köhlerhütte durch, wobei uns feindliche Lagepläne in die Hände fielen. Bei diesem Unternehmen ist Obergefreiter Eduard KREHAN gefallen.

Angriffshandlungen fanden in diesem Gebiet bis zum Kriegsende keine mehr statt, jedoch wurden wir dauernd mit Granatwerferfeuer belegt.

Am 1. Mai erhielt mein Gefechtsstand bei der Halterhütte einen Granatvolltreffer wobei 12 Mann und ich selbst schwer verwundet wurden,

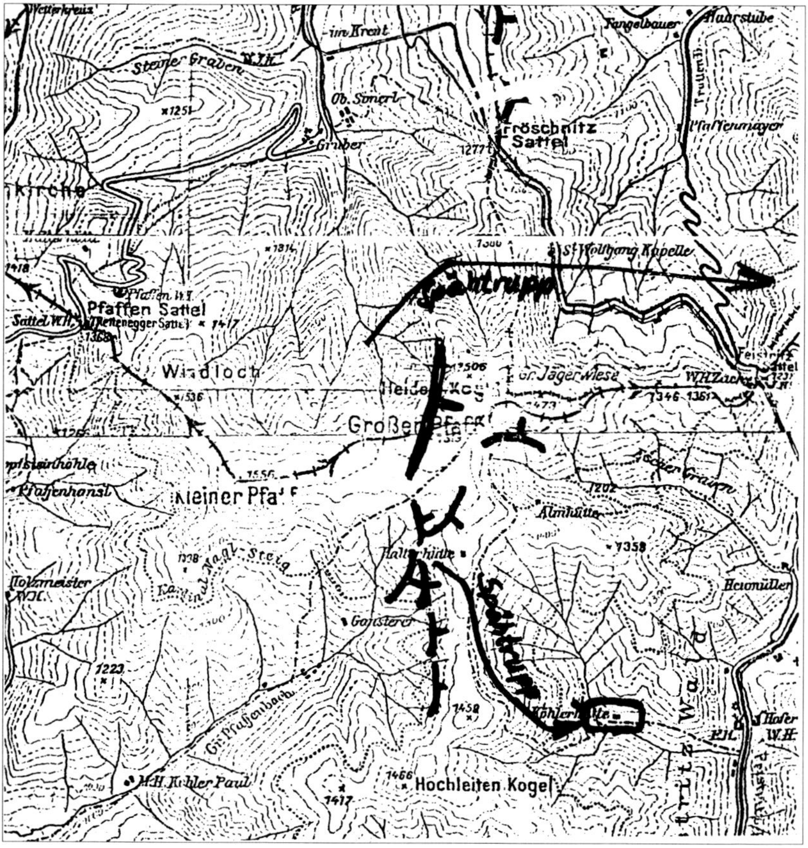

Stabsgefreiter Rudi RAU ist dabei gefallen. Hinkend und geschwächt durch den großen Blutverlust infolge meiner Gesäß-, Oberarm-, Brust- und Halsverletzungen kam ich bei Nacht im Wirtshaus Pfaffensattel bei unserer Grundbichler Mutti an. Mit meinem Hauptfeldwebel MEIßMER ordnete ich noch die Kompaniegeschäfte und erließ einen Tagesbefehl.

Unteroffizier SAUER, unser Sani und Küchenchef bracht mir gegen 23.00 Uhr die Meldung, dass der Führer in Berlin in der Reichskanzlei gefallen sei. Mir war nun alles klar, einen Sieg konnte es nicht mehr geben.

Am nächsten Morgen wurde ich durch einen Sanka abgeholt und persönlich vom Regiments Kommandeur verabschiedet, wobei er mir noch seinen Dank aussprach.

Die Kompanie übernahm mein Stellvertreter Oberfeldwebel Heinz RICHTER, der sie dann auch bis Kriegsende führte.

Der Vollständigkeit halber muss jedoch noch ein besonderer Einsatz im Raum Pfaffensattel – Rettenegg erwähnt werden, zumal er hinter der damaligen Front stattfand.

Lw. Leutnant FLEISCHER berichtet:

Am Bataillons Gefechtsstand wurde vom Ortsbauernführer gemeldet, dass im Gehöft des Rentbauern, in der Nähe des Pfaffensattel, sich Partisanen eingenistet haben. Ich bekam an einem Abend telefonisch vom Bataillons Gefechtsstand den Befehl, die Eindringlinge unschädlich zu machen. Die Durchführung des Einsatzes wurde auf den nächsten Morgen festgesetzt.

Wir rückten in der Früh des nächsten Tages mit dem 1. Zug der Einheit und einigen ungarischen Kameraden (ca. 30 Soldaten) unter meiner Führung in das Einsatzgebiet ab. Oberfeldwebel RICHTER war mit bei diesem Einsatz und sollte notfalls bei meinem Ausfall das Kommando übernehmen.

Am Einsatzort war alles ruhig. Wir postierten in der Nähe aller Ausgänge der Scheune unsere MG-Trupps und Einzelschützen. Dies geschah ohne Gegenreaktion. Ich beschloss dann, die Partisanen zur Übergabe aufzufordern. Durch das große Scheunentor bergseitig drangen wir, 6 Soldaten, darunter Ofw. RICHTER, der ungarische Leutnant GHYCY und ich, auf die Tenne vor. Rechts von uns in ca. 8 bis 10 Meter Entfernung war Heu gestapelt, linker Hand vom Tor auf der Tenne lag Stroh.

Im Scheunenraum war niemand zu sehen. Es herrschte absolute Stille. Eine unheimliche Situation. Auf unseren Anruf, sich zu ergeben, erhoben sich Gestalten aus dem Heu und fingen an wild auf uns zu schießen. Scheinbar auch mit Leuchtspurmunition, möglicherweise wurden auch Handgranaten geworfen. Im Nu stand das Stroh und das Dach der Scheune in Flammen. Leutnant GHYCY, der sich zu weit vorgewagt hatte, wurde durch Schüsse getroffen und sank zusammen. Unter gegenseitigem Feuerschutz, ohne unseren ungarischen Kameraden helfen zu können, zogen wir uns auf unsere vorbereitete Stellungen zurück. Es entstand durch das Feuer in heftiger Sturm und der plötzlich auftretende Qualm versperrte die Sicht und machte uns schwer zu schaffen. Es war eine unübersichtliche Situation.

Infolge der sich entwickelten Hitze kamen dann nach einiger Zeit die Partisanen aus dem offenen Scheunentor und fielen den MG Feuer zum

Opfer. Ein Partisane im Ledermantel jedoch konnte talseitig aus einer Öffnung des Scheunenunterbaues springen und entkam im Schutze des sich verdichtenden Qualmes.

Bei den Gefallenen handelte es sich um 9 männliche Personen, darunter ein junger Mann in SS Uniform und eine Frau".

Der RENTBAUER berichtete darüber:

„An einem Abend kamen 10 Mann in deutschen Uniformen und 1 Frau auf unseren Hof. Sie baten um Brot und Milch, die wir ihnen auch gaben. Anschließend legten sie sich in unserer Scheune schlafen. Am nächsten Tag kam ein Zug deutscher Soldaten und umstellte die Scheune. Die in der Scheune befindlichen Soldaten winkten daraufhin mit einem weißen Hemd zum Fenster heraus. Worauf der ungarische Leutnant GHYCZY mit zwei Mann die Scheune betrat. Plötzlich fiel ein Schuss und die Begleiter von Lt. Ghyczy stürzten aus der Scheune. Jetzt eröffneten die Soldaten das Feuer auf die Scheune und von drinnen wurde zurück geschossen. Nach einigen Handgranatenwürfen ging die Scheune in Flammen auf. Dabei verbrannten die in der Scheune befindlichen Soldaten bis auf einen, der noch rechtzeitig aus dem talwärts befindlichen Fenster gesprungen war und in den Wald laufen konnte.

Ungar. Fl. Lt. Martin Ghyczy

Nachdem die Scheune bis auf die Grundmauern abgebrannt war, fand man die verkohlten Leichen von 9 Mann, 1 Frau und Lt. Ghyczy. Sie wurden anschließend neben der Scheune beerdigt."

Kämpfe im Raum Rettenegg – Feistritzwald

Rettenegg war bis zum 8. April 1945 vom Feind verschont geblieben während am Semmering bereits heftig gekämpft wurde.

Doch lassen wir wieder Oblt. SEESITSCH berichten:

„In Rettenegg war während unserer Abwesenheit oberhalb der Kirche, auf einem freien Platz, eine 2 cm Heeresflak mit 3 Geschützen in Stellung gegangen. Diese Einheit befehligte ein Oberleutnant. Kurz vorher war gleichfalls der Stab einer Werferbatterie, ca 25 Mann unter dem Kommando von Oblt. IHSSEN, eingetroffen. Diese Einheit hatte sich von Ungarn durch die Wälder bis Rettenegg durchgeschlagen.

Nachdem wir drei Oberleutnant im Gasthaus JARITZ eine Besprechung abgehalten hatten, übernahm Oblt. IHSSEN als Rangältester das Kommando über die im Raum Rettenegg befindlichen Einheiten. Kurz danach erhielten wir den Befehl, den Feistritzsattel wieder zurückzuerobern.

Die Einheit IHSSEN, meine Einheit und eine SS-Einheit links seitlich abgesetzt – so gingen wir gegen den Feistritzsattel vor.

Die Einheit IHSSEN stürmte vor und mit Hurra durch, von den SS Männern sahen wir überhaupt nichts mehr. Als wir dann zum Sattelkreuz kamen, meine Männer waren ja alles Behinderte, bekamen wir den ganzen Segen ab. Wir wurden in erbitterte Einzelgefechte mit rumänischen Baumschützen verwickelt, so dass wir den Rückzug antreten mussten. Die feindlichen Truppen blieben uns dicht auf den Fersen und in Rettenegg war dann auch noch plötzlich der Russe da. Er war von der Höhe 987 aus Richtung Waldbach gekommen. Meine Männer ergriffen die Flucht. Mit ca 40 Mann zog ich mich Richtung Dörfler Wald zurück. Vorher war bereits die Flak Besatzung stiften gegangen. Ein Geschütz erhielt einen Volltreffer, das andere sprengte ich mit einer Handgranate. Das dritte Geschütz hängte ich an einen Ochsenkarren und wir nahmen es zum SCHADHOF, welcher nordöstlich oberhalb von Rettenegg liegt, mit.

Ich errichtete oberhalb von Rettenegg mit meinen 40 Männern mehrere SMG Stellungen, so dass wir die Ortschaft und die Straßen Richtung Pfaffensattel, Feistritzwald und Ratten jederzeit unter Feuer nehmen konnten.

Rettenegg war nun einige Zeit unbesetzt, nachdem sich die ersten russischen Truppen wieder abgesetzt hatten und die deutschen Truppen oberhalb von Rettenegg in Stellung lagen."

Versuchter russischer Durchbruch ins Mürztal

Die im Wenigzeller- und Vorauer Becken befindlichen sowjetischen Truppenverbände waren zum Angriff angetreten und stießen mit voller Wucht nach Süden und Südwesten vor. Sie erreichten am 15. April 1945 gegen 10.00 Uhr den Ortsrand von Rettenegg und nahmen die Ortschaft unter Beschuss. Das Feistritztal und Rettenegg wurden dann von Teilen der sowjetischen 36. Garde Schützendivision des XXX Schützenkorps besetzt.

Noch in der Nacht versuchte eine 2000 Mann starke sowjetische Kampfgruppe von FISCHBACH aus ins Mürztal durchzustoßen. Gleichzeitig wurde in St. Kathrein am Hauenstein an der Straße über das Alpl erbittert gekämpft.

Oberst Heribert RAITHEL in seinem Bericht:

„Lageverschärfung durch Einbruch beim rechten Nachbarn bis über Fischbach.

In der Nacht erhalte ich zu den 36 vorhandenen, 24 weitere Kilometer dazu, dabei die wichtigen Pässe ALPL und SCHANZ, ohne einen Mann mehr zu bekommen.

Telefonische Meldung von der SCHANZ – Russen im Angriff – keine Munition. Jetzt geht's ums Ganze. Mein Wagen wird voll Munition aller Art bepackt. Hauptmann MUGLER und USCHOLD begleiten mich. Ein sich absetzender Gendarmerietrupp, voll bewaffnet, der mir als erster begegnet, wird nach vorne gescheucht. Oben kein Feind, aber Panik und Trostlosigkeit. So gebrüllt habe ich in meinem Leben noch nie.

Nach 2 Stunden trat alles zum Angriff an, um den vorderen Waldrand eines etwa 5 km tiefen Waldes noch vor den Russen zu erreichen.

Ich als MG-Schütze 1 voraus. Ein Radfahrer fährt von Kurve zu Kurve. Auf der Straße werden immer wieder Panzerfaustleute eingesetzt. Darunter auch ein Regierungsrat mit Pistole. Fast haben wir den Waldrand erreicht, als der Radfahrer vor unseren Augen von einer russischen Offizierspatrouille vom Rad gerissen wird. Er vermag sich aber zu retten.

Unter Pak- und Panzerkanonenbeschuss erreichen wir an einer Stelle doch noch den Waldrand. Hauptmann USCHOLD verbleibt auf der SCHANZ.

Mit Hauptmann MUGLER rase ich zum ALPL – hier finde ich einen völlig gebrochenen Oberst, dem ich aber doch soweit das Rückgrat stärken kann, dass die Lage gegen Abend als gefestigt angesehen werden kann.

Der Versuch der Russen, da er am Semmeringpass selbst nicht durchkam, durch eine große Umfassung über die Pässe SCHANZ und ALPL ins Mürztal vorzustoßen, und dadurch die Semmeringbesatzung aus dem Sattel zu heben war vereitelt worden.

Nach Bereinigung des Einbruchs wurde ich vom OB der 6. Armee General BALCK persönlich zum Eichenlaub eingereicht.

Imponiert hat mir damals mächtig, dass General BALCK zwei bis drei Tage stur gewartet hat, bis die herangeführte 117 Jägerdivision wirklich vollzählig versammelt war und dann mit zwei Stoßkeilen in zwei Tagen den ganzen Sack aufgeschlitzt und die Lage bereinigt hat.“

Rettenegg

Aber nun wieder zurück in den Ort Rettenegg. In der Nacht zum 17. April unternahm eine 10 Mann starke Kampfgruppe einen Handstreich auf Rettenegg, erbeutet dort ein Geschütz und eröffnete mitten im Ort das Feuer auf die überraschten Russen, musste sich jedoch dann wieder auf den Rettenegger Kogel zurückziehen.

Vermutlich um den 22. April stürmten dann die Einheiten IHSSEN und SEESITSCH den Ort und drangen bis zum außerhalb des Ortes befindlichen Wasserschloss vor. Dabei ist Lt. SIEBENHOFER gefallen. Am 23. April drangen dann Gebirgsjäger der 1. GD II/Geb. Jg. Reg. 98 unter Hauptmann GÖLLER bis Feistritzwald ostwärts von Rettenegg vor. Nachdem Rettenegg wieder feindfrei war errichtete Oblt. IHSSEN seinen Gefechtsstand beim SCHADHOF-Bauern und Lt. BOCK seinen Gefechtsstand im Gasthaus EBNER, wo sich auch der Verbandplatz befand.

Um den 1. Mai 1945 befand sich Oblt. SEESITSCH mit 2 Mann auf Spähtrupp im Waldgebiet um Rettenegg, als er plötzlich deutsche und auch slawische Stimmen hörte. Erleichtert stellte er fest, dass sich im Vormarsch auf Rettenegg eine Polizeieinheit befand, deren Stammpersonal aus Sachsen, die Mannschaft aus Esten, Littauen und aus Balten bestanden.

Da der Russe andauernd Stoßtruppunternehmen gegen die Straße RETTENEGG – PFAFFENSATTEL durchführte, versuchte Oblt. SEESITSCH diese Einbrüche zu bereinigen, indem er mit den Männern der Polizeitruppe, die sehr tapfer und einsatzfreudig waren, Stoßtrupps in den Raum um den WEISSEN KOGEL unternahm die auch erfolgreich waren.

Am 1. Mai 1945 unternahm Oblt. IHSSEN mit Feldwebel SPECKMANN einen Spähtrupp nach Feistritzwald – Voreck – Insel Berg, dabei sind beide gefallen. Das Bataillon führte nun Oblt. SEESITSCH bis zum Kriegsende

Noch am 8. Mai 1945 unternahm die Einsatzkompanie des Geb. Jg. Reg. 98, geführt von Oblt. PIRKER, mit der Einheit SEESITSCH vom Reitbauern aus einen Angriff auf den WEISSEN KOGEL, der auch gut vorankam. Gegner waren Russen und Rumänen. Dabei wurde Oblt. SEESITSCH zum 4. Mal verwundet. Gerade als ein Melder mit der Nachricht kam, dass der Krieg aus sei.

Unteroffizier Friedrich AMESHOFER kann sich an diese Tage im Raum Rettenegg gleichfalls noch sehr gut erinnern – er war Grüppenführer in der Kompanie von Lt. BOCK, sein Zugführer war Feldwebel SPECKMANN von einer Pz. Gr. Div.

"Am 2. Mai 1945 nachts musste ich zu Lt. BOCK, ich bekam von ihm den Befehl: „Suchen Sie sich aus Ihrer Gruppe 2 Mann aus und stellen Sie fest, ob der WEISSEN Kogel noch feindfrei ist"!

Nach 3 Stunden waren wir von dort zurück – hundemüde. Der Weißen Kogel war feindfrei, aber der Feind war oben gewesen, das sahen wir an den zurückgelassenen Gegenständen.

Am nächsten Tag musste ich wieder zu Lt. BOCK, der zu mir sagte: „Nachdem Sie heute Nacht festgestellt haben, daß der Weißen Kogel feindfrei ist, so werden Sie ihn mit Ihrer Gruppe besetzen. Als Verstärkung kommt die Gruppe KALINOWSKI dazu".

Oben auf dem Weißen Kogel gab es Spähtrupptätigkeiten auf beiden Seiten. Am 4. Mai bekam ich den Befehl mit Unteroffizier EISENZOPF seiner Kompanie von der 44. Inf. Div. Hoch und Deutschmeister, auf Höhe 1417 Verbindung aufzunehmen. Ich bekam einen wegekundigen Mann, Obergefreiter SCHEUERPFLUG zugeteilt.

Im sogenannten RADENGRABEN geriet ich mit der Gruppe in ein Minenfeld. Es war Neuschnee und so merkten wir es erst als es zu spät war. SCHEURPFLUG und ich kamen mit heiler Haut davon, doch 8 Mann erlitten schwerste Fußverletzungen. Besonders dramatisch gestaltete sich die Bergung der Verwundeten.

Zurück zum Tross. Dort sprach gerade Lt. BOCK zur Kompanie: „Wir greifen abends die Höhe 1417 an, sie ist feindbesetzt. Wir bekommen Unterstützung von einer Batterie Infanteriegeschütz L 10,5 cm. Der Angriff ging gut voran, die Russen wurden von der Höhe geworfen und ließen ihre Gefallenen zurück. Bis zum Einbruch der Dunkelheit wurden wir fürchterlich mit Artillerie und überschweren Granatwerfern eingedeckt. Dabei hatten wir Verwundete und Tote zu beklagen.

Am nächsten Tag griff der Russe wieder an, wir konnten jedoch alle Angriffe abwehren."

Großer Pfaff
Kleiner Pfaff
Windloch
Hochleiten Kogel
Kreuz-Kogel
Kreuzriegel
Insel Berg
Im Rettenegg
Weißen Kogel
Rettenegg-Kgl
Seeriegel
Reitenauer Alpe
Angriff

Aus der „Kampfgruppe Semmering" wird die „9. Gebirgsdivision" unter Führung von Oberst Heribert Raithel

Hakoa-Hütte, Gefechtsstand

Wappen
9. Gebirgsdivision

Oberst Heribert RAITHEL: „General BALCK, der Oberbefehlshaber der 6. Armee machte Besuch auf meinem Gefechtsstand in der 300 m hinter dem Semmering liegenden HAKOA-Hütte. Gott sei Dank war sie in der Karte nicht eingezeichnet.

Feierliche Mitteilung des Namens „9. GEBIRGS-DIVISION" und meine Ernennung zum Kommandeur dieser Division mit 1. Mai 1945.

Dabei dürfte dem I a des Stabes RINGEL in Graz ein Fehler unterlaufen sein, da es ja bereits eine 9. GD im Norden (Kampfgruppe KRÄUTLER) gab. Eine Umbenennung erfolgte jedoch nicht mehr.

Die **9. GEBIRGSDIVISION** (Ost- oder Steiermark) gliederte sich wie folgt:

DIVISIONSSTAB – fast ausschließlich Offiziere der Geb.Art.Schule Dachstein – Obertraun.

Gebirgsartillerie Regiment 56 – ebenfalls aus der Geb.Art.Schule Dachstein – Obertraun.

Gebirgsjäger Regiment 154 – Gebirgsjäger, Gren. Ers. u. Ausb. Reg. 132 Heer, Luftwaffe, Landesschützen.

Gebirgsjäger Regiment 155 – Gebirgsjäger, Luftwaffe, SS, Genesenden Kompanie der 44. Inf. Div. Hoch u. Deutschmeister, Heer, Marine, Ungarn.

Gebirgs- Aufklärungs – Abteilung 54 – aus dem SS Gebirgsjäger A. u. E. Batl.13 Leoben.

1 Panzerjägerkompanie aus der PzJg. E. Abt. 48 Cilli.

1 Gebirgspionierkompanie.

1 Gemische Fernsprech- und Funkkompanie

1 Volkssturmbataillon zum Munitions- und Verpflegungstransport. Gingen nachts nach Hause zum Schlafen und kamen am Morgen wieder – keiner blieb aus bis zum Schluss.

1 Flakabteilung – angeblich Heimatflak Wr.Neustadt – war jedoch der 9. GD nicht unterstellt.

Generalmajor KREPPL Hans, Kommandeur 117 Jäger Division:

Nach den Kämpfen im Raum Waldbach werden der 26. und 27. April 1945 zur Wiederherstellung der Kampfbereitschaft genützt. Die ersten marschfertigen Teile werden über Mürzzuschlag, Kapellen, Prein ins Schwarzatal zwischen Schneeberg und Rax-Alpe in Marsch gesetzt.

Am 28. April wird der Divisionsgefechtsstand nach Schwarzau im Gebirge verlegt. Starker Regen stört die Marschbewegungen. Die Division wird dem I. SS Pz. Korps (Prieß) unterstellt.

Am Schneeberg und auf der Rax muss die Artillerie Abteilung 117 (Hauptmann BRAUN) und eine Geb.Art.Abt. eingesetzt werden deren Geschütze mit der Rax-Bahn auf die Rax-Alpe befördert werden. Beide Artillerie-Einheiten verbleiben im Rax-Gebiet. Während der Divisionsgefechtsstand stand und die anderen Einheiten in den Raum Rabenstein an der Pielach – Lilienfeld verlegt wird.

Laut Bericht von Oberst RAITHEL hatte die 9. GEBIRGSDIVISION bei Kriegsende eine Grabenstärke von **10.400 Mann.**

Nachdem im linken Abschnitt der Kampfgruppe bereits **Oberstleutnant Dr. SWOBODA** das neu gegründete **Geb.Jg. Reg. 154** führte, kam **Gebirgsjäger Major Erwin STARKL** erst am 22. April 1945 zum Semmering. Nun einige Auszüge aus dem Tagebuch Major STARKL, um ein Bild der damaligen Lage wiederzugeben:

Geb. Jg. Major Erwin Starkl, Reg. Kommandeur Geb. Jg. Reg. 155

SONNTAG, 22.04.1945 – 05.00 Uhr ab Graz – 08.15 Uhr am Semmering. Schoberhütte Oberst RAITHEL sehr reservierter Empfang – sympathische Sachbearbeiter.

MONTAG, 23.04.1945 – vormittags Erkundung Jagdhütte in Steinergraben als Geb. Gef.- Stand – nachmittags mit Adjutant Oblt. ABEL Gefechtsstand Hauptmann BECKER und DICKERMANN.

MITTWOCH, 25.04.1945 – vormittags nach Rettenegg zu Batl. Oblt. IHSSEN. Abschnitt IHSSEN tagsüber unruhig – abends zu RAITHEL – Bericht – ab morgen 06.00 Uhr „Regimentsführer".

DONNERSTAG, 26.04.1945 – unsaubere Lage (Einbrüche) im rechten Abschnitt zur Bereinigung Befehlsausgabe am Pfaffensattel (Stosstrupps) – bis abends gute Fortschritte.

FREITAG, 27.04.1945 – neuer rechter Nachbar Geb. Jg. Reg. 98 – Zusammenwirken mit rechtem Batl. IHSSEN – kleine Fortschritte Raum RETTENEGG – WEISSEN – Kogel. Einheit FLEISCHER meldet sich nicht – wegen Leitungsstörung bis spät nachts am Pfaffensattel.

SANSTAG, 28.04.1945 – Morgenstunde Mißerfolgsmeldung FLEISCHER – Auftrag an SS Ustuf. GÖRG – IHSSEN gute Fortschritte nachmittags wieder sehr zäh und langsam.

SONNTAG, 29.04.1945 – vormittags und nachmittags Abschnitt BECKER. Pfaffensattel von Marodeuren geräumt – Abschnitt BECKER abgegangen. Batl. IHSSEN Nachbar (GJR 98) unterstellt – neues Bataillon bekommen.

MONATG, 30.04.1945 – neues Bataillon Oblt. GRÖGOR besucht – abend mit Kameraden kleines Kampfgespräch.

DIENSTAG, 01.05.1945 – Pfaffensattel – Stuhleck Karl Lechner Haus, Stellungserkundung Schnee, Wind, Regen.

MITTWOCH, 02.05.1956 – Rettenegg tagsüber recht ruhig.

DONNERSTAG, 03.05.1945 – bei Dickermann und Becker – DICKERMANN Scherereien, Überläufer, Selbstverstümmler, 2 russische Überläufer – rechts immer Wechsel der taktischen Unterstellung.

FREITAG, 04.05.1945 – vormittags Kanzlei – Batl. I/155 GRÖGOR, nachmittags Kanzlei RAITHEL gekommen – Offiziersersatz gekommen (nun reichlich) Unternehmen GRIESSAUER Graben abermals Pleite ohne Blut.

SONNTAG, 06.05.1945 – sehr ruhiger Tag – 18.00 Uhr Kommandeurbesprechung bei RAITHEL – Erwägung für Rückzugsvorbereitungen – sehr spät zurück.

MONTAG, 07.05.1945 – vormittags Begrüßung 2 neue Luftwaffenkompanien – Kommandeurbesprechung beim Regiment – abends Kommandeurbesprechung beim Divisionsgefechtsstand – Rückzugbefehl – spät zurück.

DIENSTAG, 08.05.1945 – 03.00 Uhr telef. RAITHEL Sofortbefehl – Melderschwierigkeiten 05.30 Uhr mit Reg. Stab Oblt. ABEL ab – Kfz Schwierigkeiten – Bruck – Leoben – St. Michael – Liezen (US. Kontrolle) weiter nach Obertraun.

Der Russe hatte seine Angriffe eingestellt. Es gab nur mehr örtliche Spähtrupptätigkeiten und Beschuss mit schweren russischen Waffen.

Beide Seiten arbeiteten am Ausbau ihrer Stellungen. Sonst herrschte Ruhe an der Front der 9. Gebirgsdivision.

Was sich jedoch hinter der Front abspielte war noch Jahre nach Kriegsende Streitpunkt der Gemüter.

So erließ am 04.04.1945 der Oberbefehlshaber der 6. Armee General BALCK unter I a Nr. 2191/45 Geheim folgenden Befehl an die Kommandeure:

„An die Herrn Kommandierenden Generale und Divisionskommandeure“.

Nach schweren Kämpfen, in denen sich die Divisionen meiner Armee zumeist tapfer geschlagen und dem Feind hohe Verluste zugefügt haben,

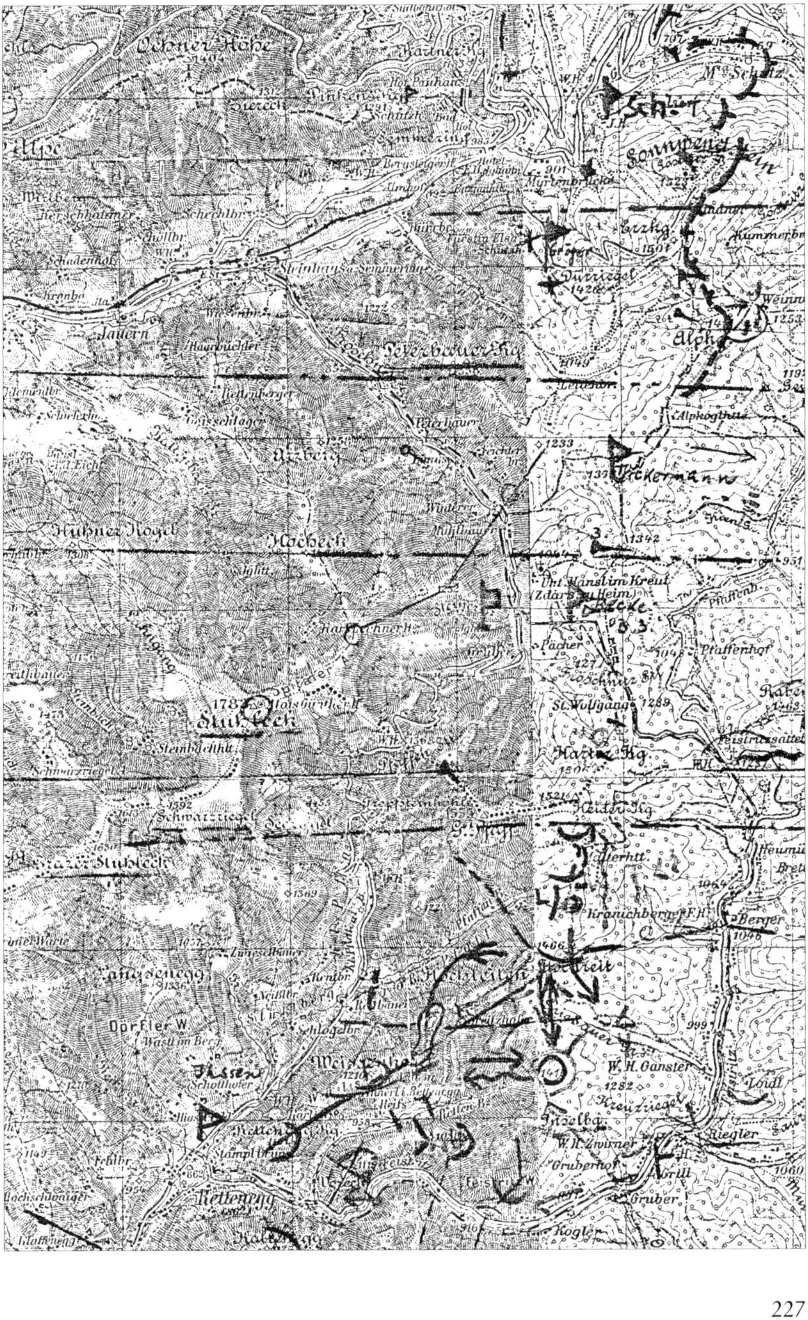
Ochsner Höhe
Steinhaus a. Semmering
Jauern
Hübner Kogel
Hocheck
Stuhleck
Dürriegel
St. Wolfgang
Pfaffenhof
W.H. Ganster
Kreuzriegel
Riegler
Gruberhof
Gruber
Kogler
Rettenegg
Berger
Loidl

General d. Pz. Truppen, BALCK

befindet sich die Truppe zur Zeit im Zustand einer ausgesprochenen Krise. Die mannigfaltigen Gründe sind mir bekannt. Führungsfehler. Versagen der Ungarn, Mangel an Munition und Betriebsstoff, hohe physische Belastung aller Soldaten und vieles andere mehr.

Ich habe in dieser Hinsicht bis zu den höchsten Stellen ein ganz offenes Wort gesprochen, so dass diese Dinge dort auch klar erkannt sein dürften.

Wenn wir jedoch heute feststellen, dass wir Misserfolge hatten, dass unsere Männer vielerorts nicht mehr halten, dass sie sich hinten herumdrücken und Bilder schlechtester Disziplin abgeben, so liegt die Schuld in allererster Linie bei der Truppe und ihren Führern selbst.

Wir werden der Drückebergerei mit allerschärfsten Mitteln zu Leibe gehen. Wir müssen aber auch aus unseren Fehlern lernen. Einige der Wichtigsten werden hier offen besprochen:

1. Wir verfügen nicht über die nötige Härte, um gegen Zersetzungserscheinungen wirklich durchgreifend anzugehen. Generäle und viele andere Truppenführer führen das Wort vom Erschießen zwar oft genug im Munde, sind aber zu weich, um es in die Tat umzusetzen. Ich habe von keiner standrechtlichen Erschießung bei irgend einer Division ober bei irgend einem Korps gehört. Wir müssen wissen, daß das ausgelöschte Leben eines Schweinehundes zwanzig anderen das Leben erhält, denn sie kehren um und tun ihre Pflicht.
   Wir wollen keine Blutherrschaft, aber wenn in Ausnahmezeiten drakonische Mitteln am Platz sind, dann soll jeder Führer sie sofort anwenden. Mit den ersten durch mich befohlenen 20 Erschießungen hörte das Versprengtenunwesen schlagartig auf.
2. Wir können nicht mehr klar befehlen. Es wird herumgeredet, Kriegsrat gehalten. Einwände werden stundenlang erörtert. Was dabei heraus-

kommt, ist unklares Zeug, das in den Worten gipfelt: „Also los, dann hauen sie ab in Richtung A." Erfolg: Zeit verloren, Unklarheit, halbe Maßnahmen, zu spät kommen, Misserfolg.

3. Wir haben einen großen Teil der Disziplin verlernt. Ein paar Beispiele:
   a) Einheiten und Verbände, die von A nach B marschieren, tun dies nicht geschlossen unter Vorantritt ihres Führers, sie schicken ihre Panzer, SPW, Trosse usw. einzeln auf die Reise. Es ist ja so einfach: Man braucht keinen Marschbefehl geben, man gibt nur an, wohin es etwa geht, das übrige überlässt man dem Landser.
   Erfolg: Wildes Durcheinander, beliebiges Rasten von Stunden und Tagen bei jedem Einzelnen, Zuspätkommen, Fehlen schwerer Waffen und Betriebsstoff, endlich wieder Misserfolg.
   b) Kein Verband marschiert mehr in den vorgeschriebenen Formen. Es gibt nur noch die des wilden Haufens. Anzug und Ausrüstung des Mannes spotten oft jeder Beschreibung. Koppel ab, Gewehr über die Schulter, Kolben nach oben. Offiziere stört das nicht. Sie sind auch immer vorausgefahren. Eine Truppe aber, die ihre äußere Form verliert, muss an ihrem inneren Halt verlieren.
   Ergebnis: Verdrücken aus der Marschordnung, herumlungern in Dörfern, Marschbewegung ist nicht zu tarnen.
   c) Unsere Verkehrszucht verdient diesen Namen nicht mehr, man kann sie nur als Verkehrsunzucht bezeichnen. Niemand hält Abstände, eine Kolonne überholt die andere usw.
   Ergebnis: Verstopfung, niemand greift ein, wieder Zuspätkommen, wieder Misserfolg. So werfen wir uns ständig Knüppel zwischen die Beine.
   Was zu a) bis c) zu tun ist, weiß jeder. Es steht in Befehlen und Vorschriften, deren Befolgung uns einst zu unseren Siegen verholfen hat.
4. Die Trosse werden nicht mehr genügend überwacht und nicht richtig geführt.
   a) Es gibt Tross- und Einzelfahrzeuge, die schon seit Monaten nur von einem Ort zum anderen ziehen, ohne jeweils mit ihrer Truppe Verbindung zu haben, oder auch nur sie zu benötigen. So wird sinn- und zwecklos Betriebsstoff verfahren, der vorne fehlt. Also weg mit dem unnützen Zeug, das nie benötigt wird, weg mit dem Gerümpel auf dem Kfz. Lieber dieses Zeug sprengen als nur einen Panzer.

b) Die Trosse werden ohne Sinn und Verstand in die Gegend geschickt, meist viel zu weit nach hinten und ohne Angabe eines Zieles.
Erfolg: Herumirren auf den Straßen, Verstopfung, Bummelei und Drückebergerei. Der Führer eines Bataillons oder Regiments befiehlt den Platz und Weg der Trosse, er überlässt das nicht einem Unteroffizier, der die Lage nicht kennt.

5. Taktisches

a) Es wird vielerorts nicht mehr richtig angegriffen, kein vernünftiger Schwerpunkt gebildet, sondern in Kampfgruppen herumbataillert, es wird gepfuscht. Ein sauber vorbereiteter Angriff eines geschlossenen Verbandes, bei dem vor allem die sinnvolle Unterstützung aller Waffen sichergestellt ist, schlägt fast immer durch.

b) Das Feuer der Artillerie und schweren Waffen wird nicht sorgfältig gesteuert. Es wird Feuer auf Geländepunkte gefordert, wo kein Feind ist. Das straff geleitete Feuer des VB wird außer Acht gelassen.
Das Feuer der Unterstützungswaffen wird für das Vorarbeiten nicht ausgenützt. Die knappe Munition wird verschossen, ohne dass der Angriff in dieser Zeit vorgetragen wird. Der Feind bekommt wieder Luft, der Angriff bleibt liegen.

c) Gefechtsstände werden zu oft gewechselt und wenn, dann unvorbereitet.
Ergebnis: Die Führung ist ohne Verbindung, die Truppe ohne Führung. Also, mehr Planmäßigkeit, genügendes Absetzen der Stäbe vom Kampfgeschehen, rechtzeitiger, vorsorglicher Aufbau eines neuen Gefechtsstandes, mehr Ruhe und Sesshaftigkeit, vorausschicken von Funkstellen. Alte Gefechtsstände erst verlassen, wenn neue unter I a arbeiten. Kdr. General und Chef, Div. Kdr und Ia nicht den Gefechtsstand gemeinsam verlassen.

d) Das Feuer der Infanteriewaffen wird bei unserem chronischen Munitionsmangel nicht genügend ausgenützt. Wir müssen lernen, den Feind auf nahe Entfernung herankommen zu lassen und ihn dann mit dem zusammengefaßten Feuer aller Infanteriewaffen schlagartig zusammenzuschießen. (Leit-Mg. Leuchtzeichen, Pfiffe usw.) Dieses Verfahren verspricht auch bei Nacht auf erkannte und vermutete Bereitstellungen besten Erfolg. Beteiligung aller MG, Gewehre, Pak, MPi usw.

6. Meldungen:
   Die Wahrheitsgetreue der Meldung läßt vielerorts zu wünschen übrig. Bleiben wir anständig und melden wir so wie es ist. Funkmeldungen kamen deshalb meist zu spät, weil sie zu lang waren. Richtig ist immer die kurze 5 – 7 Wortmeldung im Stil des Funkverkehrs der Panzerdivisionen. Viele Generalstabsoffiziere können keinen Telegrammstiel. Fasse die Meldung so kurz als müsstest du jedes Wort bezahlen. Dann kommt die Meldung schnell und nützt
7. Betriebsstofftaktik:
   Es kam in letzter Zeit immer wieder vor, dass die fechtende Truppe nach Betriebsstoff schrie, ja dass sogar aus Betriebsstoffmangel Panzer und Zugmittel der schweren Waffen gesprengt werden mussten. Zur gleichen Zeit aber wurden entbehrliche Kfz, Schad-Kfz usw., weit nach rückwärts geschoben. So wurden z.B. in Gegend der Reichsgrenze noch Panzer gesprengt, während sich Abschub- Kfz bereits im Raum Graz und westlich bewegten. Der Betriebsstoff ist ein Kampfmittel wie Munition. Seine Verteilung liegt ausschließlich in den Händen des Truppenkommandeurs. Er hat dafür zu sorgen, dass der kostbare Betriebsstoff in erster Linie der fechtenden Truppe zugute kommt, dass abzuschiebendes nach Maßgabe der Betriebsstofflage nur so weit nach hinten abgeführt wird, wie es die Feindlage gebietet.

Vorstehende Ausführungen sind im Wortlaut bis zu den Regiment- und Bataillonsführern bekanntzugeben und mit ihnen zu besprechen.

Das Schreiben ist anschließend zu vernichten.

gez.: **B A L C K**
Gen. d. Pz. Truppe"

Zuständig für Disziplinarvergehen war ein mobiles Kriegsgericht der 6. Armee, welches den Befehl so gehandhabt hatte, dass wer 3 km hinter der Front ohne Marschbefehl angetroffen wird, sofort standrechtlich zu erschießen ist.

Da nach Aussage des Ia der 9. GD., Hptm. Hartmut WALLRAP, diese kein eigenes Kriegsgericht hatte.

Fallweise tagte dieses Kriegsgericht auch in Steinhaus am Semmering in der alten Volksschule. Dabei wurden auch Todesurteile gefällt. Nachweislich ist die Erschießung von 5 Soldaten der 9. GD bekannt.

In Breitenstein wurden zwei Soldaten der Geb. Aufklärungs – Abteilung 56 wegen Wachvergehen und Fahnenflucht standrechtlich erschossen.

In Steinhaus am Semmering wurden drei Soldaten standrechtlich erschossen.

Wachtmeister Karl PÖLZL über die letzten Kriegstage:

„Am 22. April gehe ich im Schneetreiben zum Meldekopf „STEINHAUS“ zurück. Bei der 2. Batterie klagt man über Munitionsmangel. Die frisch aus Kapfenberg eingelangten Geschütze schweigen. Ich gehe rechts der Eisenbahn wieder vor. Friedliche Stimmung liegt hier über dem Tal aber auch grenzenlose Einsamkeit.

In der Feuerstellung der 1. Batterie an der Bahn werden von Volkssturmmännern Splittergräben ausgehoben und Munitionsverschläge eingedeckt. Wie ich über den Hang der Straße wandere setzt plötzlich unheimliches Rollen. Sind es fallende Bomben oder ist es schweres Feuer an der Nachbarfront?

In der Unterkunft spielen sie Heimatweisen, es ist Sonntag.

Weiterer Schneefall am 24. April zaubert vorübergehend die herrlichste Winterlandschaft, doch bald folgt Morast. Die Meldungen von den Fronten überschlagen sich, doch hier scheint die Front fest zu stehen. Die 1. Gebirgsdivision hat den Russen sogar über den Hochwechsel zurückgeworfen.

Rechts ist wieder starkes Schießen. Der Russe drückt gegen den Pfaffensattel.

Am 28. April schießt der Russe mit schwerem Kaliber nach Steinhaus. Wir tragen gerade Baumstämme für unseren Bunker herbei, während die Granaten mit grausiger Rasanz über uns hinwegheulen und auf dem Hang über Steinhaus einschlagen. Ein pflügender Bauer weiß nicht wohin mit seinem Gespann.

Die nächsten Tage scheinen eine Atempause zu sein. Wirft der Feind seine Kräfte an andere Fronten? Die Sprache des OKW (Oberkommando der Wehrmacht) ist nun ohne aller Hoffnungen.

Betrübliche Erscheinungen treten auch an unserer Front auf. Man setzt sich ab. In den Bergen sollen sich ganze Gruppen von Deserteuren sammeln.

Der 1. Mai kommt. Ich gehe mit einem Fernsprechtrupp zum „Silberer Schlössl“ vor, um eine Leitung abzubauen. Bei der Schober Hütte werden Splittergräben ausgehoben. Dann sind wir vor dem mächtigen Gebäudeblick des Grandhotel „Panhans". Das Hotel ist ziemlich angekratzt. Die Gegend ist vom Feind eingesehen, doch heute schützt uns dichter Nebel.

Nachmittags schießt der Russe wieder besonders auf die 4. Batterie beim „Erzherzog Johann". Wir schaffen noch fleißig an den Bunkern, haben die ersten fertig. Die Volkssturmmänner wollen nicht recht, ihre Gedanken drehen sich nur mehr um das „Nachhausegehen". Zumal die Lage trostlos geworden ist. Wien ist in den Händen der Sowjets, in Berlin wird gekämpft, der Amerikaner ist an Passau vorbeigestoßen. Nordwestlich Radkersburg wurden russische Angriffe abgeschlagen und am Semmering herrscht laut Bericht „lebhafte Artillerietätigkeit".

Der Führer ist gefallen erfahren wir. Es gilt nun, die engere Heimat zu schützen, bis wir vor der Vernichtung bewahrt sind oder so ähnlich wird im Rundfunk durchgesagt und dass Großadmiral DÖNITZ den Oberbefehl übernommen hat.

Es geschehen in diesen Tagen sogar noch Dinge, die uns Berufssoldaten das Herz erwärmen. So kehrt ein Volkssturmmann, ein Eisenbahner nach einem mehrtägigen Spähtrupp im besetzten Gebiet mit wertvollen Meldungen von Wiener Neustadt zurück und erhält aus der Hand des Kommandeurs das EK I.

4. Mai 1945: Der Kuckuck schreit, die Sonne scheint bereits wärmer über dem Land, der Frühling nimmt immer üppigere Formen an.

Der steirische Gauleiter spricht vom Durchhalten, der großdeutsche Rundfunk ist nicht mehr zu hören.

Der Russe schießt wie üblich, macht sich infanteristisch weniger bemerkbar. Gerüchte jagen sich, der Amerikaner nähert sich angeblich durch das Ennstal. Bei einem Feuerüberfall in der Nähe des „Erzherzog Johann" wird der Obergefreite HUTTER verletzt, während Oberleutnant KOBISCH mit dem Schrecken davon kommt. In Steinhaus gibt es noch Verletzte durch russische Granaten. Keiner will in diesen letzten Tagen noch etwas abbekommen.

Die Tage vergehen ohne besondere Vorkommnisse. Wir legen uns Fluchtwege zurecht für den Fall. Ob wir es schaffen werden, wegzukommen, wenn es soweit ist, ohne dass uns der Russe schnappt. Das ist unsere Sorge.

Am 7. Mai 1945 geht zum ersten mal das Gerücht von Waffenruhe um und am Nachmittag marschieren tatsächlich Volksturmmänner zurück.

Erst in der Nacht zum 8. Mai 1945 wird es wahr, Hauptmann WOLF der Ic der Division schickt um 04.00 Uhr unsere Volkssturmmänner, die vor der Schober Hütte Wache halten, weg: „Geht nach Hause, schaut zu, dass ihr wegkommt, der Krieg ist aus“!

Wir können es nicht fassen, obwohl wir es täglich erwarteten. Was sollen wir tun? Wir warten auf Befehle, niemand hat einen für uns. Wir packen unsere Habseligkeiten zusammen. Im Hof werden Papiere und Karten verbrannt. Dann gehen wir zurück in Steinhaus soll ein LKW auf uns warten. Den Kameraden aus dem Wiener Raum reichen wir noch die Hände, trennen uns mit schwerem Herzen und wandern zurück. Wir kommen noch über Liezen zu den Amerikanern.“

Die Kapitulation

Am Abend des 7. Mai 1945 befahl Oberst Heribert RAITHEL alle Kommandeure zur Befehlsausgabe in den Divisions-Gefechtsstand am Semmering.

Er setzte sie mit oftmals stockender Stimme davon in Kenntnis, dass um 24.00 Uhr die Waffen zu ruhen hätten – also Waffenstillstand.

Es galt nun bis zum 9. Mai 1945, mittags 12.00 Uhr, die Enns nach Westen zu überschreiten, andernfalls würden die ostwärts der Enns noch weilenden deutschen Truppen den Russen übergeben werden.

In einer bewunderungswürdigen Disziplin wurden diese letzten Befehle ausgeführt.

Divisions Kampfschule Langenwang

Wolfgang HÄUPTNER wurde von seinem Freund WRUMEN gepflegt und durch Umschläge und Bewegung eitern dessen Splitter heraus. Es herrscht überall reges Treiben in Erwartung des Kriegsendes.

8. Mai 1945 über Funk erfahren wir von der Kapitulation. SS Obersturmführer PONGRATZ lässt antreten, einige fehlen schon. Seine Frau und der Sportwagen stehen bereit.

Für uns gibt es knappe Abschiedsworte und zwei Autobusse, die uns nach Leoben bringen. Mit dem Zug erreiche ich gegen Mitternacht Selzthal. Ein Funkwagen nimmt mich mit. 5 km vor LIEZEN das Chaos. Ein Jepp kommt über die Felder und nimmt Verwundete auf. So komme ich noch über die ENNSBRÜCKE in LIEZEN.

Viele russische Gefangene flüchten mit uns vor ihren kämpfenden Truppen zu den Amerikanern, die sie natürlich zurückweisen. Wir sehen viele ertrunkene Russen in den Fluten der Enns.

Luftwaffen Oblt. Karl DITTRICH: Kompanieführer am Sonnwendstein, schreibt über diese letzten Stunden des 2.Weltkrieges:

„Am 8. Mai 1945, um 01.00 Uhr, rasselt der Fernsprecher. Vom anderen Ende des Drahtes höre ich die tiefe Stimme des Batl. Adjutanten in einem Rundgespräch: „Um 03.00 Uhr Kompanie- Führerbesprechung in der Hubertushütte"! Eine Rückfrage, was denn los sei, ist nicht mehr möglich.

Wenn plötzlich von neuem die Granaten zu bersten begonnen hätten, keiner wäre erstaunt gewesen. Aber eine Besprechung zu nachtschlafener Zeit? Nach diesem relativ ruhigen Tag! An Schlaf ist jetzt erst recht nicht mehr zu denken. Ich gehe hinauf zur Kapelle und blicke hinunter in die Täler rund um Schottwien.

Diese Nacht ist nicht nur seltsam still, sie ist auch eigenartig schön. Der Himmel ist klar. Nur in den Tiefen liegen einige Nebelfelder. Nach Schottwien hinunter ist die Sicht frei. Nur ein einziges schwaches Licht ist zu sehen. Ist es ein unachtsamer russischer Posten? Das Dunkel der Nacht verschweigt, dass dort unten rote Fahnen hängen. Was ist wohl mit den Menschen, die dort den Feind in ihren Mauern beherbergen?

Ich beschäftige mich zu sehr mit solchen Gedanken, sonst müsste ich glauben, es gäbe gar keinen Krieg und ich befände mich auf einer Bergwanderung, mitten im Frieden.

02.30 Uhr – ich bin mit meinem Kompanietruppführer, Uffz. PRIETL unterwegs zur Hubertushütte. Hinter uns sehen wir, gerade noch gespenstisch in den Himmel hineinragend, den Sonnwendstein mit seiner Kapelle. Doch plötzlich sind wir im Nebel, der vom Semmering herauf reicht und wir stolpern den steinigen Weg hinab, den Rand mit dem Bergstock abtastend. Schweigend wie wir den Berg herunter kamen, betreten wir die Hütte. Ich spüre, es liegt etwas in der Luft. Punkt 03.00 Uhr stehen wir drei Kompanie Führer mit dem Bataillons Kommandeur und seinem Adjutanten beisammen. Wir hören nun was los ist :

KAPITULATION

Wir erhalten Befehl, heute Abend um 20.00 Uhr die Stellungen, unbemerkt vom Feind zu räumen. Sammeln in Steinhaus mit Empfang der Marschverpflegung. Neues Marschziel für die einzelnen Teile der Division ALTENMARKT. Weitere Weisungen sollen während des Tages erfolgen.

Oblt. GRÖGOR kredenzt noch jedem von uns ein Stamperl Schnaps. Dann verlassen wir ohne Diskussionen den Gefechtsstand. Mein Kompanietruppführer, ein Student aus Kapfenberg, fragt lange nicht, warum wir wegen dieser paar Minuten diesen Nachtmarsch unternehmen mussten.

Ich selbst kann das Ereignis noch nicht fassen und fühle mich außerstande, dem Unteroffizier etwas zu sagen. Erst nach einer Weile kläre ich ihn auf.

Um 04.00 Uhr kommen wir wieder auf dem Sonnwendstein an. Wir treten ins Haus ein. Es riecht, wie es eben in einer Soldatenschlafstube riecht. Der letzte Mief in diesem Krieg! Da liegen sie, die für heute Nacht abgelöst sind, während die anderen Männer draußen in den Erd- und Felsenlöchern weiter in die Nacht horchen und spähen.

Schottwien, Kaufhaus Karl Brettner

Schottwien, Tischlerei Willi Geisl/Autowerkstätte u. Kaufhaus Karl Orthuber

16 Häuser fielen Brandgranaten zum Opfer – 7 Bewohner kamen ums Leben

Kaufhaus Orthuber

Schottwien, ausgebrannter ungarischer Autobus

Noch immer stehen diese Männer auf ihrem Posten. Noch ahnt keiner etwas von seinem Glück. Sie wissen nicht, dass über Nacht der Friede ausgebrochen ist.

Es ist Zeit genug die Züge von dem neuen Geschehnis zu unterrichten. Eine falsche Reaktion darf nicht zu Unvorsichtigkeiten führen.

Ohnehin dürfen die Stellungen erst heute Abend geräumt werden. Rund 70 Männer sind es noch, die mir anvertraut sind. Keiner darf in die Hände der Russen fallen. Als ich noch meine Maßnahmen überlege schrillt um 05.00 Uhr der Fernsprecher zum zweiten Mal in dieser Nacht, die langsam der Morgendämmerung weicht.

Wieder ist die tiefe Stimme des Adjutanten zu hören. Die Absetzbewegung hat nicht erst heute Abend, sondern sofort zu erfolgen.

Um 06.00 Uhr sammeln in Steinhaus. Eine Nachhut sei noch eine Stunde in der Stellung zu belassen. Sie habe sich anschließend auf dem schnellsten Weg abzusetzen.

Meine Antwort wartet der Adjutant nicht mehr ab. Anscheinend hat er sie schon als unpassend vorausgesetzt.

Es ist eine Rechnung die nicht aufgeht. Um 06.00 Uhr soll die Kompanie in Steinhaus sein, die sich jetzt um 05.00 Uhr noch in drei Stellungen befindet, die insgesamt 1200 m auseinander liegen. Die Züge geräuschlos herauszuziehen, Waffen und Munition laut Divisionsbefehl mitnehmen und vor dem Gefechtsstand sammeln, kann nicht in wenigen Minuten geschehen. Steinhaus ist selbst im Eilmarsch nicht unter einer Stunde zu erreichen. Ja, könnte man den Krieg nur wie ein Manöver abblasen!

Um 06.15 Uhr stehen meine Männer abmarschbereit. Alarmierung und Sammeln hat wunderbar geklappt. Oberfeldwebel SCHRAMM bildet mit 5 Mann die Nachhut. Um 06.30 Uhr verlassen wir den Sonnwendstein, den Schicksalsberg einer Luftwaffen Alarmkompanie. Die Artilleristen sind bereits abgezogen. Die Gebirgsjäger sammeln noch. Kaum einer spricht, als wir absteigen. Jeder ist zu sehr mit sich selbst beschäftigt und versucht, sein eigenes Schicksal in das neue Geschehen einzuordnen, wobei sicher alle an die Heimat und Familie denken. Die einen aus dem Osten ahnen, dass ihr Land für alle Zeiten verloren sein wird und sie nicht dorthin heimkehren können. Die anderen, die ihre Heimat im Westen haben, bangen im Nichtwissen, was die über deutsches Land hinweg gefegte Kriegsfurie alles zerstört hat. In dem Fatalismus, der sich in den letzten

Wochen mancher Männer bemächtigt hat, mischt sich aber heute doch ein Funken Freude. Ein Aufatmen geht durch die Brust eines jeden. Keiner muss mehr in die Löcher. Der zähe Kampf im Gebirge, für Luftwaffensoldaten ungewohnt, ist zu Ende, wo die Felssplitter nicht weniger schlimm waren als die Granaten.

Nach 20 Minuten erreichen wir die Hubertushütte. Sie ist leer. Kein Verbindungsmann wartet auf uns. Nur einige Nachzügler unserer Nachbarkompanie schließen sich uns an. Ich hatte schon gehofft, dass das Absetzen vom Feind nicht bemerkt worden ist. Meine Männer hatten es wohl in hervorragender Disziplin geschafft. Wir sind noch 100 m von der Enzianhütte entfernt, als nochmals starkes Artilleriefeuer aus allen Rohren der im Raum Gloggnitz und Kirchberg liegenden Russen losgeht und den Semmeringsattel zum Ziel hat. Ich leite meine Kompanie auf einen kürzeren, aber schwierigeren Weg, direkt nach Steinhaus, am Semmering vorbei. Kurz vor Steinhhaus erhalten wir aus Richtung Dürrgarben Gewehrfeuer. Der Feind ist nicht auszumachen. Wir gehen hinter dem Bahndamm in Deckung, in dessen Schutz wir den Bahnhof erreichen. Überall nur Nachzügler. Kein Stab, kein Tross, kein Melder mehr da. Mit dem Tross war auch die Verpflegung fort. Unser Gepäck, das hier seit 8. April aufbewahrt war, liegt ausgeplündert herum.

Einer nach dem anderen wirft nun seinen Stahlhelm weg. Aber alle tragen noch die Waffen.

Ausgehungert und ausgefroren stehen wir am Bahnhof Steinhaus. Hier wartet aber das große Glück auf die letzten Männer der Kampfgruppe. Hier steht noch ein Zug mit den letzten Personen- und Güterwagen, an der Spitze eine Lokomotive, dem Feind abgekehrt, dazu noch einige Eisenbahner, die alles aufladen, was noch daher kommt. Auch die Kompanie vom Sonnwendstein".

Oblt. Andreas LUGER, Chef der 4. Batterie mit VB am Sonnwendstein, berichtet:

„Am 7. Mai wird eine in Tagen vorgesehene Absetzbewegung erwähnt und dann kam der Zusammenbruch in der Nacht vom 7. zum 8. Mai 1945. Nachts 00.30 Uhr meldet mir Unteroffizier SCHÖNGRUNDNER, VB etwa 400 m links von mir auf dem Sonnwendstein, dass die Beobachter des Granatwerferzuges abrücken. Ich lasse die B-Stelle noch besetzt. Gegen 02.30 Uhr wurde ich angerufen von der Division, dass ich Feldwebel WAGNER den Befehl zum Zerstören der Dezimeterfunkgeräte übermitteln soll. Durch Anfrage beim Ia, Hauptmann WALL-RAPP, wird mir die Richtigkeit dieser Anordnung bestätigt. Kurz vor 05.30 Uhr ruft mich Hauptmann Frieder WEIGMANN an, ich soll mich wegen der Absetzbewegung mit der Infanterie in Verbindung setzen und dann zur Abteilung kommen.

Der Kompanieführer wundert sich, dass ich noch da bin, ist marschbereit und hat nach seinen Angaben nur eine Gruppe als Nachhut bestimmt, die am Hinterhang liege. Er will auf meinen Rat hin die Nachhut doch auf den Kamm in meine Stellung legen. Meine B -Stellenbesatzung ist alarmiert, beide VB habe ich persönlich orientiert. SCHÖNGRUNDNER rückt zu mir ein, der VB vom Alpkogel marschiert auf dem kürzesten Weg zur Trossstellung.

Schriftstücke, Funkgeräte, Maschinengewehre werden zerstört. Oberwachtmeister SCHROTT gebe ich den Befehl, nach Marschbereitschaft aller Leute zum Tross zu marschieren und sofort bei der Schreibstube anzurufen und das Solokrad mir entgegen schicken zu lassen. Es kam nicht, weil – wie ich eine Stunde später erfuhr – der Tross mit Hauptwachtmeister BÄUERLE über alle Berge war, als nachts die Infanterie zurückströmte. Ich ging also zu Fuß – meine Splitter im linken Hüftgelenk machten nach dem langen Training am Dachstein keine allzugroßen Schwierigkeiten mehr und traf kurz vor dem Abteilungs- Gefechtsstand den Wagen unseres Reg. Kdr. Oberstleutnant BERGMANN. Ich stellte mich den erst seit einigen Tagen ernannten Kommandeur vor und bat um Orientierung. Oberstleutnant BERGMANN erklärte mir, dass Divisions Stab und Abteilungs Stab schon abgefahren seien und dass wir Offiziere jetzt nur die Aufgabe hätten, nämlich möglichst viele Leute über die russisch-amerikanische Demarkationslinie bei Selzthal (ca 160 km westlich von uns) zurückzubringen.

Ich eilte in die Trossstellung. Alles war weg bis auf einzelne Maultiere, das Gepäck des Batterietrupps war am Vortag verladen worden und deshalb mit den Fahrzeugen weg. Aus der Feuerstellung kamen die Kanoniere – die Geschütze hatte ich sprengen lassen – Lt. KIERMEIER und Uffz. SEEHUBER kamen mit Ihnen. Unteroffizier HERBST zog mit seinen Leuten ab, schloß sich den letzten Einheiten der zurückflutenden Infanterie an. Ich hielt ein Krad an und ließ mich wieder zum Semmering fahren, um meine Leute nun zu holen. Da begegnete mir ein Fernsprecher von der Zwischenstelle und einzelne meiner B-Stellenleute. Als letzter kam Oberwachtmeister SCHROTT und meldete mir, dass er meinen Befehl ausgeführt habe und niemand mehr in der Stellung sei. Alle meine Leute hatte ich in die Trossstellung verwiesen, und als ich mit SCHROTT dort ankam, ließ ich Brot fassen und marschierte mit 21 Mann – auch der VB vom Alpkogel war inzwischen eingetroffen – auf der Straße zurück. Kurz vor Abmarsch, etwa 07.45 Uhr war es, lag ein russischer Feuerüberfall auf der Stellung, dicht um die Trossstellung und in der Feuerstellung der 1. Batterie Kreis. Nach 08.00 Uhr trat Waffenruhe ein.

Gesprengte Flakgeschütze lagen am Weg. Soldaten aller Waffen marschierten westwärts, ratlose Zivilisten standen vor den Häusern oder schlossen sich uns an. Mit meinen Männern hatte ich vereinbart, dass wir auf alle Fälle über die Demarkationslinie zurück wollten, nötigenfalls über die Berge zum Toten Gebirge und nach Obertraun, unserem Standort. Wir hatten Glück! Nach einer Stunde hielt ein LKW der 1. Geb.Div. und fragte mich, ob ich mit meinen Leuten mitfahren wolle. Alle brachte ich unter, auch etliche Jäger und weil der Wagen überfüllt war, marschierte ich los, bis mich ein PKW der gleichen Kolonne aufnahm. Endlos war die Kolonne von Kraftfahrzeugen, die sich nach Westen bewegten! Bis 01.00 Uhr nachts mussten wir in Selzthal sein. Ich traf noch Hauptmann MUGLER, WOLF, UNGETHÜM und Oberleutnant WEDEKIND vom Div.-Stab, sah immer wieder unseren Kommandeur Oberst RAITHEL mit Hauptmann Hartmut WALLRAPP Verkehrsstockungen beseitigen. Wagen fielen aus, wurden von der Straße gekippt. So verlor ich auch die vor mir fahrenden Leute meiner Einheit aus den Augen. Am 9. Mai 1945 um 08.00 Uhr kam ich glücklich bei Liezen über die Ennsbrücke – die Demarkationslinie.

Der Heereswurm zog sich weiter über Steinach-Irdning nach Radstatt, wo ein Auffanglager sein sollte. Ich stieg vorher aus, marschierte etwa 2 Stunden die Kolonne entlang zurück, die ohne Bewegung zwischen Liezen und Radstadt Wagen hinter Wagen stand. Mit einem Obergefreiten der Luftwaffe, der sich mir anschloss, marschierte ich durch den „Stein", ein enges Gebirgstal westlich des Grimming, nach Mittterndorf. Auf dem Trittbrett eines LKW konnte ich bis zum Bahnhof AUSSEE fahren, sprang dort ab und begab mich an Streifen der „Freiheitsbewegung" vorbei über das Gleis auf den Weg in die Koppenschlucht. Vier Landser in einem geländegängigen Wehrmachtsfahrzeug holten mich ein und nahmen mich mit. Sie wollten nach Hallstatt, woher der Fahrer stammte. In einer halsbrecherischen Fahrt in stockdunkler Nacht ging es auf dem steilen, schmalen Karrenweg durch die Schlucht in den Koppenwinkel und nach Obertraun. Hauptmann WEIGMANN ist schon da. Am 11. Mai 1945 gehe ich zu Oberst RAITHEL und melde ihm, dass meine Leute über die Demarkationslinie gekommen sind. So fehlt mir von meiner Einheit nur der Obergefreite FRIESENBICHLER, den ich mit einem Marschbefehl auf einem Verpflegungswagen nach RETTENEGG geschickt hatte.

Rettenegg war in letzter Zeit bald von den Russen, bald von unseren Jägern besetzt und dort wohnten Friesenbichlers Eltern, um die er sich Sorgen machte, so war er beim Zusammenbruch also nicht mehr bei uns. Er ist wohlbehalten in seiner Heimat eingetroffen.

Aber nicht alle Einheiten kamen so gut weg. Leutnant KIRCHNER, der mit seinem Zug Gebirgsjäger gleichfalls am Sonnwendstein lag, erhielt am 7. Mai 1945 von seinem Bataillonskommandanten Hauptmann SCHLIERF den Befehl, die Nachhut auf dem Sonnwendstein zu übernehmen, wenn sich das Bataillon am 8. Mai 1945 um 06.00 Uhr vom Feind absetzt und zwar nach Mürzzuschlag, wo zusammen mit den Amerikanern eine neue Front aufgebaut werden soll. KIRCHNER sollte 8 Stunden später folgen. Fernsprechverbindung nach Maria Schutz zur dortigen Einheit sei vorhanden.

KIRCHNER schreibt dazu:

„Ich blieb mit 14 Mann zurück. Zwischen 08.00 und 09.00 Uhr begann der Russe aus allen Rohren auf unsere Stellungen zu feuern. Weil mit Maria Schutz keine Verbindung zustande kam, zog ich mich auf den Hirschenkogel zurück. Etwa um 09.00 Uhr tauchten auf dem Sonnwendstein die ersten Russen auf. Vorher hatte ich schon einen Spähtrupp zum Semmeringpass hinunter geschickt, der mit der Meldung zurückkam, dass die Russen bereits über den Pass nach Westen vorgehen. (War nicht Richtig – Russen kamen erst gegen 16.00 Uhr) Wir setzten uns sofort Richtung Westen ab und entkamen oft nur sehr knapp der Gefangennahme. Wir merkten sehr bald, dass man uns nicht die Wahrheit gesagt hatte in Bezug auf Mürzzuschlag. Erst unterwegs erfuhren wir von anderen Soldaten, dass am 8. Mai 1945 Waffenstillstand geschlossen worden war.“

Genauso erging es Fähnrich Andreas UEBEL, der gleichfalls von Hauptmann SCHLIERF den Befehl erhalten hatte, beim Bärenwirt die Straße von Schottwien zum Semmering zu sperren, nachdem Hauptmann

SCHLIERF um 04.00 Uhr von seinem Gefechtsstand Richtung Westen abgefahren war. Fähnrich UEBEL verteilte seine Leute vom Bärenwirt Richtung Eselstein.

Um 06.00 Uhr wurde die große Straßenbrücke über den Myrtengraben von Pionieren gesprengt um das Nachstoßen der Russen mit motorisierten Kräften zu verzögern, nachdem der Batl. Adjutant Leutnant Josef EGENRIEDER vergeblich auf die Nachhut gewartet hatte.

Diese hatten jedoch den Befehl erhalten erst nach 8 Stunden nachzukommen. Fähnrich UEBEL konnte sich mit seinen Leuten am Nachmittag unbemerkt vom Feind lösen und über den Pinkenkogel – Kampalpe Richtung Westen zurückziehen.

Untersturmführer BERGER, Kompanie Chef der 3. Kompanie im Bataillon SCHLIERF, berichtet:

„Nach Bekanntgabe der Kapitulation habe ich den Auftrag bekommen, als letzte Kompanie den Semmering zu verlassen. Auf dem Marsch von Spital am Semmering nach Mürzzuschlag wurde ich von einem Krad eingeholt und zu Hauptmann SCHLIERF in den Raum Mürzzuschlag gebracht. Dort erhielt ich den letzten Auftrag im zweiten Weltkrieg. Bei einem eventuellen Nachrücken der Russen dies mit meiner 3. Kompanie zu verhindern!

Dieser Befehl stand im Widerspruch zu unserer Kapitulation, außerdem hat ja ohnehin sich jeder auf eigene Art am schnellsten nach Westen absetzen können!

Geb. Jg. Reg. 154, II. Bataillon Adjudant Lt. HERZ:

In der Nacht vom 7. auf den 8. April 1945 bekam ich den Anruf vom Regiment:

„Ihr Bataillon setzt sich sofort nach Westen ab.“

Ich brüllte ins Telefon: „Das kann jeder sagen. Hängen Sie ein, ich rufe zurück und vergewissere mich, ob der Regimentsadjutant am Apparat ist und nicht irgend ein Russe“.

Ich rief zurück, es stimmte: „Stellungen bis Morgendämmerung räumen, möglich lautlos“.

Ich verständigte die in den Stellungen liegenden Kompanieführer. die Absatzbewegung beginnt mit der 6. dann 5. und zum Schluss die 4. Kompanie, diese übernimmt zugleich Deckung nach hinten. Bitte Ordnung halten. Ruhig sein, dass der Russe nichts merkt. ich bleibe im Gefechtsstand, der letzte Mann der 4. Kompanie kommt zu mir und macht Meldung.

Regiments-Tagesbefehl.

1.) Rgt.-Stab Geb.A.R.56 hat am 6.5.45 die Führung des neu aufgestellten Geb.A.R.56 innerhalb der 9.Geb.Div. übernommen.

2.) Gliederung des Regiments:

Rgt.-Stab
Rgt.-Stabsbatterie
Abt. Weigmann (I./Geb.A.R.56) mit

1.Batterie	4 Geb.H.40
2.Batterie	4 Geb.H.40
	1 l.F.H.14 (u)
3.Batterie	4 Geb.H.40
	2 Geb.G.36
	1 l.F.H.14 (u)
4.Batterie	4 Geb.H.40
	1 l.F.H.18/40

Abt. Willmann (II./Geb.A.R.56) mit

5.Batterie	2 Geb.G.36
6.Batterie	6 l.F.H.18/40

3.) Hptm. Willmann übernimmt ab 6.5.45 die Führung der im Einsatzraum befindlichen Teile der späteren II./Geb.A.R.56 (Abt. Willmann). Gliederung siehe Ziff.2.)

Die Abteilung wird auf Zusammenarbeit mit dem Jäger-Rgt.158 angewiesen.

Abt.-Gef.Std.: Speckbacher Hütte.

4.) Sperrfeuer-Regelung
Sperrfeuer-Anforderung: Mehrere rote Leuchtkugeln überall im betreffenden Abschnitt geschossen.
Bei der Infanterie liegt Sperrfeuer-Anforderung in der Hand des Zugführers.

Die Sperrfeuer sind durch die Abteilungen möglichst nahe an die HKL heranzuziehen. Ein Sperrfeuerband wird mit Schreiben Geb.A.R.56,Ia vom .... herausgegeben.

Feuerkommandos für Sperrfeuer haben sich auf Zieltafeln bei den Geschützen zu befinden. Nachts ist Sperrfeuer "ganze Front" einzustellen. Die Abteilungen melden bis ...... an Rgt.,auf welche Sperrfeuer (nach Sperrfeuerband) die einzelnen Batterien nachts eingestellt sind. Durch Alarmbedienungen ist schnellstes Auslösen des Sperrfeuers zu gewährleisten.
Auf den B-Stellen sind Sperrfeuer-Uhren aufzustellen
Munitionseinsatz: Sperrfeuer-Welle = 1 Kampfsatz.

Abt.Willmann erschießt nach vorheriger Verständigung mit der Infanterie ab 7.5.45 Sperrfeuer vor seinem Abschnitt. Festlegung und Vollzug ist an Rgt. bis zum .... zu melden.

Der letzte war der Spies der 4. „Ja mein Lieber, Feierabend ist". Gehen wir. Mein Rucksack war schon gepackt, 1/4 Brot, eine Flasche Schnaps, warmes Zeug, es hatte inzwischen hier oben geschneit.

Unten im Tal trafen wir den Rest unseres stolzen Bataillons mit Leutnant HAMMER. Unser Tross, die LKW waren noch nicht da. Es kam, außer 1 LKW nichts mehr. Wir mussten versuchen, uns zu Fuß durchzuschlagen. Die meisten zogen die Talstraße vor.

Ich beschloss, nicht im Tal zu marschieren, dort massierte sich die Masse der rückflutenden Truppen, die scheinbar auch aus der Ebene geflüchtet waren. Ich meinte, wenn der Russe hier aktiv wird, kommt er mit Panzern im Tal. Ich will mich nicht überrollen lassen. Also blieb ich auf halber Berghöhe, wenigstens zuerst einmal.

Der Spies der 4. schloss sich mir an. Wir fanden einen ebenen Waldweg am Berg, beim ersten Ausruhen zerschlug ich meine Schnapsflasche an einem Baum. Nur jetzt keine Mattscheibe. Unten im Tal fluteten die Truppenmassen ungeordnet zurück, immer dichter, immer mehr.

Der Russe musste plötzlich aufgewacht sein und gemerkt haben, was da vor sich ging. Ein Granatsegen ergoss sich irgendwo ins Hinterland.

Einmal mussten wir vom Berg hinunter, unten war es schrecklich. Es war kein Absetzen, sondern heillose Flucht. Eine ganze Armee, es war zum Heulen.

In der Masse wurden der Hauptfeldwebel und ich voneinander getrennt, wir wurden einfach mitgetrieben. Ich versuchte mich immer an der Seite zu halten, um nach vorne durchzukommen. Ich kam dabei wieder an einem Passübergang zur Waffen SS. Sie waren in prachtvoller Ordnung und luden mich ein an ihre Gulaschkanone. Es gab Erbsensuppe und Tee. Das war gegen Mittag am 8. Mai 1945. Ich marschierte weiter den Pass hinab zur Straße, dort musste ich einen Halt einlegen, meine Füße waren total wund und schmerzten scheußlich.

Vor einem Gasthaus an der Straße versuchte ich meine Stiefel auszuziehen. Zum Glück kam gerade ein Oberleutnant der Gebirgsjäger vorbei. Er setzte sich zu mir.

„Herr Kamerad, lassen Sie die Stiefel an, Sie bekommen sie nachher nicht wieder an."

Wir machten uns miteinander wieder auf die Socken und bekamen Anschluss an einen anderen Fluchthaufen. Später verloren wir uns.

Langsam wurde es dunkel. Die Fahrzeuge wurden immer langsamer, bis sie völlig zum Stillstand kamen, plötzlich schlief alles. Zu Fuß kam ich schneller voran. Ich ging weiter, vor mir wieder ein Lagerfeuer mit Waffen SS. Es ging durch eine enge Schlucht, ich kam an eine Talerweiterung zu einem Berggasthaus, es hieß Wildalpe. Ich musste schlafen und Hunger hatte ich auch. Beim Gasthauseingang traf ich einen Mann in Zivil, er zeigte mir ein Zimmer, das noch nicht ganz voll war. Dort traf ich unseren ganzen Regimentsstab. Der Kommandeur lachte mich an: „Ja HERZ, wo kommen Sie denn her?"

Saudumme Frage. Sie hatten mich wohl schon abgeschrieben. Ich bekam ein Sofa offeriert das ich dankend annahm.

Ein Panzerleutnant mit steifem Bein brachte mir eine Verpflegungspackung. Ich erinnere mich nur noch, dass eine halbe Flasche französischer Rotwein darin war. Ich konnte nichts zu mir nehmen und knallte mich auf das Sofa. Einer zog mir die Stiefel aus, ich schlief sofort ein.

Andertags bot mir der Panzernachrichtenoffizier einen Platz in seinem alten Opel Record an. Hier erfuhr ich erstmals von der Kapitulation. Eine Weile kam ich so gut vorwärts. Die ENNS war Gerüchten zufolge die Demarkationslinie zwischen Russen und Amerikanern.

Es ging aber auch das Gerücht, dass die Amerikaner deutsche Soldaten an die Russen auslieferten. So musste ich eine Übergangsstelle über die Enns in die amerikanische Zone finden, die frei war von feindlichen Amerikanern.

Dreimal pendelte ich hin und her. Unsere Truppen waren in völliger Auflösung. Sie warfen die Waffen und alles weg was sie noch hatten.

Ich fand eine feindfreie Brücke und traf auf der anderen Seite wieder den Nachrichtenoffizier. Er nahm mich auf und ich schlief sofort ein.

Halt vor dem Pyhrnpass. Stau alles verstopft.

Dann sah ich zum erstenmal amerikanische Truppen, die zur Demarkationslinie zur Enns fuhren. Ein Fahrzeug wie das andere, die Truppen sauber rasiert und wohlgenährt.

Ein amerikanischer Sergenant grinste mich an, deutete mit dem Daumen und quetschte zwischen den Zähnen „Russkis".

Wir kamen am 12. Mai 1945 in amerikanische Gefangenschaft.

Zeitweise herrschte ein tolles Durcheinander, so ging die 3. Kompanie der Boelcke Leute unter Lt. Winter von Prein nach Edlach vor und als die bereits zurückgehenden Landser ihnen zuriefen, dass der Krieg bereits aus sei, glaubte Lt. Winter nicht daran und rief rückwärts an, worauf sich bereits die Russen meldeten. Erst jetzt gab er die Parole heraus – Richtung Westen durchschlagen!

Franz WINGERT von der 6. Staffel, II. Gruppe, KG 27 erinnert sich:

Am 9. Mai 1945 in einer Hütte zwischen Rax und Schneealpe übernachtet. Lt. Winter war auch dabei. Gegen Brot und Kartoffeln haben wir ein Zielfernrohr eingetauscht. 7 Mann stark so sind wir weitergezogen Richtung Mürzsteg – Wegscheid – Gußwerk – Wildalpen.

Beim Überqueren einer Straße kam es zu einer wilden Schießerei der Russen, 4 Mann kamen in russische Gefangenschaft. Der Hunger quält uns ganz erbärmlich, zu Dritt zogen wir weiter über Wildalpen zur Enns.

Um 05.30 Uhr des 20. Mai 1945 erreichten wir drei die Enns, die von der Schneeschmelze Hochwasser führte und wild durch die Felsen schäumte. Im weiteren Bereich von Großreifling fanden wir einen Steg über den Fluss und waren sehr glücklich als wir endlich drüben waren als auch schon 2 amerikanische Soldaten vor uns standen. Mein bescheidenes Englisch ließ mich : „Good morning Sir“ sagen und hatte Wunder gewirkt. Wir bekamen sofort Zigaretten, nachdem wir sie angezündet und unsere Wehrpässe hergezeigt hatten, waren plötzlich auch 3 russische Soldaten da. Mein Puls ging mir bis zum Hals, doch die Amerikaner schickten uns in Richtung Liezen weiter, ohne ein Wort mit den Russen zu diskutieren. Gott sei Dank den schwierigsten Teil hatten wir hinter uns.

Lw. Unteroffizier Franz Wingert

So kamen wir nach Windisch Garsten wo uns am Bahnhof ein amerikanischer Offizier in deutsch erklärte, wir müssten zuerst in ein Gefangenenlager, dort bekämen wir etwas zum Essen und den Entlassungsschein. Mit der Bahn fuhren wir über Linz an der Donau nach Mauerkirchen bei Braunau, wo auf einem Feld einige Tausend deutsche Soldaten sich selbst überlassen waren. Vor lauter Hunger wurde mir dort oft schwarz vor den Augen und nach 3 Wochen wurde ich endlich entlassen. Am 23. Juni 1945 bin ich zu Fuß in meiner Heimat Oberkochen angekommen.

Die Sprengung all der vielen im Abschnitt der 9. Gebirgsdivision befindlichen Semmeringbahn-Viadukte und Tunnels sowie der Raxseilbahn war auf höchsten Befehl vorbereitet, wurde aber von Oberst Heribert RAITHEL nach Rücksprache mit seinem Waffenoffizier Hauptmann GOLD in den letzten Tagen auf eigene Verantwortung abgebaut.

Um ein schnelles Nachstoßen der Russen entlang der Semmeringbahn zu verhindern wurden in einem Tunnel bei Breitenstein die Geleise gelockert und vom Semmering mehrere Loks und Waggon hinuntergerollt, die dann im Tunnel entgleisten und so die Semmeringbahn blockierten.

Beim letzten Beschuss der Russen, der sich teilweise bis zum Trommelfeuer steigerte, jedoch meistens nur mehr leere Stellungen traf, war ein Teil der Granaten nicht mit Sprengstoff gefüllt, sondern mit Flugblättern folgenden Inhaltes:

An alle Generale, Offiziere und Soldaten der deutschen Wehrmacht im Südabschnitt der Ostfront!

Am 7. Mai wurde in der Stadt Reims die Akte über die militärische Kapitulation der gesamten Wehrmacht vor der Union der Sozialistischen Sowjetrepubliken, den Vereinigten Staaten von Amerika, Großbritannien, Frankreich und allen Vereinten Nationen – an der Westfront sowohl an der Ostfront – unterschrieben.

Als Bevollmächtigter des Obersten Befehlshabers der deutschen Wehrmacht Großadmiral DÖNITZ unterzeichnete die Akte über die bedingungslose Kapitulation der Generalstabsoffizier Generaloberst JODL in Gegenwart von Admiral FRIEDEBURG.

Die Akte über die bedingungslose Kapitulation tritt für sämtliche deutsche Truppen am 8. Mai 1945, um 23.00 Uhr mitteleuropäischer Zeit, in Kraft.

Der oberste Befehlshaber der deutschen Wehrmacht, Großadmiral DÖNITZ, hat bereits an die gesamte Wehrmacht den Kapitulationsbefehl erteilt.

Ich stelle anheim:

1. Allen deutschen Verbänden und Einheiten, geführt von ihren Generalen und Offizieren, am 8. Mai 1945 um 23.00 Uhr die Kampfhandlungen einzustellen und organisiert die Waffen zu strecken.
2. Den Generalen und Offizieren am 9. Mai 1945 von Morgendämmerung bis 09.00 Uhr Früh mitteleuropäischer Zeit an die russischen vorderen Linien Offiziere mit weißer Flagge zu schicken, um Anordnungen zur Übergabe und zur Gefangennahme der Truppe entgegenzunehmen.
3. Sämtliche Waffen, Transportmittel, Nachrichtengerät, Kriegsgut und Lebensmittel müssen den Vertretern der Kommandos der Roten Armee unversehrt übergeben werden.

4. Allen die, die Waffen strecken und sich gefangengeben, wird gemäß den völkerrechtlichen Bestimmungen über Kriegsgefangene Leben, Uniform, Auszeichnungen, persönliches Eigentum, regelmäßige Verpflegung, ärztliche Betreuung und Unterbringung in den Gefangenenlagern bis zum Zeitpunkt der Heimkehr garantiert.

Befehlshaber der 3. Ukrainischen Front
Marschall der Sowjetunion F. TOLBUCHIN

Diesem Aufruf wurde meistens nicht Folge geleistet und alles strebte in Richtung ENNS, da es galt, diesen Fluß bis 9. Mai 1945, 12.00 Uhr, zu überschreiten, um noch in amerikanische Gefangenschaft zu kommen.

Die 9. Gebirgsdivision auf den Straßen: Reichenau/Rax–Preiner Gscheid–Mariazell–Wildalpen–Ennstal; Semmering–Mürzzuschlag–Bruck/Mur–Leoben–Schoberpass–Liezen.

Die österreichischen Heeresangehörigen wurden nach dem Herauslösen aus der Front in ihre Heimat entlassen.

Im großen und ganzen ist die 9. GD noch über die Enns gekommen und in amerikanische Kriegsgefangenschaft marschiert.

Aber nicht alle begaben sich in Gefangenschaft. Der Ordonanzoffizier von Oberst Heribert Raithel, Oberleutnant Helmut PULKO, berichtet darüber:

„Am Anfang geschlossen, dann aber immer mehr den Zusammenhang verlierend, bewegten wir uns auf LKW und Fahrzeugen aller Art am Vormittag des 8. Mai 1945 über Mürzzuschlag in Richtung Bruck an der Mur. Der Russe drängte nicht stark nach, etwas russische Aufklärung aus der Luft. Später wurde bekannt, dass sich auch einige Teile über Mariazell zum Ennstal zurückgezogen haben. Das Marschtempo bis Bruck war flüssig und bestimmt von der Gefahr, die Russen könnten über Graz bereits nach Bruck gelangt sein. Alles versuchte nun die Demarkationslinie über die Enns in Liezen zu erreichen. Auf einem Schloss in Rottenmann sah ich das erstemal nach Jahren die rot-weiss-rote Fahne. Nach Liezen gab es keine Schwierigkeiten mehr. Die Amerikaner ließen uns ungeschoren. Viele Offiziere und Unteroffiziere haben sich in den nächsten Tagen wieder in der Gebirgsartillerieschule Obertraun – Dachstein getroffen. Sie machten hier kurz Halt, um dann über Salzburg nach Deutschland zu gelangen, so kam auch Oberst RAITHEL kurz hier vorbei.

Ich blieb einige Tage in der Artillerieschule, es war jetzt ein Lazarett darin einquartiert und vernichtete, bevor die Amerikaner reichlich spät hierher kamen, die geheimen Kommandosachen, geheime Filme und Fotografien. Dann begab ich mich in das Berglager Krippenbrunn, auf halber Höhe zum Dachstein Hochplateau gelegen, blieb dort bis Pfingsten und konnte aus dem reichlichen Verpflegungslager aus dem vollen schöpfen und ungehindert Schi laufen.

Ab und zu kamen Soldaten vorbei, die über das Dachsteinplateau in die Ramsau absteigen wollten. Ich gab ihnen Karten zur Orientierung und Verpflegung mit. Obwohl der Kommandeur nie eine Andeutung darüber machte, konnte ich mich des Eindrucks nicht erwehren, dass die Geb.Art.Schule in die Planung zur „ALPENFESTUNG“ eine gewisse Rolle gespielt hat. Der Begriff „WERWOLF“ wurde schon vor Ende des Krieges oftmals erörtert. Die reichhaltige Bevorratung an Verpflegung im Berglager der Art. Schule bestärkte mich in dieser Ansicht.

Zu Pfingsten stieg ich wieder herunter und begab mich in die Hand der Amerikaner zur Entlassung nach Mauerkirchen. Hierauf war ich wieder einige Zeit in Obertraun und gelangte dann im Fußmarsch über die Niederen Tauern nach Judenburg, wo ich, solange wartete, bis die Russen in meinem Heimatort Leibnitz von den Engländern abgelöst wurden.

Nachwort

General BALCK schrieb nach dem Krieg über die 9. Gebirgsdivision:

Die 9. Gebirgsdivision wurde in den letzten Kriegsmonaten aus Ersatzeinheiten und Fliegerformationen am Semmering aufgestellt. Die Aufstellung erfolgte mitten im Kampf. Sie war nur zu leisten, weil eine starke Führerpersönlichkeit, wie der damalige Oberst Heribert RAITHEL es verstand, die starken positiven Kräfte, die in unseren prächtigen Jägern und Fliegern ruhten, zusammenzufassen und auf ein großes Ziel auszurichten. Oft hat man gesagt, die letzten Kämpfe wären nutzlos gewesen. Hier führten sie dazu, dass es gelang, weite Teile der Steiermark dem westlichen Gegner ordnungsgemäß übergeben zu können, statt sie in die Hände des Ostens fallen zu lassen.

Undenkbar wäre die Rückführung der Truppen der 6. Armee nach Deutschland gewesen ohne den Widerstand am Semmering. Das Hunderttausende die Heimat wiedersahen und nicht in Sibirien untergingen, war mit ein Verdienst der Kämpfer vom Semmering.

BALCK, General d. Pz. Tr. a. D.
damals Oberbefehlshaber 6. Armee

Erwähnt wurden dabei aber nicht alle Aufregungen und Todesängste der Zivilbevölkerung, die auf der einen Seite der Willkür der Sieger ausgesetzt waren und in stiller Ergebenheit Plünderungen und Vergewaltigungen, die damals zum Tagesablauf gehörten, über sich ergehen lassen mussten.

Gliederung

9. Gebirgsdivision
Kommandeur: Oberst Heribert RAITHEL
Stab: I a Hauptmann Hartmut WALLRAPP
I b Hauptmann Heinz UNGETHÜM
I c Hauptmann WOLF
Hauptmann Oskar M UGLER
Hauptmann USCHOLD
Waffenoffizier Hauptmann GOLD
Nachrichtenoffizier Oberleutnant KOBISCH
Leutnant KRIEBLER
Ordonanzoffizier Oberleutnant Helmut PULKO
Oberleutnant WEDEKIND

Gebirgs Artillerie Regiment 56
Kommandeur: Oberstleutnant BERGMANN
Abt I/Geb.Art.Reg.56 Major Friedrich WEIGMANN
1. Batterie: 4 Geb. H. 40, Batteriekommandant Hptm. Philipp KREIS
2. Batterie: 4 Geb. H. 40 u. 1 L.F.H 14, Batteriekommandant ?
3. Batterie: 4 Geb. H. 40, 2 Geb. G. 36 u. 1 L.F.H. 14, Batterie.Kdt. ?
4. Batterie: 4 Geb. H. 40 u. 1 L.F.H. 18/40, Batteriekommandant
Hauptmann Karl Helmut SCHURR ab 17.4.
Oberleutnant LUGER

Abt. II/Geb.Art.Reg. 56 Hauptmann WILLMANN
5. Batterie: 2 Geb.G. 36, Batteriekommandant Hauptmann WEINZIERL
6. Batterie: 6 L.F.H. 18/40, Batteriekommandant ?

Nachrichtenzug Zugsführer Wachtmeister Karl PÖLZL
Vorgeschobene Beobachter (VB):
SONNWENDSTEIN: Leutnant BAUER, Oberwachtmeister SCHROTT, Unteroffizier SCHWEITZER, SCHÖNGRUNDNER, Stabsgefreiter FLORIAN, Obergefreiter FRIESENBICHLER

KOBERMANNSBERG: Unteroffizier KOHLHAMMER, Stabsgefreiter SAMULOWITZ, Volkssturmmann DROSCH
KOTSTEIN: Oberleutnant LUGER, Gefreiter MAYER,Volkssturmmänner STÖCKL und MALGER
ESELSTEIN: Funktrupp KRAUS und ab 11.4.45. auch BRUGGER
PINKENKOGEL: Funktrupp SAMMER

Die Einsatzorte von Leutnant KIERMEIER, LOHMANN, MAYERHOFER und den Unteroffizieren SEEHUBER und HERBST konnten nicht festgestellt werden.

T ross: Hauptwachtmeister BÄUERLE

Gefallene der Geb.Art.	09. 4. 45.	– Volkssturmmann MALGER
	13. 4. 45.	– Gefreiter EGGER
	14. 4. 45.	– Volkssturmmann BACHER
	17. 4. 45.	– Unteroffizier SCHWEITZER

Gebirgsjäger Regiment 154

Kommandeur:	Oberstleutnant Dr. SWOBODA
I. Bataillon:	Kommandeur Major d. Geb.Jg. PETZOLD Adjutant Leutnant SCHWAB
1. Kompanie:	Ustuf. SCHWECHT – Angehörige der 7. Kompanie d. SS.Geb.Jg.A.u.E.Batl.13 u. Angehörige d. Lw.Bau.Ers.Batl. 17
2. Kompanie:	Hauptmann JÄGER – Gebirgsjäger Kompanie
3. Kompanie:	Ustuf. HUTZELMANN SMGZug 5. Komp. SS Geb.Jg.A.u.E., Batl. 13 u. Angehörige des Landesschützenbataillon 851
4. Kompanie:	Hauptmann SIEGL – Landesschützenkompanie 1. u. 5./851, sowie Angehörige der Inf. Div. 44, „HOCH- und DEUTSCHMEISTER"

Welche Funktion nach der Gründung der 9. GD der Kommandeur des Landesschützen Bataillons 851, Oberst HENRIQUEZ und der Kommandeur des Luftwaffenbau-Ersatzbataillon 17, Major SÜSS ausgeübt haben, konnte nicht mehr festgestellt werden.

II. Bataillon:	Kommandeur: Lw Major Walter LEIFHEIT Adjutant Lw Lt. Walter HERZ Gefechtsoffizier Lw Lt. HAMMER

1. Kompanie: Lw Oblt. KUHNERT
2. Kompanie: Lw Lt. NOWACK
3. Kompanie: Lw Lt. WINTER
Tross: Lw Hauptmann MEINHARD

Das II. Bataillon bestand überwiegend aus Angehörigen des Fliegenden Personals des Kampfgeschwaders 27 BOELCKE

III. Bataillon: Kommandeur Geb.Jg. Hauptmann Hans SCHLIERF
Adjutant Geb.Jg.Lt. Josef EGENRIEDER

1. Kompanie: Geb.Jg.Lt. DEISS, Geb.Jg.Lt. KIRCHNER
2. Kompanie: Geb.Jg.Lt. HEMM – später Lw.Hptm. BENDIXEN, Geb.Jg.Lt. SEISER
3. Kompanie: SS Ustuf. BERGER, Hauptfeldwebel DIELS
4. Kompanie: Stabskp. Geb.Jg. Lt. ZIFF, Geb.PzJgZug Lt. Theo PRELLER

Gebirgs – Aufklärungs – Abteilung 56

Kommandeur: SS Hauptsturmführer Horst GRUNWALD
Adjutant: SS Obersturmfüher Fritz ROESLER
1. Kompanie: SS Standartenoberjunker AWENDER, dann Michael von OSWALD
3. Kompanie: SS Obersturmfüher Harry SINSKE
4. Kompanie: SS Untersturmfüher Heinrich EWINGER
5. Kompanie: SS Untersturmfüher MICHELE
SMG-Zug: SS Untersturmfüher Stefan SZABO
Werfer-Zug: SS Unterscharführer WESSELS
Stab – Tross – Versorgung – Leoben: SS Hauptsturmführer Heinrich BARTH

Panzerjäger – Ersatz- und Ausbildungs Abteilung 48 – CILLI

Kommandeur: Oberstleutnant Ludwig LANG
Adjutant: Oberleutnant Heinz KARPF
Kommandant der Personaleinheit PzJgKp 48 H(motZ):
Leutnant Adolf POLIVKA von TREUENSEE,
ab 20. 4.:Hauptmann Hasso von WANGENHEIM,
Zugführer: Leutnant Paul SCHREYER

IV. Bataillon:	Kommandeur Oblt. Rudolf IHSSEN +, ab 2.5.Oblt. Theodor SEESITSCH
1. Kompanie:	Oblt. WILLER,Feldwebel EISENZOPF – Genesenden-Kompanie Hoch-und Deutschmeister
2. Kompanie:	Oblt. SEESITSCH – MG Festungsbataillon
3. Kompanie:	Geb.Jg.Lt. BOCK – Angehörge d.MG Festungsbataillon, Polizeieinheit aus Baltenländern, Esten, Littauer, sämtliche Waffengattungen

Anfang April lag in Rettenegg auch eine Heereseinheit mit drei Geschützen Heeresflak 2 cm. Kommandeur dieser Einheit ein Oberleutnant setzte sich beim ersten Angriff der Russen mit seinen Leuten ab und tauchte bei der Kampfgruppe Semmering nicht mehr auf.

Die Versorgungseinheiten befanden sich in Spital und Steinhaus am Semmering.

Der Hauptverbandsplatz befand sich am Semmering, auf der Passhöhe im Hotel Post. Das Kriegslazarett in Spital am Semmering, im Schloss SOMMERAU.

Deutsche Feldküche

Hauptverbandsplatz Semmering Hotel Post

Die 9. Gebirgsdivision hatte in der kurzen Zeit ihres Bestehens ca 500 bis 600 Gefallene zu beklagen, die vorerst auf 9 verschiedenen Friedhöfen bestattet waren. Ab 1984 aber nur mehr auf den Kriegerfriedhöfen: NÖ-Süd BLUMAU, SEMMERING, RETTENEGG und St. KATHREIN am Hauenstein.

Über die Anzahl der Verwundeten und Vermissten konnte nichts in Erfahrung gebracht werden.

Im gesamten Frontgebiet der 9. GD waren von beiden Seiten Minenfelder angelegt worden.

Kriegerfriedhof Semmering 1948

Kriegerfriedhof Semmering 1960

Stand an gefallenen Soldaten nach Renovierung und Zubettung 274

Der größte Teil davon wurde vom ehemaligen Schottwiener Pionier-Unteroffizier Alois WITTINE nach dem Krieg unter Lebensgefahr geräumt, nachdem es unter der Zivilbevölkerung bereits Verluste gegeben hatte.

PAYERBACH – keine Angaben.

KLAMM – KOBERMANNSBER – 30 deutsche und 217 russische Minen.

ESELSTEIN – 73 deutsche und 483 russische Minen.

MARIA Schutz – 56 deutsche und 244 russische Minen.

TRATTENBACH – RETTENEGG – bis zu 20 große und zahlreiche kleine Minenfelder. Über die Räumung liegen keine Angaben auf.

Legende

Art.	Artillerie
Aufkl.Abt.	Aufklärungsabteilung
A. u. E. Batl.	Ausbildungs- und Ersatz Bataillon
E. u. A. Abt.	Ersatz- und Ausbildungs Abteilung
Abt.	Abteilung
Div.	Division
Flak	Fliegerabwehrkanone
Geb.Div. oder GD	Gebirgsdivision
Geb.Jg.	Gebirgsjäger
Geb.Art.	Gebirgsartillerie
HKL	Hauptkampflinie
IG	Infanteriegeschütz
KG	Kampfgeschwader (Bomber)
MG	Maschinengewehr
MPi	Maschinenpistole
OKW	Oberkommando der Wehrmacht
Pak	Panzerabwehrkanone
Pz.Jg.	Panzerjäger
lMG	leichtes Maschinengewehr
sMG	schweres Maschinengewehr
VB	Vorgeschobener (Art.)Beobachter

Gegenüberstellung der Dienstgrade des Heeres und der Waffen SS:

Heer	**Waffen SS**
Schütze:	SS Schütze
Oberschütze:	SS Oberschütze
Gefreiter:	SS Sturmmann
Obergefreiter:	SS Rottenführer
Unteroffizier:	SS Unterscharführer
Unterfeldwebel:	SS Scharführer
Feldwebel:	SS Oberscharführer
Oberfeldwebel:	SS Hauptscharführer
Hauptfeldwebel:	SS Sturmscharführer
Fähnrich:	SS Standartenjunker
Oberfähnrich:	SS Standartenoberjunker
Leutnant:	SS Untersturmführer
Oberleutnant:	SS Untersturmführer
Hauptmann:	SS Hauptsturmführer
Major:	SS Sturmbannführer

Quellenverzeichnis

Univ.-Doz. Dr. Manfred Rauchensteiner – Krieg in Österreich 1945
Major Günther HOY – Krieg auf österreichischem Boden
Leopold BANNY – Krieg im Burgenland, Band I
Pater Peter BECKER – Klosterchronik Maria Schutz
Pfarrer Franz Rudolf KOPF – Pfarrchronik Schottwien
Gendarmeriepostenchronik – Rettenegg
Gemeindebericht – Semmering
Herbert JAKOBEK – Tagebuchaufzeichnungen
Hermine STEMESEDER – Tagebuchaufzeichnungen
Hansi WALLNER – Tagebuchaufzeichnungen
Fr. Magdalena RAITHEL – Notizen ihres Gatten
Oberst Erwin STARKL – Tagebuchaufzeichnungen und Landkarte
Oberst Horst GRUNWALD – SS Geb.Jg. im Kampf um den Semmering
Hauptmann Philipp KREIS – Berichte und Fotos
Lw Oblt. Karl DITTRICH – Kompanietagebuch
Dr. Walter HERZ – Tagebuchaufzeichnungen
Dipl. Ing. Karlheinz PIXIS, Bericht
Hans MEIXNER, Bericht
Dir. Walter VOGT, Bericht
Heinz MAX, Bericht

Fotos

Grundwald, Polivka, Zapf, Schneider, Kreis, Seesitsch, Wallrapp, Pölzl, Bilgerie, Wessels, Luger, Dittrich, Heinert, Stolz, Fleischer, Starktl, Kirchner, Wingert, Pfarrchronik Schottwien, Postenchronik Semmering, Payr, Dietmayer, Stieblo.

Karten

Grunwald, Käs, Sixl, Starkl.

Ortsverzeichnis *Seite*

Dank sage ich allen, die mir Berichte, Bilder und Karten zur Verfügung stellten. Ohne ihre Unterstützung hätten diese letzten Tage des II. Weltkrieges nie dargestellt werden können.

Prof. Friedrich Brettner

Auszug aus Originalaufzeichnungen des Kampfgruppenkommandeurs Obst. Heribert Raithel †

Wir danken Frau Magdalena Raithel für die Überlassung der Originale herzlichst

Semmering. 1 – 9. Geb. Division

5–6 Wochen dauerte die Tätigkeit an d. Geb. Art. Schule dann wurde auf Grund d. Lage in Ungarn am 31. III. 45 zuerst die Abstellung d. einzigen Lehrbattr. befohlen einen Tag später die Aufstellung von 4 Geb. H. Battr. aus d. wenigen Lehrpersonal d. Schule. Diese nicht leichte Aufgabe wurde bis 2. 4. bewältigt u. brachte uns

auf Befehl v. General Ringel a. d. Semmering. Da d. bisherige Kampfgruppen Kdr., ein Generalmajor d. Luftwaffe ziemlich versagt hatte, wurde ich zum Kdr. der „Kampfgruppe Semmering" ernannt.

Die Schwierigkeiten waren ungeheure. Aus Geb. Jäg. U.fü.-Schule, Geb. Art. Schule, SS Ersatzabt., Flugzeugführern des Kampfgeschw. Boelke, 1 Landesschützenbatl. u. Volkssturm musste mitten im Kampf (Vordringl. Vereinigung von 2 Einbrüchen) ein Divisionsähnliches Gebilde geschaffen werden. Übernommen hatte ich nicht einmal eine Lagenkarte. Personal u. Waffenstand war unbekannt. Dauernd

rückten zusammengestellte Alarmeinheiten zu meiner Verstärkung heran. Ich schuf sofort eine Div. Kampf Schule u. war dauernd unterwegs um wenigstens d. primitivsten Grundsätze d. Gebirgskampfs selbst zu zeigen.

Das Gewehr darf nicht oben aufliegen, sondern muss in eine Art Schiessscharte eingebettet werden, damit d. Kopf d. Schützen von vorne nicht sichtbar wird.

— 2 —

Der Sonnwendstein mit über 1500 m Höhe den Semmering um über 500 m überragend, war naturgemäss einer der wichtigsten Punkte d. Abschnitts, da er den Pass restlos beherrschte.

Auch als B-St. war er von besonderer Bedeutung. Der B-Offz. beweist auf d. Bildern, dass er jede Fronterfahrung vergessen hat; denn so wie er am S.F. kniet, hält er es unmöglich länger wie 10 Min. aus.

An der Weinzettel-wand war teilweise reines Klettergelände für Scharfschützen ein ideales Gelände

Trotz aller Schwierigkeiten hatte sich die Kampfgruppe in dem 32 km langen Abschnitt langsam die Überlegenheit den Russen gegenüber geschaffen.

Meine Ansicht, dass es in d. Verteidigung wichtiger ist, statt alle 10 m einen Mann lieber alle 20 m 1 Mann u. dafür die entsprechenden Reserven zu haben, hatte sich bewährt und uns d. Handlungsfreiheit zurückgegeben.

Meine ganzen Reserven musste ich nun eines Morgens einsetzen, da der Kampfgruppe infolge eines feindlichen Einbruchs b. Nachbarn plötzlich noch 24 km Abschnitt dazugegeben wurde, sodass es nunmehr 56 km Abschnitt war.

Besprechung d. geplanten Angriffs auf Kothstein mit den eingeteilten Führern.

Der Russe hatte versucht, da er am Semmering selbst nicht durch kam, durch eine gr. Umfassung über die Pässe Schanz u. Alpel im Mürz tal vorzustossen und dadurch auch d. Semmering besatzung aus d. Sattel zu heben. Die Lage v. d. beiden Pässen war einer Panik nahe. Ich konnte besonders a. d. Schanz persönlich eingreifen u. buchstäblich als Schöpfer der Div. die Lage wieder herstellen.

Nach Bereinigung d. Einbruchs wurde ich vom O.B. d. Armee Brillantenträger Gen. d. Panzertruppen Balck persönlich zum Eichenlaub eingereicht.

Auf d. Weg zum Kobermannsberg zeigt mir d. örtl. Komp. führer d. SS die Lage im Gelände.

Genaue Einweisung in die örtl. Lage.

Es war ein besonderer Tag in meinem milit. Leben, als d. O.B. auf meinem Gef. St. erschien und vor all meinen Leuten erklärte, er sei nicht nur mit meiner Div. Führung ausserordentlich zufrieden, sondern es sei nicht genügend hoch zu bewerten, dass ich mitten i. Kampf es fertig gebracht habe, aus derartig zusammengewürfelten Teilen ein einheitliches Ganzes mit einem guten Geist zu schaffen. Er habe dies am 1. Tag mit Freude beobachtet u. b. OKH. beantragt, dass unter Zuführung d. Spezialeinheiten d. d. Armee aus d. Kampfgruppe "Semmering" die 9. Geb. Div. werden solle.

Dieser Antrag sei heute als Genehmigt zurückgekommen u. er sei stolz, mich als Div. Fü. beglückwünschen zu können

Hpt. Koeis zeigt mir aus Gegend Kobermannsberg die Verhältnisse am Kohlstein.

Hptl. Koeis war auf dem ständig umkämpften Kobermannsberg Battr. Führ. u. Scharfschütze in 1 Person.

Im linken Teil d. Abschnitts in d. Steilhängen d. Gahnsleiten boten sich ideale Beobachtungsmöglichkeiten.

Die B-St. wird bezogen u. auf d. unteren Bildern getarnt.

Besonders hervorheben möchte ich hier auch die Zusammenarbeit mit Gen. d. Geb. Truppen Ringel, der in Graz ein Geb. Korps befehligte. Er hat mich nicht nur bis zum Eintreffen d. 6. Armee, bis wohin ich ihm unterstand, ~~sondern~~ unterstützt sondern auch nachher im Abschnitt Semmering besonders u. zusätzlich betreut.

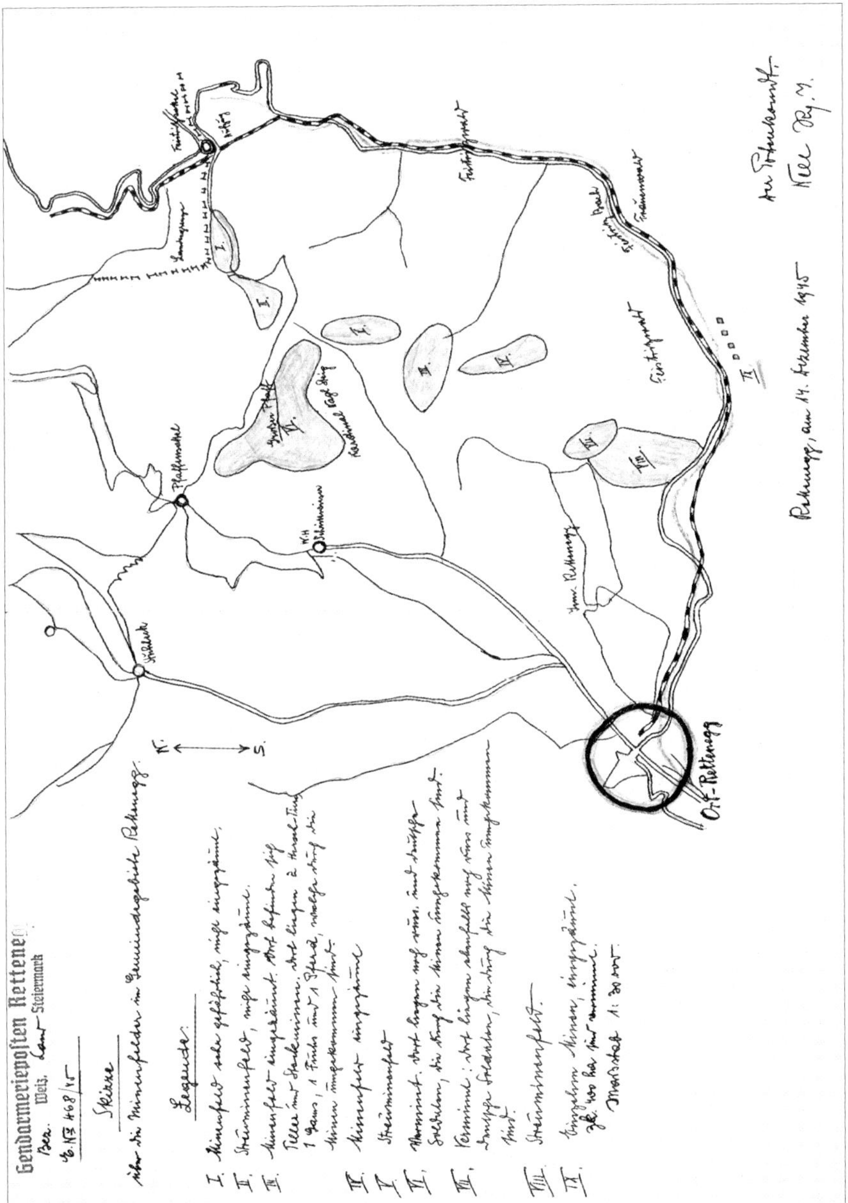

Minenfelder im Raum Rettenegg

Sowjetische Lagekarte vom 09. 06. 45 Raum Wr. Neustadt – Bruck a. d. Mur